丛书顾问

（以姓氏拼音字母为序）

顾明远　裴娣娜　史宁中　宋乃庆
田正平　叶　澜　钟秉林　朱小蔓

丛书编委会

主　任：张斌贤
委　员：（以姓氏拼音字母为序）

陈时见　程斯辉　褚宏启　杜成宪
范国睿　傅维利　高宝立　郭　戈
贺国庆　侯怀银　黄甫全　郝二军
靳玉乐　贾　娟　柳海民　刘贵华
刘海峰　刘立德　刘志军　楼世洲
马晓红　马云鹏　孟繁华　戚万学
司晓宏　石　鸥　石中英　孙杰远
田慧生　涂艳国　王建新　王嘉毅
王维平　吴康宁　肖　朗　徐小洲
徐　勇　余文森　翟　博　张慧君
张民选　周洪宇　周作宇

涂尔干教育社会学研究

范晔 著

教育薪火书系·第一辑

山西出版传媒集团
山西人民出版社

图书在版编目（CIP）数据

涂尔干教育社会学研究/范哗著. — 太原：山西人民出版社，2020.5
（"教育薪火"书系/张斌贤主编）
ISBN 978-7-203-11264-8

Ⅰ.①涂… Ⅱ.①范… Ⅲ.①杜尔克姆（Durkheim, Emile 1858–1917）—教育社会学—思想评论 Ⅳ.①G40-095.65

中国版本图书馆CIP数据核字（2020）第033190号

涂尔干教育社会学研究
TUERGAN JIAOYU SHEHUIXUE YANJIU

著　　　者：范　哗
责任编辑：贾登红
复　　审：贾　娟
终　　审：张文颖
装帧设计：李尚斌　张国仁

出 版 者：山西出版传媒集团·山西人民出版社
地　　址：太原市建设南路21号
邮　　编：030012
发行营销：0351-4922220　4955996　4956039　4922127（传真）
天猫官网：https://sxrmcbs.tmall.com　电话：0351-4922159
E – mail：sxskcb@163.com　发行部
　　　　　sxskcb@126.com　总编室
网　　址：www.sxskcb.com

经 销 者：山西出版传媒集团·山西人民出版社
承 印 厂：山西出版传媒集团·山西人民印刷有限责任公司

开　　本：787mm×1092mm　1/16
印　　张：17
字　　数：320千字
印　　数：1—3000册
版　　次：2020年5月　第1版
印　　次：2020年5月　第1次印刷
书　　号：ISBN 978-7-203-11264-8
定　　价：76.00元

如有印装质量问题请与本社联系调换

教育薪火　传承不息（总序）

钟秉林

在人类的历史长河中，教育一直伴随人类的文明进程在不断发展进步，那些弥足珍贵的教育著作、教育思想、教育人物和事迹，无时无刻不在拨动着教育工作者的心弦。我们永远无法忘记那些给我们留下宝贵思想财富的教育家，他们的思想、言论和实践，依然是激励我们教育工作者前进的动力。时至今日，教育的发展与变革更成为世界各国应对日趋激烈的国际竞争的重要战略。在科教兴国战略的指导下，党和国家对教育工作给予了高度的重视，深刻认识到教育家对教育事业的重要性。《国家中长期教育改革和发展规划纲要（2010—2020年）》就明确提出："创造有利条件，鼓励教师和校长在实践中大胆探索，创新教育模式和教育方法，形成教学特色和办学风格，造就一批教育家，倡导教育家办学。"

要想成长为教育家或者在教育实践中能够起到扛鼎作用并非易事，需要我们教育工作者吸收过往教育家留下来的丰富教育营养，清晰地认识什么是真正的教育家，教育家应该具备什么样的素质和条件，做到融会贯通，大胆实践，自成一家。与此同时，在教育改革的大背景下，普通教师同样迫切需要能够在教书育人过程中得到启迪和突破的催化剂，教育家的思想和实践是经过检验的真理，是教学启迪催化剂的最佳选择。

然而，在浩瀚的书海中，以教育家为主线、囊括中外、跨越古今、自成体系的书系并没有面世。山西的《新课程》杂志社和《现代职业教育》杂志社，在教育的广袤园地上深耕多年，熟知一线教师的需求，希望为普通教师策划一套教育理论普及读物，以使广大中小学教师能够"近距离"地接触中外历代教育家的教育思想、实践经验和办学理念，促进教育理论水平的提高，从而更好地开展教育教学实践。书系的策划人与张斌贤教授为理事长的中国教育学会教育史分会的夙愿不谋而合，合作编写一套大规模的、以教育家为主线的书系的想法随之形成。

策划团队把书系命名为"教育薪火"，是希望教育家的教育思想能够薪火相传，不断推动人类文明的发展。"教育薪火"书系拟分为三辑出版，按照中国古代、中国近现代、外国古代和外国近现代分类。第一辑共选择了一百余位中外教育家，一位教育家一本书，规模宏大，应该说能够在中国教育出版史上留下浓墨重彩的一笔。所选教育家都是经过书系编委会认真研究、充分论证而定的，他们在教育史上有较大的影响，能够启迪或者感染教育工作者，推进教育和教学的发展。当然，其中有的教育家更为名声在外的不是在教育上，但是他们在教育上的贡献毫不逊色于其他方面的贡献，比如我们熟知的一些革命家；另外，还包括了一些具有地方特色的教育家以及还没有被人们真正认识的教育家。

必须提及的是，中国教育学会教育史分会非常荣幸地邀请到我国著名的教育学者顾明远教授、叶澜教授、史宁中教授、宋乃庆教授、田正平教授、裴娣娜教授和朱小蔓教授等担任书系的顾问，成立了由40多位教育学界具有重要影响的学者组成的编委会，为书系的质量保驾护航。

还需提及的是，《新课程》杂志社和《现代职业教育》杂志社为物色学有专长的作者付出了巨大的辛劳。书系的作者地域和院校分布广泛，既有北京师范大学、华东师范大学、东北师范大学、华中师范大学、陕西师范大学、南京师范大学、首都师范大学等师范院校的学者，也包括武汉大学、四川大学、南京大学、南开大学、天津大学、河北大学、河南大学等综合大学的学者。作者以教育史专业的中青年教师为主力军，他们朝气蓬勃、时代感强，研究范围涉猎较广，能大胆地探索和怀疑，一些新的教育研究成果不断涌现，为书系注入了难得的新鲜气息；他们与一线中青年教师同处一个频道，其思维模式很容易被接受。

客观而言，现在每年出版的教育类图书很多很多。一类为实践性强和操作性强的教学类图书，教师拿来就可以在课堂上使用；另一类为理论性强和学术性强的图书，印数少，流通范围小，普通教师往往望而却步。然而，教育理论只有指导教育实践才有存在的价值。在我看来，书系最具特色的价值就是秉承了教育理论通俗化这一理念，在教育理论研究者和普通教师之间架起了一道桥梁。书系以教育家为主线，坚持学术性与普及性并重，用通俗化的语言，或阐述教育家的教育思想精华，或叙写教育家的精彩教育事迹和教育实践，力图"润物细无声"，让教师喜欢读，在读中提高素养，深刻理解教育家，形成自己的理论，推进"教育家办学"。

当然，书系在真实性上也颇下功夫。以史料为依据，实事求是叙述，客观全面评价，不有意拔高教育家的贡献，注重教育家闪光点的挖掘和传播，是教育家历史画卷现代版的呈现。书系成规模、系统化，学术性和可读性强，具有较强的收藏价值，非常适合各中小学图书室和大学图书馆选择配置。

中国教育学会教育史分会为教育事业做了一件好事，张斌贤理事长请我作序，我觉得理应支持，欣然应允。

希望广大教育工作者能够认真阅读这套图书，为自己的教育职业生涯发展打下坚实基础，为成长为新时期的教育家而不懈努力。

丁酉年正月于北京
（作者系中国教育学会会长、北京师范大学原校长）

序

埃米尔·涂尔干(Émile Durkheim)被视为现代社会学的主要奠基者。[①]1858年4月15日,埃米尔·涂尔干出生于法国东北部洛林(Lorraine)地区孚日省埃皮纳尔(Épinal)一个和睦亲密的犹太教教士家庭,他的父亲曾是一位犹太宗教的拉比(Rabbi)[②],精通于犹太宗教法典,这使得他的家庭一直过着一种十分简朴的生活,并致力于神圣的犹太宗教教义的传统学习。也正由于这一家庭传统的影响,涂尔干曾经甚至十分期待能够通过自己对犹太宗教教义的刻苦学习来继承父亲的职业,直到他成年后才彻底放弃了这一想法。但不可否认,宗教对涂尔干教育社会学思想的形成具有深刻的影响。

涂尔干接受中等教育的过程,可以分为两个阶段。19世纪70年代,涂尔干在埃皮纳尔(Épinal)获得中学毕业会考文凭(Baccalauréat)后,前往巴黎,并于1879年就学于巴黎高等师范学校(The École Normale Supérieure),这是一所在法国大革命后建立起来的最优秀的教育机构,主要用于培养中学和大学教师,而这正是构成法国教育系统的精英人员。涂尔干在巴黎高等师范学校主要学习历史与哲学,1882年毕业后便在省立中学获得了哲学教师的职位。1885年至1886年期间,他还获得了奖学金的资助前往德国学习社会科学,因受到德国社会科学研究学者的影响,涂尔干"社会现实主义"的思想不断地得到强化,正是德国的这段学习经历使他强化了在法国高等教育体系内建立社会学学科的决心。

[①]埃米尔·涂尔干(1858—1917),又译为迪尔凯姆、杜尔凯姆、杜尔干等,是法国犹太裔的社会学家、人类学家,《社会学年鉴》创刊人,与卡尔·马克思、马克斯·韦伯并列为社会学的三大奠基人,主要著作有《自杀论》《社会分工论》等。

[②]拉比(Rabbi),是犹太人中的一个特别阶层,被视为老师或智者的象征,接受过正规犹太宗教教育,精通《塔纳赫》《塔木德》等犹太教法典,通常担任犹太人社团或犹太教教会精神领袖,或在犹太经学院中传授犹太教教义,多用于指有学问的犹太学者或犹太宗教的领袖。

为此，涂尔干采取了一系列的步骤来实现这一目的。1887年，涂尔干在波尔多大学（Bordeaux University）获得了他的第一个学术任命，负责教授社会科学和教育学的课程，他也由此成为法国第一个社会学学者。随后，他开始利用哲学知识来处理教育学问题，这甚至成为那一时期涂尔干最喜欢的演讲主题。在波尔多大学任教的十五年时间（1887—1902）里，涂尔干一直担任社会科学与教育学的课程讲授教师，并围绕该课程的教学内容发表了多篇重要论文与多部著作，其中包括1892年出版的博士论文《社会分工论》与1985年出版的《社会学方法的原则》。这两本书随即产生了重大的学术影响，使社会学研究逐渐作为一门独特的社会科学构建起来，并创建了法国第一个教育学和社会学系。1895年，涂尔干又出版了另一部社会学经典之作《自杀论》（*Le Suicide*），并为这本著作拟定了一个"社会学研究（*Étude de sociologie*）"的副标题。

19世纪末期，法国整个教育系统已经变得十分中央集权，不仅大学政策基本由所在巴黎的教育部通过法律的途径或章程的形式来制定，而且在巴黎所建立起来的巴黎大学（Sorbonne）与大学校（Grandes Écoles）等学术机构成为波尔多等地方大学的领导者。在这种情况，涂尔干想要将社会学融入法国学术系统的努力唯有在巴黎地区可以实现。1896年，涂尔干与一家巴黎的出版社创办了一个新的期刊《社会学年鉴》（*L'Année Sociologique*）。当时，他创办这个期刊的目的是想在学术领域获得一定的成功，例如借以系统地评述以往在社会学研究领域出版的相关论著，或者是分析对社会学发展有重要影响的相关研究。涂尔干辛勤地为《社会学年鉴》工作了将近二十多年，至1913年《社会学年鉴》已经出版了12辑，其间引导了众多学者为社会学作为独特的科学研究而努力，并成为这一群体中强大的核心人物，最终形成了法国社会学年鉴派学术群体，涂尔干自己也由此成为法国第一位教育与社会科学教授。

1902年涂尔干离开了波尔多大学后，便前往巴黎大学担任教育科学首席教授，讲授教育与社会学课程。在巴黎大学任教期间，涂尔干对自己的职业充满了强烈的道德意识。无论是在演讲中或是研讨室内，涂尔干始终秉持在波尔多任教时的道德精神，尤其是采用不断鼓励、改善与激励有天赋的学生的教学方式，他要让自己确保能够在这所欧洲最古老与最杰出的大学里被公认为是最有智慧的教育领导者。当然，涂尔干也经常在其他学术机构里发表演讲，参加学术聚会,继续承担《社会学年鉴》的编辑与出版工作。涂尔干积极地与哲学家、历史学家、心理学家讨论有关社会学的发展问题以及法国教育问题的相关思考,虽然他的想法时常受到尖锐的争议与反对,但他都尽量给予了积极的回应。其间,涂尔干作为政府机构教育政策的建议者,享有了一定的特权。1912 年,涂尔干出版了他的第三部社会学经典著作《宗教生活的基本形式》,重新审视了宗教现象的本质与功能这一重要论题。当时,54 岁的涂尔干已经站在了权利、荣誉及社会影响力的巅峰,他也基本上完成了他在社会学研究上的预期目标,社会学研究最终也通过教育实践的途径得以在法国高等教育体系确立。在涂尔干的社会学研究中,通过他自己及其他青年学者的研究,他们发现,无论是法国还是其他国家,其所有知识世界的特殊性与重要性均可隶属于社会学本身这门学科得以阐释。此时的涂尔干,在社会学研究中具有明显的权威,尤其是他创办《社会学年鉴》每年对欧洲各国社会学、法律、地理与古典历史等研究领域学者的学术贡献进行评价,甚至偶尔会为此感到自满。涂尔干将自己视为"维护科学自主性"的专家,而并非仅仅是一个受欢迎的教育家。从这一点来看,涂尔干其实是一位道德和个性自主的伟大社会学家。对于涂尔干的学识和公众立场,他仍然将道德视为他教育社会学思想的核心内容,对道德义务的分析也是了解涂尔干教育社会学思想的前提。

长期以来,对涂尔干教育社会学的研究,已经成为探索与讨论涂尔干主义最为重要的内容。目前,珍藏在法兰西学院(College de France)档案馆(Hubert-Mauss Archives)有关涂尔干教育社会学研究的书信、手稿和未发表与出版的论著,是研究与挖掘涂尔干教育社会学思想的重要史料。[①]涂尔干一生所做的大量有关教育的演讲,出版的大量有关教育研究的论著,通常涉及家庭、公民道德、宗教、卢梭、孟德斯鸠、社会史等问题,其生命的轨迹始终围绕教育社会学展开,并在 19 世纪末 20 世纪初期深刻地思考了法国共和体制应该构建怎样的教育系统这一问题。可以说,涂尔干的教育社会学思想一方面深受启蒙运动思想家孟德斯鸠和卢梭等人的影响,另一方面则受德国哲学家伊曼努尔·康德(Immanuel Kant)有关社会责任中道德原则概念的影响。

---

① 1940 年 6 月,德国纳粹占领法国,其秘密警察征用了涂尔干女儿的住所,随后将大量涂尔干的研究手稿损坏并丢弃。

涂尔干被称为"社会学之父",与卡尔·马克思(Karl Marx)、马克斯·韦伯(Max Weber)共同被称为社会科学研究的奠基人。涂尔干运用实证主义的方法研究社会学和"集体意识"的概念,通常被认为是功能主义、实证主义、结构主义或定量方法学家。无论是对法国社会学研究感兴趣的学者,或是对法国教育系统感兴趣的学者,都会关注到涂尔干的教育社会学研究及其实践。虽然当代教育社会学研究已远超涂尔干教育社会学研究及其教育实践的领域,但有关涂尔干教育社会学研究理论与教育实践仍然为当代学者长期争论与研究。如果我们想要掌握教育社会学经典研究及其理论的发展历史,涂尔干教育社会学研究及其实践将是最为重要的内容之一。

涂尔干有关于教育社会学的著作与学术出版物,尽管通常都会描绘错综复杂的社会现象与教育问题,但往往蕴含着单一的、集中的研究主题和研究目标,在一定意义上,这些关于教育社会学的研究内容与目标已经超越了纯粹的科学,涉及了更多属于道德与社会变革的因果关系分析。通过对涂尔干教育的社会实践研究发现,他主张通过教育改革与发展来寻求法兰西第三共和国发展的稳定性和合法性,并积极利用他的教育社会学理论来广泛地治疗当时的各种社会弊病。目前来看,涂尔干的几部有关教育社会学的著作都已成为社会学研究与教育学研究的学术经典,也被公认为是社会学学科与教育学学科领域内学科教学的核心内容,并在其理论基础上取得过社会学与教育学的颠覆性的进步与发展。

涂尔干的大部分学术与教学工作,在很大程度上受到了当时法国国家政治与社会变化的深刻影响。就法国当时的社会环境来看,正处于政治危机与革命频发的时代,尤其在1894年德雷福斯事件后,致使法国国家认同感面临严峻的挑战,这也促使涂尔干公开倡议个人主义的存在必须要加强道德教育,以便能够重新找回快被取代的公共、爱国、民族国家的意识,减少社会进步的压力。在这种社会危机情况下,涂尔干认为传统的心理学和哲学在影响与改善社会危机方面能力非常有限,并更加坚信教育社会学存在的必要性与重要性,强调科学的调查方法在考察法国巨大社会变革与适应工业资本主义发展方面具有独特的重要作用。

这种科学的调查方法究竟是什么呢?这便是科学实证主义,其灵感来源于哲学家奥古斯特和孔德的思想启发。涂尔干认为,无论是资本主义发展过程中的投机现象,还是通常被认为是充满神秘色彩的人性,甚至是已成过往的历史事件,都可以被客观地量化分析,以取得更为科学的发现与评价,这就是社会科学最为核心的学术方法。事实证明,涂尔干这一学术方法,不久便成为社会现实主义的哲学原则,并在当时法国学界引起了高度关注与认可,而那些传统的经验性的研究和目标,则逐渐被遗弃。在此基础上,法国学界通过对涂尔干教育社会学的研究分析,论证了法国根深蒂固的个人主义社会哲学存在的社会事实,引发法国思想家围绕个人主义作用与影响进行了长久而深入探讨。

通过这一历史事件可以看出,涂尔干的教育社会学视野所关注的焦点内容是"社会中的教育现实",并指出这些发生在特定社会环境下的教育现象或问题,都是独一无二自己的特征的社会事实,这种具有一般性外部特征并独立存在的教育现象,通常构成了一个独特的教育现实。因此,这种教育环境中的个人主义,极易培养出更多的社会功利主义者。此外,涂尔干尤其注意特定社会环境下的教育"形态",即集体性的教育意识,并声称唯有社会原因可以较好地解释社会效应,任何一个教育事实是直接由一个心理的社会事实来解释的,而集体性的教育事实,则是由称作"社会"的心理事实来检验获得。但是,作为社会学这一学说的创建者,涂尔干的社会学实证主义言论也受到了许多其他学者的质疑,甚至直到今天对涂尔干教育社会学方法论的争论也未曾停止过。

在涂尔干看来,只要社会存在,人的教育性社会事实就会存在。对这一概念,涂尔干的解释看似还有些局限与宏观,不过我们当然也必须认真反思涂尔干对这一概念所进行的宏观解释,即便此时涂尔干的思想还没有理论化,没有形成针对性的见解,但他在《教育思想演进》一书中所论述教育规则[①],对日后的教育发展与研究已形成了竞争性的理论框架,这表达了他运用科学方法对教育现象与社会发展进行研究的思路,并形成了对传统教育哲学理论经验证据的批判体系。所以说,涂尔干的教育社会学所倡导的实证主义,正是致力于识别教育现象

[①] 涂尔干在同意开设道德教育课程时,便明确地指出:"自己并不打算效仿心理学或道德家的做法,用说教的方式来探讨教育问题。相反,他会阐明,在情势与社会环境的压力下,这些问题是如何在事件发生的进程中出现的,究竟什么样的解决方案获得了成功,产生了什么样的后果,我们又该从中汲取什么样的教益。"转自(法)涂尔干:《教育思想的演进》,李康译,商务印书馆,2016,第8页。

中有关社会发展的一系列永恒问题的考察与讨论,并非仅是系统地研究教育与社会环境下特定的那些因果机制。然而,涂尔干对此公开拒绝使用"实证主义"的标签,而是认为这是"理性主义"的表现方式。

所谓教育社会学的"理性主义",就是必须主动放弃传统理论观点先入为主的思路,主张通过系统性的考察研究来寻找理论证据,并强调在适当的情况下使用定量的研究手段对研究内容进行阐释。在运用这一研究方法时,涂尔干是十分谨慎的,他认为利用社会学的教育实验来代替实验,本身就是一个教育研究的进化过程,这是一个从落后到先进的研究进程,进而认为教育社会学能够较好地区分社会现象中错综复杂的教育问题,尤其是有利于诊断与阐释那些工业社会环境下所产生的反常或病态的教育问题,这样教育问题诊断与精细化的量化研究,使他普遍被认为是推动教育研究进步的社会学家。

通过对大量涂尔干社会学理论进行分析后发现,其理论其实并非都来自他对教育现象的推论与猜测。相反,涂尔干的教育理论来源于其毕生的教育实践经历,并且经过了科学与严谨的思考与论证。1887年至1902年,涂尔干在法国波尔多大学文学院担任教职期间,就常常每周都发表有关教育的演说,甚至1902年暂时被任命为法国巴黎大学教育科学学院教授一职,并一直担任该教职至1906年,但直到1917他去世时实际上始终在系统地从事社会学的教育研究工作。在涂尔干的教育生涯中,超过了三分之二的时间是在从事有关教育研究的工作,但遗憾的是他有关教育研究的大部分文章并没有公开发表或出版,1902年至1903年间出版的有关道德教育的著作,成为在教育本质与教育理论方面对后世影响最为深远的作品。1917年11月15日,59岁的涂尔干去世,至今已有一百多年,但涂尔干的教育社会学思想至今仍极具影响。在这一意义上,涂尔干仍然可以被称为"当代学者",其极具实践价值的"涂尔干教育社会学思想",在帮助我们如何面对与处理现代社会教育问题时极具实用性。

为何要撰写《涂尔干教育社会学研究》,其中一个主要原因在于,涂尔干教育社会学思想的部分著作与论文在一定程度上或存在着被误读的情况,或存在遗漏的情况,这就导致对涂尔干教育社会学研究的一些评论不够客观,更糟糕的是,现代社会或许认为涂尔干教育社会学是一种"无用的教育理论"。为此,本书力求从涂尔干的教育生涯中探求其教育社会学的建构基础、原则、方法、功能及影响，深刻阐释涂尔干教育社会学的基本理论与知识体系。另外一个原因，随着当前有关涂尔干社会学与教育社会学研究的学术著作和论文日益增加，以及随着涂尔干新的翻译信件、笔记和手稿的整理与问世，越来越多的涂尔干研究者有了大量新发现与结论。这又引发了我们新的思考。可以说，涂尔干的教育社会学理论至今仍是推动与启发21世纪教育改革与研究的重要力量，他的教育理论和观点仍然能够参与到当代的教育研究中来，在一定意义上，涂尔干仍然可以被看作一位当代的教育社会学者。所以，即使今天我们提及涂尔干及其教育社会学研究理论时，还自然而然地将其称为"实用的涂尔干"，他无疑是一位极具影响力的现代性教育社会学家。

但是，由于特殊的历史原因，埃米尔·涂尔干的教育社会学理论长期以来受到深刻的误读，并存在大量的错误与遗漏，还招致了一些批评人士的批判，认为他的教育社会学理论"过于天真"，是一种纯粹的教育理想主义，甚至对于现代社会教育来说是无用的理论。为此，本书力求从涂尔干的教育工作与社会生活中，考察其教育社会学著作及思想在方法、社会结构、机构、个人、现代社会中的真实价值。因为涂尔干的教育社会学理论，更为关注人类社会集体的教育表现状态，并能够密切联系当时的社会变革进行考察分析，即便没能更多地关注现代世界的教育问题，但他关于对道德教育的阐述与教育实践，也足以使他可以称得上是一位"伟大的教育社会学家和道德教育家"。

本书共分为五个专题章节，每一个章节都致力于对涂尔干教育社会学理论的特定问题进行讨论和阐述。第一章探讨涂尔干社会学研究中的道德教育，包含道德教育的科学概念、个人主义、社会生活、实证科学和历史挑战五个方面的问题；第二章探讨涂尔干教育社会学研究的基本理论，包含教育社会学的意义、传统、知识论、研究法和危机五个方面的问题；第三章探讨涂尔干教育社会学研究的核心问题，包含社会系统与教育发展、社会化进程与教育改革、社会结构与教育功能、社会运动与教育思想、社会变革与教育演进五个方面的关系分析；第四章探讨涂尔干教育社会学研究的改革实践，包含法国高等教育改革实践、基础教育改革实践、法国现代教育体系构建、道德教育研究实践成效、教育社会学的学科建设五个方面的问题；第五章探讨涂尔干教育社会学研究的历史评价，包含教育社会学的学术史评、教育社会学的思想演进、教育社会学的百年影响、教育社会学的现世价值、教育社会学的创新发展五个方面的问题。

在我看来,涂尔干是一位具有现代性的教育社会学家,他在教育社会学研究殿堂的地位是举世公认的,其理论见解和教育实践,对当今的教育改革与社会发展具有持久的历史价值。可以说,涂尔干及其教育社会学思想,并不是法国社会学界与教育学界的一个发展片段,而是整个世界社会学与教育学改革与发展的重要历史里程碑。涂尔干教育社会学的创立,为我们提供了一个新颖的理论视角和实用的研究方法,为深刻阐释复杂性的教育社会学现象开拓了道路。直到今天,无论教育社会学的发展如何,都要学会与懂得赞赏涂尔干的教育社会学理论与思想,即便我们还很难完全读懂涂尔干的教育社会学理论著作、笔记和手稿,但要学会欣赏他带给我们的教育进步与社会发展。我们完全有理由认为,涂尔干及其教育社会学理论对当代教育改革与发展是"有用的理论",是值得称道的理论,他对人类教育与社会发展关系做出了最为深刻的阐述,其作品总能吸引无数研究者评论与分析,其著作也得到多次再版与翻译,并直接影响到了费迪南德·德·索绪尔、米歇尔·福柯等学者的理论。为此,我们要真诚地感谢涂尔干在教育社会学研究领域内强有力的影响与存在。

目　录

第一章　涂尔干社会学研究中的道德教育　　1

第一节　道德教育的科学概念　　3

第二节　道德教育的个人主义　　13

第三节　道德教育的社会生活　　23

第四节　道德教育的实证科学　　33

第五节　道德教育的历史挑战　　42

第二章　涂尔干教育社会学研究的基本理论　　51

第一节　教育社会学的意义　　53

第二节　教育社会学的传统　　62

第三节　教育社会学的知识论　　72

第四节　教育社会学研究法　　83

第五节　教育社会学的危机　　93

第三章　涂尔干教育社会学研究的核心问题　　103

第一节　社会系统与教育发展　　105

第二节　社会化进程与教育改革　　115

第三节　社会结构与教育功能　　125

第四节　社会运动与教育思想　　135

　　第五节　社会变革与教育演进　　144

第四章　涂尔干教育社会学研究的改革实践　　153

　　第一节　法国高等教育改革实践　　155

　　第二节　法国基础教育改革实践　　164

　　第三节　法国现代教育体系构建　　173

　　第四节　道德教育研究实践成效　　182

　　第五节　教育社会学的学科建设　　192

第五章　涂尔干教育社会学研究的历史评价　　203

　　第一节　教育社会学的学术史评　　205

　　第二节　教育社会学的思想演进　　214

　　第三节　教育社会学的百年影响　　224

　　第四节　教育社会学的现世价值　　233

　　第五节　教育社会学的创新发展　　239

参考文献　　247

结　语　　251

第一章

涂尔干社会学研究中的道德教育

在某种意义上，涂尔干的教育社会学研究是以道德教育为核心的学术研究，而这种道德教育研究在其学术理论体系中，又具有强烈的现代意义的理性探讨，深刻地体现了涂尔干教育社会学研究的理论内涵。在涂尔干看来，教育社会学研究是以研究培养儿童社会生活规范感为基础构建起来的一门社会实践科学，这正是涂尔干所认为的道德教育"社会化"的基本要义。基于此，本章研究内容围绕道德教育的科学概念、道德教育的个人主义、道德教育的社会生活、道德教育的实证科学及道德教育的历史挑战展开分析，力求探索涂尔干教育社会学研究理论在处理此问题时的基本思路与学术主张，洞悉涂尔干教育社会学研究理论有关道德教育的微妙、隐晦之处，阐释涂尔干道德教育研究理论与教育改革实践中丰富多样的思想元素。

第一章 涂尔干社会学研究中的道德教育

第一节 道德教育的科学概念

1889 至 1912 年,涂尔干在波尔多大学和巴黎大学担任教职期间,发表了一系列有关道德教育问题的演讲,并于 1925 年出版了《道德教育》一书。可以说,涂尔干教育课程体系中,最重要的教学内容便是道德教育,且其重要性与涂尔干最关注的社会学问题紧密相关,是其长期深入思考的教育问题。

法国社会学家马塞尔·莫斯(Marcel Mauss)认为,涂尔干的课程体系致力于在其教育思想视域下,揭示教学现象中有关道德教育的本质。在涂尔干看来,道德教育是一种独特的社会行为,是道德内化的过程,包含道德纪律、对社会的依恋及自主性三个核心要素。其中,自主性仅存在于理性道德之内。对于大多数社会成员来说,道德原则和道德行为方式对维持社会礼仪标准至关重要。正如涂尔干所言,道德是一种社会现象,它与特定社会结构的需求相对应,需要对其进行系统性考察。

在涂尔干生活的历史时期,由于法国公共教育世俗化发展的需求,探讨道德与道德教育成为一个非常重要的问题。按照涂尔干对道德核心要素的分类,道德纪律在形成个性的过程中发挥着重要作用;而所谓对社会的依恋则是指基于集体利益的道德行为,自主性强调的则是道德意识的状态。在这样的道德要素分类原则下,一个受到了良好道德教育的人,本身便会清楚地知晓自身所有行为的内在动机与原因。另外一方面,我们也可以看出,涂尔干对道德这一概念三个核心要素的阐释,本身便是理解道德的重要表现。其中,需要注意的是,涂尔干认为自主性这一原则是世俗道德概念中一个非常重要的特征性要素,甚至认为道德自主性能够改变道德纪律和社会依恋这两个核心要素。

关于道德教育研究,涂尔干尤其对当时法国新的社会秩序充满兴趣,他称这样的新社会秩序为"有机团结"。在法国当时宗教道德存在的社会背景下,涂尔干主张用世俗的或理性的道德代替宗教道德,并坚信社会新一代接受与内化这种替代后的新道德体系将是一件十分重要的事情。在涂尔干看来,这个过程,便是教育,并认为几乎所有的社会都需要这样的教育过程,并可以根据不同社会情况来调节这一过程及其道德体系中的内容。

涂尔干认为:"只有当一门学科具有明确的探索领域时,才能被称为科学。"①因此,教育通常被狭隘地认为是有关科学的教学行为,但涂尔干却将教育视为一种实践性理论,并非仅指教育活动本身或是特定的科学教学,它首先应该是一种社会系统性反应,故教育改革的过程必须遵循社会原则。对此,涂尔干明确认为:"和道德一样,教育也是一种社会现象,它与特定社会的需求与结构密切相连,且可以被系统性地观察到。"②事实上,社会始终也正好是通过教育反映出自身的社会环境。基于此,可以得到结论,按照涂尔干的教育社会学理论的解释,教育便是是青年一代系统性社会化的过程。

毫无疑问,道德教育是一个与生活及社会中每个人关联密切的问题,在涂尔干看来,道德教育也并不是一个抽象概念,只是无法简单性地将其归为任何一种特定的社会行为。这正如涂尔干自己所说:"社会科学的题材是社会'事物',也就是法律、习俗、宗教等。"③因此,事实上也无法对道德教育进行归类。在一段时期,学者们几乎认为准确定义道德教育的概念是一件十分困难的事情。然而,幸运的是,道德及其教育的现象在我们的生活中几乎随处可见,道德虽然并不是人类与生俱来的事物,但人类天生具有成为拥有良好道德良知的潜力。通常来说,儿童并非天生具有道德意识,但他却天生具有成为良好道德的人潜在能力,这是因为道德意识是可以被习得和培养的原因。比如,儿童在学校里可以通过老师的教导知道对与错的概念,并且必须接受一定的行为准则,这些蕴含道德意识的行为准则可以是父母的命令,也可以是一些传统规则。当然,几乎每个儿童都会有自己对道德概念的理解与认同,以便能够做到在不同社会环境下遵循

---

①③(法)埃米尔·涂尔干:《孟德斯鸠与卢梭》,李鲁宁等译,上海人民出版社,2003,第4页。
②Lukes, Steven, *Emile Durkheim His Life and work*(Penguin Books), 1973. p.111.

不同的道德原则，这也正好说明了道德这一概念的界定具有明显的灵活性，必须依据不同社会环境下的影响因素来给予相应判断。对此，涂尔干则认为："儿童必须迫使自己感受到他所必须遵循的规则，同时他也必须感受到规则中那些值得尊重的道德权威。"[1]事实上，虽然道德是社会现象中最为普遍性的一个概念，但它却可以有不同的解释与理解。所以，无论是老师，还是父母，在道德教育过程中，都应该尽力在儿童自身的道德规则基础上来进行，以便更好地理解儿童所接受或拒绝的那些道德行为。

在我们的潜意识中，意识到错误的发生通常是一种本能反应，而道德错误的意识也会同时蕴含其中。遗憾的是，儿童最容易受到同伴或成年人错误行为的影响，而在他们还没有接受任何道德教育之前，也最容易感染上那些错误的道德意识行为，并且难以弄清楚哪些是正确的道德行为，哪些是错误的道德行为。事实上，产生这一现象的原因可能是，无论是正确的道德行为，还是错误的道德行为，对于儿童来说都难以马上显现结果或被理解，因此帮助儿童建立一种正确与错误的学习基础至关重要。

因此，在涂尔干看来，儿童教育的早期便应该重视道德教育，同时也应该注意到不同儿童在不同环境下实施道德教育与道德养成过程的差异，且这样的道德教育过程应该贯穿儿童教育的始终。其中，涂尔干强调，社会中所存在的诸如家庭与宗教这样的教育因素，对儿童道德教育的整个过程具有重大的影响作用，并且对其后一生的道德养成都具有深远的影响作用。对于许多家庭来说，即便在道德教育过程中存在许多观点与行为的冲突，但基本上仍然都十分重视在家庭环境中对儿童实施道德教育，且不同文化背景与社会背景的家庭在实施这一儿童道德教育的过程也通常不尽相同。对此，涂尔干认为："并非是人们的各种行为有所变化，而是人们行为能力的限制在不同历史时期有所不同。"[2]这种行为力量会对整个生活在社会中的儿童个体产生特定的教育作用，并最终影响他们被教育成为怎样的社会人群。对于多数学者来说，道德教育的目的正是尽

---

[1] Wilson E.K, *Moral Education: A Study in the Theory and Application of the Sociology of Education*, by Emile Durkheim(London:Collier Macmillan,1961), p.154.

[2] Wilson E.K, *Moral Education: A Study in the Theory and Application of the Sociology of Education*, by Emile Durkheim(London:Collier Macmillan), 1961, p.52.

可能早地让儿童认识到这一影响与作用,并让儿童在特定的社会环境下建立起自身对可能遇到道德教育因素的判断力。

1978年,马斯格雷夫(Musgrave)在《道德课程:社会学分析》中指出:"我们必须考虑做出选择的途径与方式,同时要对必要的知识、相关的社会结构、阐释思想的必要技能、与人进行交流的相互感情和行为给予足够的关注,因为这些通常是道德家所权衡与考虑的重要因素。"[1]显然,一个儿童在其成长阶段,通常只能教会他有能力掌握的学习内容,但因为道德教育是一种全面性的教育过程,也就是说所有参与道德教育过程的人既是学习者同时也是教育者,道德教育的影响正是人人之间相互作用下产生与存在的。对此,布尔(Bull)指出:"所有的道德都由人与人之间的相互关系构成,其中有三点要素需要关注,即自我、他人与人际关系;而道德的核心便是人与人之间的相互尊重,儿童虽然通常并非直接学习这一点,但却可以在学习知识、习惯与观念的基础上通过道德教育构建起来。"[2]涂尔干对儿童教育的研究,也正是其社会科学研究的核心内容。

通常来说,大范围多样化的人际交往能够较为快速地帮助儿童构建其道德意识,而相对狭窄的人际交往经历则时常导致儿童道德发展出现僵化或停滞的现象。因此,要实现道德教育的良性互动,至少需要三个保障条件:首先是有意识地了解道德教育,其次是明白道德教育的目的,最后是保持正确的道德教育方式。对此,斯特劳恩曾简洁地将其解释为:"决定一个人道德发展水平的重要因素并非是他所认为正确或错误的特定行为,而是他做出判断的原因。"[3]可见,道德这一概念,事实上包含了"动机"与"理解"的概念内涵。所以,道德教育的概念究竟意味着什么?对于儿童来说,不同父母之间必然存在着不同的阐释,甚至有些父母缺少了对道德教育的认识与理解,涂尔干与多数学者为此曾担心过青年一代的道德教育质量问题。即使是在今天,有关道德教育的这一问题也未曾停止过讨论。例如英国儿童被认为性格相对懒惰且易于沉迷于电子游戏,以至于这些儿童生活缺乏了对现实生活与道德问题的思考,这些问题早在19世纪早

---

[1] Musgrave, P.W., *The Moral Curriculum: A Sociological Analysis* (London: Methuen & Co. Ltd, 1978).
[2] Bull, N.J, *Moral Education* (London, Routledge & Kegan Paul, 1969), p.127.
[3] Straughan, R., *Can we teach children to be good? Basic Issues in Moral, Personal and Social Education* (Milton Keynes: Open University Press, 1992), p.19.

期至20世纪初期便已成为学者们所关注与讨论的内容。

1948年,马克思与恩格斯指出:"伴随着资本主义社会的发展,社会的变革与进步似乎也已经远远地超越了道德变化。……所有坚不可摧的事物都在空气中融化,神圣的事物则遭受着亵渎。"①涂尔干则认为,随着社会的发展,类似的现象也同样在道德教育中存在,看起来似乎一贯坚守传统的道德教育也逐渐开始变化。1961年,威尔逊(Wilson)等学者开始呼吁,道德教育必须具有稳定性、规律性与一致性,未来的道德教育必须坚守今天的道德传统。然而,十多年过去后,道德教育不确定性所导致的紧张状态演变得更加强烈,这甚至迫使教育本身来适应道德变化的过程,并引发了对道德教育更为广泛的讨论。其实,最为核心的问题应该是,道德教育的参与者如何十分清晰地知道所教授的内容与所产生的教育结果。遗憾的是,当谈论道德和道德教育的时候,当时几乎没有人清楚地明白道德教育所产生的结果。为此,涂尔干指出:"道德的基本要素可以在所有的道德行为中找到。因此,我们必须尝试着对道德进行概念界定,一旦我们完全理解了道德这一概念,我们就能够立刻明白道德基本要素的内容,并确保人们的行为遵循了道德的基本概念。"②这就是说,如果想运用特定的教育进行道德教育的话,必须首先对道德教育进行准确的概念界定,以便能够清楚地知道哪种教育能够实现预定的道德教育目标。

可见,道德教育会受教育环境的影响而有所不同。因此,人们通常也难以确定构成道德教育的具体课程与教学内容,即便在科学课程与数学课程中,道德教育的过程与内容也是易变的。究竟怎样的教育才具有"道德性",这显然是一个非常抽象的概念,它应该涵盖了所有的教学科目,且任一教学科目都有可能影响对道德教育内涵的理解与定义,当具有确定性的道德教育受到某一影响而发生改变时,就会影响对道德教育内涵与过程的理解,且这种影响还会逐渐扩大。

此外,宗教信仰是保障道德教育稳定性的另一个重要的社会因素,一旦这一

---

① Marx, K. & Engels, F., *The Communist Manifesto* (Harmondsworth: Penguin Books, 1967), p.83.
② Wilson, E.K. (ed.), *Moral Education: A Study in the Theory and Application of the Sociology of Education*, by Emile Durkheim (London: Collier Macmillan, 1961), p.55.

因素受到质疑或环境发生改变,道德教育便不再会具有稳定性。在欧洲,宗教的力量通常超越道德教育,但宗教基础上所构建起来的道德教育却被认为是最不稳固的。但是,涂尔干坚信任何社会都需要稳定的道德教育,问题是在宗教社会还难以找到能够代替宗教信仰且又具有稳定性的教育形式。当然,在欧洲最为重视宗教信仰的地区,其发展速度也逐渐缓慢了下来。因此,在涂尔干看来,为了社会的持续进步与发展,道德教育必须承担起宗教的作用与影响。因此,每个人都必须清楚地明白道德教育的转化与发展过程,同时必须深入地探讨每个人自身所能理解的道德教育及其行为。最终,每个人都应该积极地成为一个道德教育者。

关于涂尔干的道德教育研究,他1902至1903年间所发表的论文《道德教育:理论研究与教育社会学的应用》(*Moral Education: A Study in the Theory and App-lication of the Sociology of Education*)是不可回避的,该文开展的儿童社会化研究中,探讨了道德教育,这一概念不仅包括道德观念,还包括了道德教育的时间等相关概念。事实上,今天我们对道德教育发展这一概念的理解已经具有了多样化的解释,它不仅影响到我们长期对道德思想的阐释,也影响到我们对道德行为的理解与认识。涂尔干的道德教育发展概念涉及了较多的机械化与进程性解释,并认为道德发展理论的阐释与研究影响到了道德教育概念的认知。之所以如此,正如涂尔干所说:"诚然,人们理解教育理论的方式本身就扭曲了教育理论,但是,单凭这一事实,并不能推出结论说不可能探索什么教育理论,人们一向也确实是刻意保持教育理论的谦逊与谨慎。"[①]可见,在讨论涂尔干道德发展理论之前,必须清晰地掌握涂尔干对道德概念的界定与阐释。在涂尔干看来,道德价值通常被分为五项内容,即道义、目的、伦理、本质与外在。道义主要是指道德权利,如公正性与责任,多数学者都认为道义是道德概念最核心的内涵,至少其中所包含的公正与责任是道德教育的主要内容。此外,道德中的目的价值则主要是指善的教育;而伦理则是指个体的道德判断,它通常反映出一个人的道德动机和伦理品质,如慷慨、怜悯、忠诚等道德内容。涂尔干认为,道德品质的发展是道德教育的基本核心,一个人内在的道德修养是一个人善的品质的最

---

① (法)埃米尔·涂尔干:《教育思想的演进》,李康译,商务印书馆,2016,第13页。

好表达,这需要在道德教育过程中注重对道德自主能力、道德意识、道德知识的不断训练与培养,而外在的道德品质则通常在内在道德修养的基础上被体现出来。

尽管如此,涂尔干对于道德教育过程中所遇到的问题采用的解决方法,却通常是道德现实主义的手段,即道德实在论的解决策略。当我们细致考察涂尔干关于道德教育发展思想的认识与研究后,就会发现他将道德思想分为了道德权威和相互尊重的道德两个维度。道德权威,主要存在于5至8岁之间儿童的道德生活中,到9到12岁后,它通常会被相互尊重的道德所代替。涂尔干所说的道德权威,事实上便是道德现实主义的表现。在这一过程中,当儿童无法区分道德法则和自然法则的时候,他们往往会把这两者笼统地认为是道德有效性。所谓道德有效性,通常被认为并非来自个体的价值判断,但显然也不是来源于现代自然科学所提倡的自然实证的概念,而是属于一种被称为理想主义的形而上学的概念。

对此概念做进一步的深入辨析,就会发现自然法则显然是一种相对较高的法则,正如孟德斯鸠所认为的"不能通过人的本性去推断他们"①。对于实证主义者来说,先验的世界显然是不科学的存在。于是,涂尔干认为道德便随其自然具有了实证主义的属性。对于儿童来说,他们也通常会认为偏离这些道德自然法则的行为便是犯罪,或是一种堕落。需要强调的是,涂尔干的社会教育学,便是属于这样的自然法则的一种概念与研究,这一点在涂尔干的道德研究著作中显而易见且不容置疑。对此,要使儿童保持独立性,就必须要遵循涂尔干道德教育思想中进步的自然法则。显然,在我们看来,涂尔干是一位虔诚的教育家,他的社会学研究法原则中最核心的内容,正是要求道德原则能够独立于人们的价值判断而独立存在,并认为这样的共识真的能够存在并有效地改善着我们的现实生活。然而,通常情况下,涂尔干的这种想法仅具有理论上的合理性,其实是一种远离我们现实生活的道德理想,因为现实生活中的道德教育必须能够用来指导我的社会行为。所以,社会学必须是一种世俗化的理论或学科,以便用它来检测社会中的道德与精神水平。为此,涂尔干不得不将形而上学的概念与自然界

---

① (法)埃米尔·涂尔干:《孟德斯鸠与卢梭》,李鲁宁等译,上海人民出版社,2003,第18页。

中的实证主义概念系统性地结合在一起，这使他能够自然而然地将科学经验引入道德教育的前期准备过程中去。由此一来，因为自然世界与社会世界所具有的相似性，使得人们在道德教育过程中所获得的改善也同时提高了获取自然知识的能力。也就是说，在拉丁学校中通过科学教学所获得道德教育的过程，其实在宗教教育过程中也同样的存在，都能够实施并强化道德教育。

不得不说，涂尔干的社会学理论很大程度上继承了孔德（Auguste Comte）实证哲学的理论传统。这样的实证哲学能够帮助道德教育构建起科学严密的道德原则，这也使得道德教育的概念与理论随之变得更加严密与科学。和孔德一样，涂尔干也将社会现实赋予神的属性，并认为科学地重建与阐释"上帝"的概念是社会学研究与发展的必要内容，但这一过程无须剥夺"上帝"神圣的本性，道德教育只要保持其自然的尊严即可。事实上，就传统观点来看，"物理学与道德具有同样的尊严"①。在此，涂尔干是将"社会学"作为一种世俗化的思考，即使是宗教信仰中的"上帝"，这一时刻也具有了孔德实证哲学思想中的人性。

在这种"道德实证主义"的思想模型中，关于善与恶的判断，也变成了我们易于理解的关于社会事实的价值判断。因此，积极的与消极的道德价值便成为判别人类行为与约束人类行为的重要因素，且这一判断被认为是无可争论的事实，因为事实上我们也无法对社会事实做出争辩，由此这一过程便具有了我们通常所说的价值权威，这一概念即涂尔干道德教育的"价值判断的社会中心论"。这种价值判断的社会中心论，其实就是指以特定的价值判断标准为中心进行社会行为判断的原则。这样的道德判断过程，通常也是从道德权威过渡到道德相互尊重的判断过程，有关于善与恶的判断也就变得具有了偶然性与随机性，客观事实也因此变成了个人的主观价值判断。

道德实证理论中，道德价值作为社会学中形而上的判断内容，其中不证自明的效度与社会价值无疑也需要得到证实，而这种判断的价值标准也仅能来源于其社会价值。例如，在17至18世纪早期的道德哲学中，有关人类幸福的价值判

---

① (法)埃米尔·涂尔干：《孟德斯鸠与卢梭》，李鲁宁等译，上海人民出版社，2003，第344页。

断标准来源于社会机构与个人行为原则，尤其是对个人行为自由的规范性限制。也就是说，如果一个人能够严格遵守这些社会性规范，那么他就会对自身的社会生活感到幸福，能够在社会学习、社会需求方面对生活充满激情与欲望。可见，道德或法律规范并不是道德本身所评价，道德价值在满足一个人的社会需求方面具有更为深远的意义。所以说，在一定程度上，道德行为与满足道德需求是幸福与否的一个决定性原因。这种对幸福原则的思考方式与价值判断标准构成了17世纪至18世纪初期欧洲上层社会惯用的思维模式，尤其是在贵族阶层中更为普遍。直到18世纪后半期，中层阶级的道德原则因普遍受到康德理想主义的影响，才导致了这种幸福原则价值判断思维方式的结束，且逐渐被认为是不光彩的道德信条。

事实上，在这种道德范式的转变过程中，中产阶级重建了他们的道德权威，人们开始变得难以容忍通过幸福感受作为道德价值判断的标准，并希望能够逐渐摆脱这样的道德价值判断标准。用康德的话来说，判断一个人就必须要尽量整体性的对其想象，而不能再依赖于其他的任何事物，这种价值概念随即逐渐变成了人们对道德进行价值判断的基本原则。基于此，涂尔干认为对自身本性的征服也就变成了获取道德最为重要的手段，且这种道德的获取手段是通过社会中的外在约束实现的，但这一过程并非一定要有所反馈，也并非一定要有对道德教育结果的评价，所仅有的只是遵守社会性的道德原则。在涂尔干看来，道德教育是否有效，并不能全凭人们对其效度的衡量来给予定夺，那些合理的道德私欲并不能限制人们的欲望和情绪。对此，涂尔干也不得不承认，人类的情绪也只不过是被其认可与尊重的道德表现。所以，道德教育的概念，其本质应该是指随着人类自身社会经验的积累、道德观念发展变化的过程。

涂尔干之所以会对道德教育中的道德判断概念着迷，主要是因为无穷无尽的冲突与贪得无厌的欲望时常将人类引入极端的自杀行为，这正是个人精神生活陷入混乱后道德判断所带来的恶果。涂尔干认为，当个人的社会性共同意识丧失殆尽后，便极易产生这种失范性的自杀行为。这是因为，在日常生活中，当个人无法实现自身的人生目标时，便难以找到自身幸福与满足的价值标准，由此导致了个人极端性的道德价值判断，最终引发自杀行为。在涂尔干的道德教育理论中，这种失范性的自杀行为属于一种典型的平均幸福感下降所造成的极端道德价值判断。这种现象也正说明大规模的自杀潮之所以会在社会中出现与存在，显然并不是因为这些人感受不到幸福，而是因为整个社会的平均幸福感急剧下降所造成的社会现象。所以，在一定意义上，道德判断并不是单纯的个人道德价值评价，而是社会性的整体理解与感知，是社会规范的偶然性行为的重要原因。所以，对社会事实的道德价值判断，似乎就可以解释人类自身内在的善与恶的主观感受，并通过其个人行为来了解其道德价值的判断标准。可见，涂尔干的道德价值判断理论，为道德教育的概念带来了一个全新的认知视角，它较好地阐释了社会道德判断的偶然性与随机性。

总体来说，涂尔干从社会学视角对道德教育进行了深入细致的研究，阐释了人类社会中的道德权威与道德本质之间的复杂关系，揭示了社会现实中最为复杂的道德教育过程，解释了人类社会中具有共同道德观念与道德立场的内在原因。在道德教育研究领域，涂尔干构建了道德教育的实证研究框架与原则，这一研究方法也使得道德教育的相关研究重新充满了魅力。

第二节　道德教育的个人主义

涂尔干的道德教育理论,对个人主义进行了深刻的社会性分析,指出个人主义道德理论的标准正是他所提倡的个人权利和尊严,这是维护社会秩序,形成社会平等和公正的基本原则的基础。

当前,当代教育社会学者在探讨涂尔干道德教育的个人主义问题时,认为女性被排除在社会公正的范畴之外,是其道德教育理论明显的观点之一。当然,涂尔干的道德个人主义及其理论的这一特点,正好说明了其对社会道德教育的看法与态度,但这也正好成为当代教育社会学者批评的重要内容。为此,涂尔干被认为是一个较为保守的教育社会学家,并不是一个激进的教育思想家和社会学家。

评论家认为,涂尔干道德教育中支持个人权利和尊严是为试图"提高人类自由"而努力,并曾深切关注"实现和促进个人权利"的教育途径。可见,涂尔干的道德个人主义支持一个统一的理论价值体系,并在这个价值理论体系中去强调个人权利和自由的重要性,认为这是建立世界秩序和实现社会平等与正义的基本途径。对于这一问题,当今学界有一个普遍的共识,即涂尔干的道德教育个人主义概念,重在强调社会中个人权利的存在和使用,并非旨在强调是否适用于男性或女性的分歧,认为这一理论是出于对他人权利的关心而产生的,也就是说"道德的目的是要实现人性"[1]。为此,涂尔干认为:"教育行为要想发挥切实的功效,就不能完全偏于一隅,不能只把目光放在某些特定的方面,而应该涵盖整体上的才智,任何方面都决不能舍弃。"[2]因此,在一定程度上,涂尔干的道德教育个人主义理论,并不是排除女性权利的,相反是支持妇女权利的一种道德教育理

---

[1] (法)埃米尔·涂尔干:《道德教育》,陈光金等译,上海人民出版社,2001,第25页。
[2] (法)埃米尔·涂尔干:《教育思想的演进》,李康译,商务印书馆,2016,第73页。

论,这正是涂尔干为何在谈及道德教育个人主义时更习惯使用"人类"这一词汇的重要原因吧。

虽然,在涂尔干道德教育个人主义理论中,存在广泛针对女性权利的批评,许多学者认为涂尔干对道德教育中的性别关系存在不一样的看法,甚至指责涂尔干道德教育排斥女性。然而,和涂尔干有学术交往的不少学者却认为,这样对涂尔干道德教育的评价显然有失偏颇,并缺乏对其理论的充分探讨和分析。因为涂尔干的这一理论本身就是一个"万能的道德教育价值体系",而这些女权主义学者通常却忽略了他有关道德教育中个人主义的正确价值判断。事实上,涂尔干极其关注现代社会中个人自由发展的道德教育,而女性的社会公正是他道德教育理论的核心内容之一,甚至指出一个不关心女性利益与幸福的社会是缺乏道德公正性的社会,且尤其注重对女性自由、平等、正义等道德内容的教育需求,明确指出缺乏这一教育需求的做法都是违背道德教育个人主义重要原则的错误做法。

只要认真分析涂尔干的道德教育个人主义理论传统后便会发现,涂尔干早期关于性别关系的道德教育理论,早已明确了他的对现代社会中女性道德教育的立场,被误读的部分只是有关男、女道德教育中正义无法被普遍应用的观点,且并不是他社会公正理论的道德教育愿景。然而,关于这一问题的争论,却成为一个持久论战。对于涂尔干来说,这场学术困境所带给他的影响是极为深刻的,并且在很短暂的时间里就产生了明显的后果。对此,涂尔干曾感叹说社会传统已经失去了控制,而个人道德价值判断因此而脱离了集体性的社会道德价值判断,并由此导致了社会道德教育的制度性中断;而面对这样的结果,人们却并没有时间来准备面对和进行必要的调整,新产生的社会生活及其组织又无法满足应有的正义性,以致急需道德教育在现世社会中的普遍的实现,这既是涂尔干的道德教育的社会使命,也是个人主义道德教育必须完成的任务。

因此,所谓道德教育的个人主义,就是不能只做社会道德生活的旁观者,"它"必须存在与个人道德生活的各方面,并促使自身感到个人社会道德价值的存在与实现。在涂尔干看来,这样的道德教育个体主义行为,可以有效地调节社会生活,并能够创造出一个高贵的具有道德使命的个人主义精神,这正是一个民主的国家所应有的道德教育。在涂尔干看来,"就像每个群体究竟都是由个体组成的,并通过利益、观念和情感团结起来一样,它也能够成为一种凌驾于成员之上的道德力"①。其中,道德权威的存在有效地保证了个人主义的道德实现程度,即使这样的道德教育是纯属于个人的,但仍能够充分体现出道德教育的本质功能。

在这一概念基础上,涂尔干曾预测随着社会结构性的深刻变化,原本神圣的宗教概念也逐渐会被个人意义所取代,社会的团结及其现代性发展也将更加依赖道德教育的个人主义实现,即道德教育的个体对良知的社会性扩散作用,传统的社会信仰则变为独立的个人,并能够得到不断的强化,成为普遍的道德教育价值。也就是说,个人的道德教育将替代传统神圣的宗教道德,如涂尔干所预言的那样,成为如宗教一样具有威严与神圣感的信仰,这就解释了为什么一个人的道德自由能够激发人类的恐惧感并驱使他成为信徒的根本原因;而创建这样一种信仰的涂尔干,通常称其为"道德教育的个人主义",也时常被视为"宗教性的道德信仰"或"个人的道德崇拜"。②可以说,涂尔干对道德教育有关个人主义的分析与结论是至关重要的,因为事实上构成社会群体的成员除了普遍的人性外,并无其他的道德教育基础,而这种形式的个人主义正是源于道德正义。

简言之,道德个人主义充满着个人的宗教崇拜情感和行为,它和宗教教育中崇拜上帝的情况往往一致,都使得自身具有某种"神圣"的情感,这是一种对道德教育个性化的独特表达,反映了个人的道德权利,并渴望得到社会性的尊重。在这种社会情形下,现代社会便随之具有了"神圣"的性质,这是道德教育个人主义影响下的结果,而整个社会变革过程也会迎合这一价值改变,让个人的道德教育变得"值得尊敬"。在道德教育个人主义概念里,道德教育所体现的是人类普世价值,每个个体的道德意识都具有"神圣"的价值特性,因此不可以被轻

---

① Durkheim, Emile, *The Evolution of Educational Thought: Lectures on the Formation and Development of Secondary Education in France* (London: Routledge and Kegan Paul. 1977), pp.34—44.
② (法)埃米尔·涂尔干:《孟德斯鸠与卢梭》,李鲁宁等译,上海人民出版社,2003,第344—345页。

易地侵犯。"如果说神圣性是无所不在的,那么这个世界上的一切,无论是物理的还是道德的,物质的还是精神的,都应该是神圣的。"①对于这一点,涂尔干乐观地认为道德教育个人主义实际上是一种"道德教义",这是一种有别于宗教信仰的全新的社会道德观,并认为道德教育中的"个人崇拜"最具现代性特征,它必定将取代传统宗教。因为道德个人主义是现代社会道德建构、分享和执行的结果。

道德个人主义的核心内容,是道德权威,这是涂尔干现代社会概念中试图解决的一个至关重要的问题。因为这个问题的解决与分析,被视为是阐释现代社会中"利己主义"和"道德个人主义"相互冲突的有力证据。涂尔干承认,一些形式的个人主义都是自我中心的道德反映,所有威胁共同利益的个人利己主义是自私自利的道德表现。所以,道德个人主义有利于区别"功利主义"和"利己主义"的概念与行为,这反映出了涂尔干道德教育个人主义对人性的尊重,它并不是自我"荣耀"的一种炫耀。对于这样的概念阐释,有学者也认为涂尔干的道德教育个人主义是一种"最抽象表达,因为它强调的是人类最一般与普遍的道德原则,而并不是对某个人道德教育的特定解读,且这一道德原则将个人的自由和尊严视作最高的社会目标,而并非是传统的个人幸福"。

在此基础上,涂尔干进一步对道德教育个人主义进行了分析,一方面指出根源于斯宾塞的功利主义哲学的道德教育是威胁法国统一的个人主义,另一方面则将道德个人主义的概念追溯到卢梭和康德的哲学概念中,称赞这些引导法国革命的具有普世道德价值的个人主义者,认为这样的道德教育体现出了人的权利与权威。与此同时,涂尔干承认宗教机构正逐渐失去权力,并强调这种权利的丧失并不是简单意义上宗教传统功能的降低,尽管宗教的个人道德教育社会功能与影响已减少,但宗教的影响力显然永远不会枯萎,即便宗教在现代社会也无疑是一个永久和普遍的存在。为此,涂尔干认为:"在把道德与某种超验的力量联系起来时,宗教就已经使道德律令中固有的权威很容易地得到了表达。"②

---

① (法)埃米尔·涂尔干:《孟德斯鸠与卢梭》,李鲁宁等译,上海人民出版社,2003,第344—345页。
② (法)埃米尔·涂尔干:《道德教育》,陈光金等译,上海人民出版社,2001,第102页。

这就是说，宗教的道德教育并不是静态的存在，"昨天"的宗教道德不可能是"明天"的宗教道德教育。所以，现代社会仍然存在需要宗教道德教育的基础，无论什么形式的宗教道德教育，都有可能被这个社会所接纳，这便是人类的"宗教"道德教育信仰的基本性质。就此而言，涂尔干提出了一个世俗和普遍的宗教道德教育观念，且这一观念能够较好地和现代社会相融合，社会也因此产生了更多的道德正义感与发展动力，社会也由此变得更加公平公正。

在涂尔干学术生涯的早期阶段，并没有认为道德教育的个人主义会成为现代社会的一个普遍联系，而这一立场的改变主要是由于在遭受德雷福斯事件后，分裂法国的政治丑闻四处蔓延，由此导致他开始相信道德教育个人主义的"信念系统"，并认为这至少可以保障法国的"道德统一"。虽然越来越多地强调个人自由会削弱国家的社会内部联系，但只要道德教育价值统一，就不会危害到社会秩序的稳定，仅会出现不道德的功利主义和个人主义现象。

遗憾的是，在涂尔干看来，当时的法国现代社会几乎已经接近于无政府状态，个人主义呈现出了许多的"病态"，甚至每个人都俨然拥有了超越法律主宰一切的权利。于是，涂尔干告诫现代社会要当心个人主义"自我迷恋"的程度达到顶峰时，便在所难免地会出现无政府状态的危险状态。对此，涂尔干还反驳了那些对此持怀疑态度的言论，坚信个人主义将不可避免地导致道德缺失，并最终出现无政府状态的判断。道德教育个人主义的迷恋，虽然并不总会威胁到社会公共利益，也不总是以自身利益为导向，但道德个人主义最终不仅会导致"无政府主义"的产生，甚至会将道德和社会彻底分裂开来，使得在现代社会原本神圣的人性缺乏足够的社会尊重。

然而，德雷福斯的捍卫者却认为他应该受到保护，其遭遇是值得社会同情和怜悯的。对此，涂尔干则持有略微不同的意见，认为保障法国共和国道德基础才是整个事件的关键与核心，如果德雷福斯的个人权利违反了这项道德原则，则无法为受害者提供所谓的同情，更不必为此讨论受害者是否受到了社会不公正的对待。相反，正是因为涂尔干这样的尝试无法惩罚罪犯，也无法为受害者提供怜悯，以致其观点的影响在全国范围内并没有产生有效的影响作用，并被认为是否认正义和权利原则的做法，是一种可怕的"道德自杀"行为。事实上，涂尔干对个人权利和人类尊严的道德防御,有着一套良好的措施系统,历史证明他的观点是非常正确的,是一种强有力的道德教育及道德权利的理论体系。曾经就此问题存在的社会争议,并不是涂尔干道德个人主义理论本身要强调的内容,他的担忧其实是法国当代社会多样性价值观、信仰和个人经验常常颠覆传统宗教能力时所表现出来的道德倾向。涂尔干甚至认为,法国社会中的个人集体需要一个共同的宗教信仰,并据此来为社会提供更多的有关人类道德正义的信心和同情。由此可见,涂尔干不仅将道德教育的个人主义看作现代化社会进程的一个关键特性,还将其看作新的道德宗教信仰在实现自由、人文主义、平均主义过程中的核心价值观。在此基础上,涂尔干正确地预见了现代社会有关道德教育的个人平等自由、宗教自由、同性恋权利、就业机会等内容,且这一理论的现代性价值仍然影响着当今的道德教育信仰体系。

究其原因,对涂尔干道德教育个人主义观点产生争议的原因有两个。首先,涂尔干的道德教育个人主义主要指社会个体,未能阐明真正普遍存在的社会正义和道德权利。其次,很少有学者对涂尔干的道德教育个人主义理论进行深入的探索,很难在道德层面描述和确保一个普遍正义的社会关系。其中,涂尔干"通用的人类个体"这一概念化称谓,似乎是指所有人类,这就清楚地表明他的道德教育个人主义是指普遍的个人尊严、平等和权利获得。因此,从这一理论上来讲,道德教育的个人崇拜即指一般人获得的道德尊重与权利。涂尔干的道德教育个人主义思想,几乎散见于他的所有学术与教学工作中,而这一理论也不断地随着现代社会的成熟而逐渐发展。

可见,涂尔干的道德教育个人主义理论并不否认个人道德权利、平等和尊严的存在,并据此渴望建立起一个公正的社会秩序,且不否认现代社会中个人的道德自由。正如上文所提到的,现代社会能不能建立起一个道德个人主义的根本问题仍然是他的一个抽象观念。问题是,涂尔干道德教育个人主义的普遍性使得道德理论与道德实践成为一种特殊的道德存在,特别是针对个人道德权利问题的讨论,认为"随着人们的意识越来越个人化,教育本身也必须变得越来越个人化"[①]。然而,对于什么是道德教育的个人权利,涂尔干最为关注的还是道德

[①] (法)埃米尔·涂尔干:《教育思想的演进》,李康译,商务印书馆,2016,第385页。

正义。虽然，涂尔干的这一道德教育观点普遍受到认可，但这一理论的矛盾点也超出他的想象，并随之被夸大成为社会的普遍问题。

通常来说，涂尔干道德教育个人主义理论围绕着"社会""个人""天然""通用"等内容进行推演阐释，但有关"个人"的观点始终被视为存在普遍性的错误。历史上，有关"个人"的道德教育内涵，始终局限于独立自主的阐释，而这种独立自主性又主要是指具有完全自治的权利和道德自由，涂尔干的观点则对其中的各种道德偏见、歧视，以及性别、种族和阶级特权等内容进行了更为深入的分析。在涂尔干看来，现代文明社会的基本道德个人主义最高表现形式是"道德正义"，并声称这样的社会有机团体将会使得社会制度更加公平，能够保证所有个人的道德自由，是对社会发展最为有益的道德教育力量。此外，涂尔干还认为，在现代社会中，人们可以更为广泛地获取自己的道德权利，社会道德正义的实现也由此可以保障和维护社会团结，并认为这一社会与道德发展的逻辑关系至关重要。

但是，遗憾的是，涂尔干的道德教育个人主义是一种"典型的男性话语"体系，一贯直接声明并强调关于男性个人道德自由和权利的问题，而忽视了女性道德教育的必要性。可以说，涂尔干的这种当代学术道德个人主义倾向，明显地表现出了忽视女性道德的事实。虽然涂尔干的道德教育个人主义十分渴望社会正义，并强烈支持"个人道德自由"的价值观，但这时常仅被看作一个通用的、普遍的、抽象的学术术语而已，并未能引起更多学者和社会的普遍关注。需要注意的是，涂尔干的道德教育个人主义，旨在揭示一个意义深刻的"扩大了的人类道德自由领域"，或是人类道德教育的理想主义。其中，"人"的概念十分确定的是指最为一般与普通的民众。相反，其他学者则指出，涂尔干的道德教育个人主义要求平等和公正的"道德责任"仅是"每个公民的自我道德实现和道德福利"，并谴责涂尔干完全排斥女性的道德教育诉求，甚至将他描绘成为一个激进的教育社会批评家，是充满许多问题的现代性学者。然而，对于涂尔干本人来说，他一贯充满对社会学的深厚"感情"，并不断改革传统社会学理论的偏见，继承对现代社会道德教育理论与实践最为有利的思想体系，并认为这是能够帮助他按照想象的健康社会进行道德教育与社会变革的重要手段。这些言论对涂尔干的道德教育个人主义理论并未起到明显的影响，关于女性的道德教育及其在现代社会中的地位问题，显然好像已经成为涂尔干道德教育个人主义理论中的一个"性别盲点"。究其原因，大概是因为涂尔干的道德教育思想是深深扎根于古典社会学的缘由。

令人感到奇怪的是，在某种程度上，当代学者"继承"了涂尔干道德教育个人主义的这一理论学说，一些教育社会学家今天甚至建议重建涂尔干曾经的这项道德教育工作。也就是说，即使不再考虑涂尔干道德教育个人主义中的"个人"问题与"性别"问题，倾向于使用性别中立的研究立场对现代社会道德教育进行考察与改革。我们也可以很明显地发现，在当时，女性仅是一个小社会的存在，即便将其放置于"社会道德生活"之内，也通常仅能局限于家庭道德生活之中，而道德自治和公民道德权利仍然更多的是赋予男性这样的社会群体。因此，我们也许可以认为，这已经较好地解释了为什么涂尔干很少关注女性这个社会角色的原因，或是始终在理论上倾向采用较为保守的女性道德教育立场来考察与评价其社会地位与道德教育的影响变化。

虽然涂尔干这一具有性别倾向的道德教育个人主义论点受到了许多的质疑与反对，但我们始终不能轻易用今天的标准来评价与衡量涂尔干所处的社会生活的历史时期。可以肯定的是，当17岁的涂尔干对社会生活、父权制、种族歧视和性别歧视等道德观点发表议论时，他是深受传统的社会思想影响的。也正因为如此，后来的社会学家往往把他对女性的道德教育观点视作"小瑕疵"或"错误的道德意识形态"来看待。其实，这仅是涂尔干道德教育个人主义的"性别偏见"，从一个侧面反映出他承认女性对男性的道德从属地位，以及由此表现出来的女性不平等道德社会地位。虽然在涂尔干出生很久以前，女性的道德教育问题就已经成为法国公众辩论的一部分，但可以肯定的是，女性的道德教育最终被搁置到了次要的位置。虽然很多学者都表达了对道德教育中性别不公正的担忧，但男性的道德教育权利始终居于优势地位，即便在19世纪末和20世纪初女性运动兴起的历史时代，整个西方世界仍然是拒绝彻底地解决与协调女性道德教育中公民权和政治权问题的。因此，在当时的法国社会，有关女性的道德教育问题已经变得非常政治化，激进的社会主义者和女权主义者呼吁改革排斥女性公民道德教育的现状，争取获得"平等权利的公民道德权利"，这在涂尔干的学术作品中也能够明显地感受到他对女权主义的评价与态度。

可以断定,在当时的社会环境下,并非仅有涂尔干一人在维护传统性别的道德角色,但涂尔干的道德教育个人主义理论集中受到了较多直言不讳的女性权利支持者的质疑与批评,其中甚至包括了一些政客和社会思想家。可以说,涂尔干道德教育的个人主义理论、权利和社会正义理论中对女性道德教育的看法受到了严峻的批判,他的这一理论亟待得到更为有力的阐释,以便能够使得个人主义思想的发展揭示出新的道德倾向"社会正义"。然而,涂尔干的道德教育视角仅停留在社会秩序中的男性个体身上,而女性所遭受的道德不平等始终未能看作他的一部分"现代性道德教育工程"。显然,当涂尔干"个人"的道德教育概念集中在女性群体时,他的这一理论矛盾就骤然变得十分明显,正如在劳动分工中他不仅谴责生育特权观点,还指出女性自出生始也继承遗留了道德教育的不平等、歧视和压迫的社会现实。

按照现代社会的道德教育逻辑与关系,任何个人都应得到道德教育的优势,因为这是人出生时与生俱来的权利,但在涂尔干的道德教育理论模型中,出生的男性拥有道德特权,只因为他是一个男性。于是,男性社会的道德优势无形中造成了整个社会对个人的不公正对待。按照涂尔干自己的观点,虽然社会中的市场、法律、家庭都具有明显的道德优势,但与个人道德价值的关系不大。但在20世纪初,他认为女性道德教育既不平等也不合理,更不荒谬。显然,在男性与女性的道德教育个人主义原则下,涂尔干的道德教育理论可以应对不同的社会现实,也同样享有足够的道德自由和道德权利。对涂尔干来说,"个人的道德教育构成了整个现代社会的道德教育体系,而人性则是指所有男性的社会性反应"。

多数学者认为,涂尔干的道德教育个人主义理论,几乎是备受争议,以至于他的教育社会学理论也受到了广泛的质疑。然而,涂尔干对此解释:"概括来讲,我们可以说,尽管随着科学的进步,随着科学得出越来越精细和可证明的结果,使可争议的领域范围越来越收缩,但是,它是永远不可能从这个地球上彻底抹除正义的。论证在思想生活中,论证技艺在教育中,将始终占有一席之地。"[1]事实上,那些对涂尔干道德教育个人主义理论早期的批评,往往完全误解了涂尔

---

[1] (法)埃米尔·涂尔干:《教育思想的演进》,李康译,商务印书馆,2016,第229页。

干的真实观点。其中，一个最为主要原因是涂尔干未能对道德教育个人主义社会理论与方法及时地给予印证与解释，他自己仅是非常强烈地希望通过更多的实证工作来解决这一误解，但最终由于道德教育个人主义理论内涵实在过于抽象，以至于没能提供较好的道德教育个人主义的方法论给予充分的解释。

总而言之，涂尔干道德教育"个人主义"一词的出现，并不是其对道德教育研究最早的观点与成果，他最初致力于研究德国思想家的工作，促使他不加选择地使用了"个人"这个明确表示主体的词汇，然而无论是在道德方面还是在方法论方面，涂尔干实际上很快便意识到了"个人主义"哲学的复杂性与矛盾性，于是不得不强调"道德个人主义"是指一个社会过程的语义，强调是最伟大的现代社会真实意义。最终，道德教育个人主义成为讨论道德教育的理论起源，受到了后世学界长期的讨论与研究。

第一章　涂尔干社会学研究中的道德教育

第三节　道德教育的社会生活

在道德教育理论的研究中,学界普遍对涂尔干的社会生活充满兴趣,并进行了长期的讨论,而这一理论的核心是探讨学校教育在社会中的作用。在现代社会结构彻底改变的历史背景下,学校教育也通常会面临一些教学危机,一些教育理论研究者由此认为学校教育应该为社会理想秩序构建发挥重要作用。可见,学校教育很有可能在应对社会危机时具有特殊的积极影响,这也正是后来英国和美国一些主流教育理论研究者十分赞同涂尔干道德教育社会生活理论的重要原因。

就学校教育来说,社会生活的道德性是具有建设性功能与价值的,涂尔干曾从哲学理论的角度对此做过阐释,并力求证明有道德的社会生活对重建社会秩序的积极影响与作用。可以说,系统深入地认识涂尔干这一教育理论与思想,是教育社会学理论研究中极为重要的内容。在道德教育理论体系中,涂尔干不仅强调了学校教育在重塑社会生活道德教育中的价值与作用,更为重要的是他清晰地使人们认识到了社会生活中的道德教育能够直接阐释与解决现实社会中所遇到的社会问题。为此,涂尔干曾对道德教育的生活实践与教育科学这两个理论性的概念进行过区分与辨析,他从社会学与教育学的角度对社会生活的道德教育在社会与教学机构中的科学传递过程进行了阐述,并举例比较了教育对不同社会道德环境的反应,并由此得到了教育系统在社会生活中的进化规律。在这一研究过程中,一个重要研究结论显示,任何道德教育的有效性都可以在社会生活中测量,这成为后来道德教育研究的理论基础。

但是,涂尔干的道德教育并不是我们通常所说的理想教育,因为他始终认为教育理想或教育生活本身具有独特的社会作用,即对社会进化与演变的有着强烈的反应,且这一反应过程与结论可以通过社会生活得到论证,其原始的论证材料可以从教育科学或社会学研究的一般性原理中找到;并强调了量化研究方法在这一论证过程中的重要性,认为这一论证方法其实也是运用科学测量的研究方法,通常包括了关于教育机构的研究与社会学的理论研究两个方面。在涂尔干看来,道德教育并非仅关注学校的道德教育系统,还必须关注于这一系统外的社会生活与目标。因为,"教育的转型始终是社会转型的结果与症候,要从社会转型的角度入手来说明教育的转型"①。因此,道德教育理论的一个重要作用便是确定道德教育活动与目标的社会价值,因为涂尔干认为社会生活直接影响了学校道德教育系统的过程与效果,这正是其道德教育实践理论的核心观点。

涂尔干强调,所有社会生活都具有自己独特的道德教育形式,而道德教育活动便是在其不同生活阶段的特殊性反应。这也就是说,道德教育其实是其所在的独特社会环境下道德意识反思性思考的产物。在一个非常简单和稳定的社会生活环境下,教师通常无法觉察到道德教育理论的社会影响作用与价值,而当面临急剧的社会变化时,道德保障问题则变成了教师最为迫切的教学内容与任务。虽然涂尔干的这些社会学研究的道德教育理论观点并非容易被简单化的理解,充满了晦涩的概念,但这确实是他对道德教育中社会生活意义的重要阐述,唯有将这些道德教育理论观点放置于社会生活中来考虑,才能较好地理解与认识涂尔干的道德教育理念。可以说,涂尔干的道德教育理论,在很大程度上是在其社会生活中道德教育的实践与演绎。

涂尔干道德教育研究的基础,是将复杂的社会生活现象放置于教育的发展进程中去考虑,因此必须将客观的研究对象与主观的研究过程通过社会学的研究方法结合起来,这是因为"道德行为的表现无法通过个人的社会生活简单化地推演得到结论,显然个人道德行为的研究并非与化学或生物学研究一样本身便具有客观性与科学性"②。道德教育研究作为一门科学,其研究对象是整个社会系统与群体。为了使得道德教育研究及其结论具有科学严谨性,涂尔干运用了物理科学的知识来规范道德教育的研究方法,即道德行为是通过社会生活中

---

① (法)埃米尔·涂尔干:《教育思想的演进》,李康译,商务印书馆,2016,第245页。
② Emile Durkheim, *Education and Sociology* (English translation) (Free Press), 1956, p.114.

的因果关系来给予推理与论证的。也就是说,道德教育的研究者并不直接观察社会生活事实,他们所研究的是社会生活所体现出的一些外部现象,并通过归纳的研究方法给予科学讨论。这一研究方法运用最为明显的是涂尔干有关自杀的分析,他运用了大量的数据统计分析不同社会群体的自杀率。其中,最大的特点是,关于这一研究方法,涂尔干坚决反对使用任何有关人的社会生活行为作为社会事实分析的依据与手段。涂尔干的这一研究方法,成为理性主义的社会学研究的建构基础,使得道德教育研究摒弃了传统的因果关系与唯心论的分析方法,以此使得其社会学知识在阐述学校道德教育系统时显得更为客观与科学。

虽然道德教育一词已被广泛地运用于不同的社会生活环境中,但涂尔干还是更多地强调道德教育对社会生活的影响作用与价值,如社会生活中普遍存在的道德教育社会传递现象。为了对道德教育概念进行一个满意的阐述,涂尔干曾试图运用理想主义与功利主义的思想对其进行解释,并对康德将道德教育视为全面发展每个人社会生活能力的观点进行了辩驳,认为康德忽视了社会教育中一些特殊教育的事实与作用。对于功利主义来说,道德教育通常被视为是追求自身社会生活幸福的工具而已,涂尔干则反驳认为社会生活幸福其实仅是一种个人的主观判断与感受。基于此,涂尔干发现有关道德教育概念界定的传统观点错误之处在于,道德教育并不是一种理想化与完美化的事物,它并不能对所有的社会成员产生相同的影响与价值,道德教育其实是一种永恒而不公的存在。

涂尔干有关道德教育概念的这一阐释,其实体现着普通而明显的积极性,但这仅是其道德教育理论中的一个观点而已。但是,通过这一理论的阐释,我们也清晰地明白道德教育及其作用其实并不是社会普遍适用的,它仅能在特定的社会生活环境下产生作用,以上所举出的例子也是论证这一观点的一个著名讨论。比如,有学者认为:"涂尔干将道德理解为一种外在的命令体系,纪律是道德教育的重要工具,也是道德的过程。"[1]多数教育社会学研究者都认为,涂尔干有关道德教育理论体系的这一讨论,不仅拓宽了自身社会科学知识理论的视野,也同时使得教育概念的界定看上去更加科学严谨。涂尔干的这一理论,不仅说

---

[1] 陈悦、程亮:《从社会性到教育性:学校纪律的再考察》,《教育学术月刊》2018年2期,第34页。

明罗马教育注入个性化的社会生活因素的原因，也同时解释了中世纪的基督教社会的教育因缺乏个性化的社生活道德教育而无法存在的原因，这也是涂尔干经常使用的一个类比性例证，正好阐释了他社会学研究中的社会机构有机功能的理论概念。

事实上，任何人都无法准确科学地确定道德教育的先验状态，因为道德教育就像能够呼吸或循环的社会性活体一样普遍存在。所以，如何定义道德教育呢，或是如何定义道德教育的基本任务与目标呢？传统的道德教育观点始终无法找到或给予一个令人满意的阐释。涂尔干对此认为，要想较好地解答这一疑问，就必须首先仔细地分析道德教育在当时特定历史环境下的社会作用，并认真考虑其过去的社会生活影响与价值，这样的分析方式是一种元要素主义的论证风格。其中，任何的社会道德教育通常都具有两个基本特征：一方面是相同社会的成员所具有的道德教育过程与价值，它的核心美德是以团结一致作为基础；另一个方面则是指整个社会生活中具有许多不同种类的道德教育。事实上，这些理想的社会道德从一个变化到另外一个，在不同的社会生活中创造了不同形式的道德教育。相反，按照涂尔干的道德教育理论，如果一个人希望找到一个社会生活中绝对公正与平等的教育系统，则只能退回到最为原始的道德教育形式中去探寻，即社会生活及其结构未影响到劳动分工的历史时期中去。

涂尔干的道德教育理论，具有明显的社会性特征与多元性，其道德教育实践过程完全是一个社会化的演进过程。其中，涂尔干所遵循的道德教育原则，要么将人作为一个个体进行社会生活的教育，要么将人作为一个社会人进行道德知识教育。这是因为，在涂尔干看来："道德是为社会而被制定出来的。"[①]为此，对个体进行社会生活的教育，是一种针对个人道德心理状态和生活的社会化教育过程，对社会人进行道德知识教育，则是通过社会集体的道德教育影响系统地进行社会思想、信仰、情感和实践的教育传播。无论是针对个人的道德教育，还是针对社会人的道德教育，都是道德教育的独特形式，并具有独特的社会价值与作用。对于个人道德教育来说，由于个人出生的任性和自私等特性的存在，主要目的是通过社会生活中的道德教育使其成为一名合格的社会人，对于社会人

---

① （法）埃米尔·涂尔干：《道德教育》，陈光金等译，上海：上海人民出版社，2001年版，第85页。

来说,则是通过社会生活中的道德教育使其成为更加完善的社会人,并能够为未来的社会生活做好准备。因为,涂尔干明确指出:"如果道德生活仅仅以超验存在为取向,超出了经验领域,决不与世俗世界发生联系,那么研究这个世界的科学当然不会对理解和履行我们的义务有任何帮助。"[1]可见,在涂尔干看来,无论是个人还是社会人的道德教育,其主要目的都是通过社会生活中的道德教育最终成为合格的社会人。因此,涂尔干对道德教育进行了概念性阐释,即认为无论任何形式的道德教育,都是为社会生活做好准备的社会科学知识教养过程,教育的对象通常是孩子,教育过程中要有效地激发和培养孩子在身体、智力和道德等方面的发展与进步。

涂尔干强调,道德教育不仅在于培养某些特殊的社会生活技能,更为重要的是不能局限于个体已有社会能力,必须注重对社会生活潜力的道德教育引导,力求给予社会科学知识创造性的教育。为此,涂尔干认为在特定的社会环境下,道德教育必须有意地倾向于改善儿童的社会科学知识能力,而并非局限于自然环境所赋予的道德教育条件。之所以如此,因为在涂尔干看来,一方面多数儿童的先天能力都非常一般,另一方面专业技能的学习对社会生活准备具有重要的意义,因为道德教育的核心价值就在于为社会生活提供准备。可见,在社会人与社会科学知识之间,道德教育承担了重要的桥梁作用,这是一个人的社会生活在个人与群体关系上最一般的道德教育形式,尤其是通过制度化的道德教育过程,其道德教育行为能够成为支撑儿童转化为社会人的重要保障。

因此,涂尔干强烈反对赫尔巴特和斯宾塞的道德教育理论,认为道德教育可以使得儿童成为具有某一工作能力和社会生活能力的社会人,社会科学知识的作用仅是社会化成长的媒介,道德教育活动本身才具有最为深刻的社会作用,承担着至关重要的社会角色。在这一教育过程中,涂尔干认为社会学和历史学是十分必要的,并且认为心理学是调试教育过程中社会化变化的重要手段,道德教育的过程要想达到社会化人才的培养,就必须重视社会学与心理学的积极应用。

---

[1] (法)埃米尔·涂尔干:《道德教育》,陈光金等译,上海人民出版社,2001,第255页。

在道德教育教学活动中,涂尔干只是将社会学当作生活的重要基础,道德教育理论的传播还需要社会生活加以引导。并且,他进一步指出现代教育必须认识到社会化的需求,才能够较好地适应内部的道德教育发展要求。在大多数情况下,涂尔干道德教育社会学的这一重要理论,并不会随着道德教育环境与社会生活的改变而有所改变,但道德教育制度及社会生活既不会为了实现社会化的道德教育目标而主动适应,也不会因此而故意修改。为此,涂尔干强调可以依赖教育机构或其他社会机构,如宗教组织或政治组织的发展水平,来对社会化的道德教育进行改革,以便将道德教育系统中限制社会化道德教育进程的因素剔除,通过客观的社会组织力量来推动社会化道德教育的实际发展。所以,涂尔干指出,任何个人或社会群体都无法在特定时间内实现道德教育的社会化结果,道德教育的改变过程是缓慢的,只要教育及其过程对社会的发展是健康的,社会化的教育过程便是健康的。虽然教育机构及其系统在传播社会科学知识方面具有独特的价值与作用,但也不能忽视教育目标对社会化进程造成的深远影响,因为孩子们的心理和智力条件受到了社会化要求的广泛影响。

按照涂尔干的道德教育理论,随着社会生活的迅速改变,道德教育系统可能与它真正的社会化价值观背道而驰。因此,在适当情况下,社会生活的道德教育过程应当有所改变,以求能够更好地实现教育理想与目标而采用标准化的教育手段与策略。因为人类的教育理想和目标通常极易为社会生活所接受,而道德教育过程的重点便是使得受教育者能够较好地获得在现代社会生活的道德能力,这是道德教育最重要的地方,只有这样的道德教育在民众中普遍获得与实现,现代社会的凝聚力和道德共识才可能形成。所以说,涂尔干认为影响民众共同价值观的核心并不是简单化的国籍或者是普遍的人性,而是生活在共同社会环境下的道德价值观,并坚称他自己的这一观点并非是传统的道德理想主义思想——个人的社会道德理想是一个外在的事物,而是对普遍的人性给予足够思考的现代社会道德教育个人主义的真实体现。之所以这样理解,是因为现代社会是一个高度分化的社会,唯一不可缺少的是社会凝聚力,而其基础正是道德教育。只有在这样的条件下,社会才有可能被塑造成一个统一的单一的社会,并使其中统一的社会价值观成为共同追求的理性,这样的社会内在关系与发展逻辑,是无法依赖简单的国家概念或国籍概念来实现的。所以,构成道德教育理性和科学等思想,是保障社会稳定和发展最为重要的基础。

涂尔干发现，当时的许多教育机构在道德教育过程中并不能很好地将社会理想与道德教育相互融合，也无法较好地满足教育系统对道德教育的社会要求。因此，涂尔干指出社会学中的教育研究与发展水平对道德教育的社会生活的实现便变得至关重要，并在他有关教育的公开讲座与学术著作中，明确强调在教育系统中有效地使用教育方法，是使道德教育必须成为教育社会学理论基础中亟待解决的问题之一。当代社会环境下理性的道德已经取代了宗教社会的道德教育，并指出："最出色的神学家只是最出色的道德家。"[1]基于此，学校的社会生活中道德教育系统便因此需要做出适当的调整，来满足现代社会宗教道德教育过渡到学校道德教育的实践要求。为此，涂尔干投入了大量的时间从事这方面的研究，并发表了大量有关道德教育个人主义的论文与演说。

道德生活的根源是现代世俗社会。涂尔干有关道德生活的思想，主要围绕道德权威的问题进行探讨，强调学校系统应该如何改变和适应道德教育的社会实践要求，以及如何能够完全地反映真正的理性道德在社会科学知识发展中的意义。因为社会科学知识的教育目的与方式必须能够适应社会理想道德的基本要求，并能够被社会所接受，不会因为社会环境的变革受到某种程度的改变，也就是说教育学必须在社会科学知识的基础上不断重构教育。但是，涂尔干认为这是一项连续性而持久的工作，且面临巨大的社会调整与变化，因为传统的教育学从未做过构建一个全新的道德教育社会系统，很多传统的教育文化只有在经历了漫长的社会变革后才能被永久地保留下来，否则将会在这一过程中逐渐消失。对于这样的结果，虽然教育社会学家也无法做出过多的干涉与贡献，但积极努力保障这一过程的顺利发展，并接受这样的社会变化与道德发展，是十分必要的，且应该对其过程有着深入的了解与考察。

从对过去的社会发展历史考察中可以发现，社会科学知识的道德教育过程，并不是全新的社会教育系统中无中生有的事物，也并不是按照社会生活的发展要求来自我构建的。因此，涂尔干的道德教育理论主张可以说是一种既不革命也不保守的思想体系，他既反对柏拉图式的社会科学道德教育方式，也不愿接受古典教育理论家的道德教育革命论调；他坚信良好的道德教育系统对社会生

---

[1] (法)埃米尔·涂尔干：《孟德斯鸠与卢梭》，李鲁宁等译，上海人民出版社，2003，第342页。

活发展是非常有用的,至少在表达社会生活方面是十分完美的,它的价值是规划与引导道德教育的未来发展,而并不是改革道德教育与社会的生活方式,唯有这样才是一个正常发展的现代社会。为此,道德教育系统中的教师有必要重塑自己的教师角色,即在道德教育目标和教育方法上对社会生活进行必要有效的修改,并在此过程中重塑自己对社会生活的独特的思维方式。他认为传统的以社会生活为内容道德教育方法,已不再能够满足现代社会教育系统的发展要求,必须有效地接收现代社会道德教育的最新要求与诉求,这正是为何现代社会中教师进行终身社会知识训练的全部道德意义。

必须注意,教师的这一训练,是社会生活在道德教育维度下顺利实施的基本内涵,必须给予高度重视,以便社会生活的基本要素能够有效融入这一道德教育过程里,其目的是为了能较好地实现社会道德的教育理想。这一过程,就像卡尔·曼海姆重建西方道德教育的社会理论与实践一样,即使在面临最巨大的社会生活危机和变革的历史环境中,只要抓住道德教育这样一个最为核心的基本要素,就会逐渐形成社会生活中的集体道德意识,便会最终发展出一个理想与稳定的现代社会来。因为,危机的本质与影响更深远于未来的道德教育活动,在其社会生活的价值来自集体道德意识的前提下,所以现代生活中道德教育存在与发展,要尽量避免"道德真空"现象的产生,以免道德教育的社会性"失范"行为的出现。当时,这样的社会科学知识道德教育变化已逐渐变得越来越迅速。

尽管涂尔干承认现代社会产生或已经存在较为严重的道德危机,但仍坚信有必要去努力进行社会生活的道德教育的重建,这首先需要学校的教育系统认识到进行相应改革的重要性。这是因为,"当现代社会达到了危机阶段的极限时,为了满足新近产生的需求,它是必须在世俗制度中进行一场深刻的变革的"①。基于此,涂尔干的道德教育理论通常会假定现代社会生活具有特定的道德理想,且无论这个社会生活的理想会是什么,以怎样的形式出现或存在,学校作为一个教育系统都应该实施相应的有效行动,但若是这个过程中所追求的是不同的道德理想,在涂尔干看来这一道德行为则可能不会受到现代社会生活的

---

① (法)埃米尔·涂尔干:《孟德斯鸠与卢梭》,李鲁宁等译,上海人民出版社,2003,第383页。

普遍欢迎和接受。很明显,从涂尔干的这一理论内容来看,如果这一道德行为因为多样化的社会生活理想追求而没有受到现代社会普遍接受,那么这样的社会生活道德则可能是没有意义的。因为一个道德教育系统的共同理想受到严重威胁和挑战的时候,随之而来的便是社会生活中出现的道德混乱与沦丧,而涂尔干当时便认为西方的社会生活正处于这一危机与威胁之中。因此,涂尔干认为学校道德教育系统,其实本质就是一个社会生活的道德缩影而已,它必定会尊崇社会道德教育与学校道德教育系统的这一内在逻辑关系,并将社会生活这一因素积极参与到这一关系的发展变化过程中。基于此,涂尔干最终认为社会生活的发展与社会变革的根本,其实也就由此落实到了学校教育系统中的社会道德培养,而学校道德教育改革过程也就是社会生活教育的改革过程。

在这样一个研究范畴中,涂尔干积极地重构了社会生活与学校道德教育的内在逻辑,厘清了社会道德教育系统重建的基本框架与要素,并强调这一改革的道德教育目的十分重要。[1]涂尔干之所以会产生与推演出这样的理论逻辑,主要是因为他当时所生活的法国社会已经出现较为严重的道德分化现象,且社会生活集体意识的道德权威在日益减弱。因此,涂尔干希望通过他的这一教育社会学理论影响到当时的道德教育改革,进而影响整个法国社会生活道德教育的发展方向。显然,这些理论的认识与相关决定对法国社会的重建具有重要的意义与价值,从而解决了当时法国无政府状态所面临的社会危险,以及强化和凝聚国家的道德概念。

涂尔干所提出的这种社会道德重建的教育理论,最为关键的是学校德育系统必须不断地重建,以便能够及时满足整个社会生活价值观和需求的变化。因此,涂尔干几乎完全拒绝任何学校在社会道德教育方面的保守思想和行为。当然,也有学者反对涂尔干的这一道德教育主张,认为社会生活道德教育的演进并非必须是革命性的,良好的社会道德教育可以是一个连续性多阶段发展的过程,并认为学校道德教育系统不应该被用来进行教学改革,所能做的仅是尊崇它与维护它。然而,涂尔干却并不认同,指出这并不是一种一般性质和意义上的

---

[1] Bellah, Robert, *Emile Durkheim on Morality and Society* (The University of Chicago Press.1973), pp. 121—134.

社会危机，它将极有可能导致社会道德教育共同价值观的解体，而这种危机的结果也将最终直接反映在学校的教育系统上。

  总而言之，要想清楚地明白涂尔干的这一理论主张，就必须弄清楚社会生活与道德教育之间直接的社会关系。首先，它们之间的一般性和一致性关系应该是显而易见的，即道德教育必须不断适应社会生活的变化，并按照社会环境的变化进行相应的调节，以此满足并实现学校教育系统对社会生活中道德体系的重建任务。因为，涂尔干始终坚信集体道德意识中的主流价值观是由社会生活来决定的，而学校道德教育系统则必须不可避免地跟随。也就是说，唯有社会道德可接受的教育学，才是涂尔干所认可的集体道德意识，并最终能够形成所谓的社会生活道德理想。其次，涂尔干认为现代社会是由大量的广泛不同的个体存在构成的非常复杂的社会生活模式，通过该教育道德来提高社会科学知识的存在与转换。对此，涂尔干讲道："显而易见，对道德来说，真正的基础是能够促使我们合乎道德的行动的性情，它们并不是在这样或那样的具体情况中促使我们行动，而是在人们的相互关系中普遍地促使我们行动。"[1]实际上，这一模式的内在生成与逻辑关系要更加复杂，道德教育并不是简单化的社会生活道德培养，任何具有普遍意义的社会生活的道德理想都必须在学校道德教育重建社会原则下有效地开展。

---

[1]（法）埃米尔·涂尔干：《道德教育》，陈光金等译，上海人民出版社，2001，第35页。

第四节 道德教育的实证科学

道德教育的实证科学,是涂尔干道德教育的思想核心。作为社会学的创始人,涂尔干对道德教育实证科学的研究,无疑是一项伟大的学术工作,正如涂尔干自己所言:"把一门学科添入科学的名单之中,总是一件十分艰苦的工作。"①因为,长久以来,社会学一直被视为是不科学的学术工作,而教育社会学也因此而不具备科学性。

涂尔干的道德教育实证科学,主要围绕两个概念展开,即道德与社会。可以说,涂尔干的这项研究工作,是人类社会科学研究历史上第一次运用科学的复杂方法与思路对哲学性质的道德社会学进行分析,充满了乐趣且十分重要。道德教育实证科学的产生与发展,自此逐渐成为一个讨论道德和社会的全新方法。

如果对道德和社会这两个概念进行细致分析,便会发现涂尔干的道德教育实证科学被细化为了两个研究内容,即道德现实主义与社会科学。事实上,几乎没有任何其他学者质疑过涂尔干道德教育研究的科学性与规范性,这不仅因为涂尔干在道德教育研究上早已摆脱了传统研究依赖想象力的做法,更是因为这么一项内容丰富而复杂的学术工作,始终没有脱离伦理和科学这两项实证原则,且真正研究的核心也并不是抽象的人,而是道德教育本质分析。客观地说,涂尔干这样对待道德规则和社会现实问题的思考与研究,在当时的现代社会是十分重要的和必要的。进一步说,涂尔干的道德教育研究系统地阐述了道德自由和社会意识凝聚力之间的紧张关系,并由此论述了发展道德个性与社会集体意识过程中的困难与弊病,指出这就是社会现实的基本道德特征。

---

① (法)埃米尔·涂尔干:《孟德斯鸠与卢梭》,李鲁宁等译,上海人民出版社,2003,第244页。

对于道德教育的实证科学来说，涂尔干所关心的并不是一个工具理性的问题，也不是类似康德的实践哲学，而是一项实实在在的社会学调查研究，这正是涂尔干道德理论研究方法的核心。对此，涂尔干认为："教育科学不是不可能的，但是教育本身却绝不是科学。"①对于道德教育的这一研究方法来说，充满了丰富的洞察力，并且深刻地反映了涂尔干社会科学和哲学的研究本质，虽然研究过程充满了复杂性，但无疑是涂尔干努力发展社会科学解决现实问题的根本方法。此外，从科学伦理，特别是科学逻辑的角度来说，涂尔干的道德教育实证科学主要是论证关于社会道德事实本质的东西，解释社会道德理想的概念，并以此提出道德科学的概念，问题的关键是关于"道德真实"的社会探索与讨论。

在涂尔干看来，现代社会的道德现实究竟是什么？在社会道德理想中究竟存在什么样的事物呢？以其努力去了解社会中的道德精神状态，还不如深入地对道德生活表象背后本质进行系统性分析。为了避免破坏道德教育研究中科学和道德的理性基础，涂尔干不得不承认社会科学和道德之间的矛盾。虽然有学者指出社会科学的这一研究方法存在不少错误，因为它取决于无法证实的社会概念，但由于涂尔干道德教育研究的统一性和连续性，在某种程度上，涂尔干致力于解释社会与道德教育之间的自由度与多样性，而并不是社会与道德行为的量化统计。因此，涂尔干道德教育实证科学的核心是捕捉个人社会生活的道德教育，并以此分析其发展的可能性，从这一点上来看，并不是不科学的。

事实上，1913年至1914年间涂尔干在索邦神学院曾开设了一学年的实证科学课程。其间，涂尔干指出道德教育的科学实证主义，就是基于道德作为真理的理论研究，即使因为个人道德满意度在当时仍无法做出准确的真理性解释，但该研究中解释真理的道德义务却仍然存在。虽然有学者认为涂尔干并没有能够成功地为道德教育实证科学提供一个完整而准确的概念性描述，其研究的科学性问题仍没有得到彻底地解决，但涂尔干在推进道德教育研究和社会科学研究的道路上已经迈出了最为关键的一步，认识到了传统道德研究中缺乏实证科学的问题。

---

① (法)埃米尔·涂尔干：《道德教育》，陈光金等译，上海人民出版社，2001，第5页。

第一章　涂尔干社会学研究中的道德教育

涂尔干的实证科学认为:"强烈地感觉到社会存在的现实及其自成一类的独特性质时,人们就不得不承认社会事实仅仅是转换过的心理事实,也不可能承认社会学只是心理学的推论和应用。"[①]然而,严格来看,其学说仍然可能更多的是强调个人道德的情感体验,尤其是道德认知和智力方面的因素。所以,后来的社会学家几乎一致认为涂尔干的道德教育实证科学理论所关注的是个人道德经验的规范性研究,而这种研究过程则类似于对宗教真理的探索。然而,涂尔干本人对这样的质疑并没有做过多的解释,仅是鲜明而直接地拒绝使用个人主义解释道德教育的存在,因此更多的学者进一步认为涂尔干实际上无法为道德教育实证科学理论提供出系统性的规范研究框架。当然,涂尔干的授课中所教授的道德实证科学理论,与杜威和席勒的哲学理论极为相似,他们都将实证科学作为一种真理理论和知识,而不是一个简单的理论性方法或问题。涂尔干认为:"这样的道德教育研究将会使我们从各种事实中把握住与哲学家所探讨的抽象概念相应的实在,可以使风俗科学有可能观察到道德最一般的特征。"[②]大概正是由于这个原因的存在,导致涂尔干的道德教育实证科学理论存在不少的误解。

事实上,涂尔干的道德教育实证科学研究方法非常强调务实的研究过程,并不主张对研究对象进行想象,即使以道德教育这样的抽象概念为研究对象,也十分注意分析过程中直接或间接的检测数据和现象收集,研究结论中往往也会剔除那些毫无意义的解释术语。所以说,涂尔干的道德教育实证科学研究方法,是对传统的形而上学的道德教育研究方法的一种挑战,且涂尔干更加注重这一研究结论所带来的实际效果。当然,"涂尔干道德教育实证科学的研究方法及其理论也存在潜在的威胁,即涂尔干的教育社会学理论中所存在的主观真理性问题的争论"[③]。因此,在开展这一研究时,研究者往往更加谨慎,尤其注意对那些道德教育概念中不可见社会事实的研究与界定,如对集体道德意识和个人主义的道德教育等内容的研究,涂尔干都十分强调这些抽象道德概念在社会生活中的可测试性意义,并强调最终获得公开可见研究结果的重要性。

[①] (法)埃米尔·涂尔干:《孟德斯鸠与卢梭》,李鲁宁等译,上海人民出版社,2003,第452页。
[②] (法)埃米尔·涂尔干:《道德教育》,陈光金等译,上海人民出版社,2001,第286页。
[③] Abend, G., Two main problems in the sociology of morality. *Theory and Society*, 2008, p.125.

当然,也有不少学者对涂尔干的道德教育实证科学研究做过相同的阐释,甚至认为这一研究方法的务实性完全可以保障道德抽象概念研究获得真理性研究结论,属于教育社会学的一种应用性分析,是一种实证的科学主义理论,完美地将科学研究与人文观念结合在了一起。在涂尔干看来,人们总是认为道德真理性的东西来源于人类自身,但事实上令人感到困惑的真相却是,道德真理并非直接来源于人类社会活动,这与人们对道德的直观感受显然完全不同。遗憾的是,涂尔干的道德教育实证科学理论也无法解释这种道德真理的感知错觉,因为它无法将我们的道德经验从社会生活中分离开来。对于道德教育实证科学研究者来说,道德教育的社会真相是什么?显然绝不是道德有用或道德满意度,因为这些都还不是道德教育真相所必需的社会要素。即便如此,涂尔干对这个问题还是表现出了随遇而安的态度,只要道德教育的这一实证科学研究方法能够遵循社会生活研究本身的逻辑,即便无法对道德真相做出清晰的考察与阐释,也是可取的,因为对道德真相的探寻也往往会成为一种精神痛苦。

此外,有学者还认为道德教育实证科学研究方法也无法对个人道德性格的真理事实做出充分的阐释,因为社会生活中往往存在不同的道德真理,而这些道德真理又与个人血统密切相联系,以致实证研究过程无法做到足够的客观性,最终致使个人道德性格的研究难以摆脱过多的主观分析。对此,正是因为涂尔干道德教育实证科学无法对这一社会现象进行科学阐释,以致引发了人们对道德教育实证科学理论的质疑。同时,这些学者还公开认为个体道德性格中通常都存在一个道德权威,而涂尔干的道德教育实证科学理论又无法解释道德权威客观性,以至于道德教育实证科学理论受到越来越多的争议。对此,涂尔干指出道德教育实证科学是基于个人与道德行动一致性的研究,并以此来达到考察个人道德教育状态的目的,其研究核心是道德信念或道德信仰的问题,因此并非涉及对个人道德欲望满足问题的分析,认为研究结果及其结论并非仅是主观性的描述,而是暗含客观与科学的道德真理性考察。

此外,涂尔干认为,道德教育实证科学可以较好地解释道德规范性特征真理。依据涂尔干的观点,人们总是认为道德真理属于个人的社会性问题,但做什么是有用的或令人满意的却时常遵循自然因素。虽然道德约束管控着人们的利益诉求,但道德真理确是统一而普遍的道德理想和行为规范,只有采用社会学的角度可以解释其道德权威的真相，因为这个真相的来源必然是社会道德生活本身。可以说，道德真理、理性和道德生活既已包括整个人类的道德历史演变，而个人主义的道德视角是不足以解释道德规范的社会普遍性。对此，涂尔干声称道德教育实证科学之所以能够解释道德本身的规范性特征，正在于实证主义道德哲学是建立在真理的实证主义理论基础上的学说，它强调对个人道德体验的实践分析。并且，为了获得实证材料，完全可以对个人道德性格的真理性做出考察，并形成研究结论。

虽然涂尔干本人在他有关道德教育的讲座中也提出了一些怀疑道德意志的言论，但他最终还是意识到，现实的道德社会生活才是道德教育实证科学研究的核心内容，并最终放弃了关于道德意志的假定。当时的涂尔干，仅作为一名教师，力求将道德教育研究放置于自然世界的研究之中去，这足以使得他与其他的传统社会科学研究的思想家有着天壤之别的研究特性，这对于涂尔干来说，是一个对自身研究内容的自由选择结果。虽然涂尔干的道德教育实证科学理论受到了许多的质疑和挑战，但我们仍可以认定涂尔干的研究思想和行动是具有极大进步性的，任何困难都无法阻碍涂尔干对该问题的深入研究。

今天，从涂尔干道德教育实证科学的理论中可以看出，道德规范性的问题一直是涂尔干的研究重点，虽然他认可道德约束性所带来的研究不确定性，但并非所有的社会约束都是道德约束，解释道德规则的问题便演变成为一个针对道德权威的客观性判断，且其来源于现实社会事实，而并不是传统意义上的道德哲学。事实上，对于道德规范性的解释问题一直困扰着涂尔干早期的研究工作，唯有对道德事实的概念进行科学分析，反对或质疑涂尔干这一研究理论的观点才会得以停止。最初，涂尔干试图对道德概念进行科学描述，将其划分为道德义务与道德的社会功能两个方面加以考察，但无论是在理性还是直觉的研究层面上，涂尔干都难以对道德上的权利和义务这样的道德伦理性问题做出合理而令人满意的科学解释，以致最终认为对道德教育这样一个抽象、理论的问题进行科学研究，是很难进行相关现象分析并提供结论证据的。因为道德这个概念本身就具有分散多元的社会性意义，我们常常仅能对其做语言的抽象解释，不可能找到绝对的道德概念进行分析，以至于缺乏对其概念的实证科学研究基础，且对其进行实证科学的研究方法设计，也仅能得到一些不确定性或近似主观的结论。

鉴于涂尔干拒绝其他任何道德教育研究方法，可见他是一个道德教育研究的绝对主义者。也就是说，涂尔干认为任何非实证研究的道德分析，其研究结论与观点都是站不住脚的。历史告诉我们，即使面对不同的道德体系和社会，涂尔干仅对该社会的道德进化过程加以实证分析，并期望通过实证科学的研究结论来改革法国教育体系，最终取代基于传统形而上学的宗教道德与世俗道德，这是一种有别于经验主义社会科学的研究主张。为此，涂尔干明确认为："我们决定让我们的儿童在国立学校里接受一种纯粹世俗的道德教育。至关重要的是，这意味着一种不是从启示宗教派生出来的教育，而是一种仅仅取决于只对理性适用的那些观念、情感和实践的教育，一句话，是一种纯粹理性主义的教育。"[1] 实证科学的道德现象可以描述人们如何做出道德决策或道德价值观，它甚至可能为实现个人的道德教育目标提供一些有效的科学指导。对此，涂尔干认为道德教育实证科学的目标就是帮助建设一个健康的现代社会，之所以严格遵循社会学方法的规则进行道德教育研究，就是为了能够在社会现象与事实分析过程中可以采用自然科学的实证方法。不过，涂尔干也承认这些方法存在明显的不足，但为了能开拓出社会科学研究的实证主义及其方法论，涂尔干试图解释自己面临巨大的困难时探索道德教育规范性真理问题。

1960年以前，教育社会学理论还是一门不成熟的学问，但随着社会学科学研究方法的发展与完善，道德教育研究也终于获得了一种新的思维方式和研究路径，同时增加了更多的科学实践研究要素，并逐渐形成了自身的"科学传统"，影响了社会科学上百年的发展史。其中，有关道德教育实证科学的发展，将一直以来"合理性"的研究思路逐渐转变为了"科学性"的研究模式，这个变化显然不是简单的方法论进步，而是社会科学理论研究的巨大进步，并使得教育社会学研究也成为社会学研究领域中的经典研究之一。对此，涂尔干评价说："在那些时日里（16世纪之前），实验性推理的观念是闻所未闻的。今天我们拿它当不言而喻的东西，可它其实只是在一段漫长的演进之后才逐渐浮现出来的。"[2] 仔细

---

[1]（法）埃米尔·涂尔干：《道德教育》，陈光金等译，上海人民出版社，2001，第7页。
[2]（法）埃米尔·涂尔干：《教育思想的演进》，李康译，商务印书馆，2016，第225页。

第一章 涂尔干社会学研究中的道德教育

考察涂尔干的道德教育实证研究,你会很容易发现其中特别有吸引力的地方,因为这项研究提供了对道德教育的社会性实证分析,但不影响对社会环境复杂和有意义的现象描述,经验研究在道德教育实证科学研究中并不是不合时宜的研究手段,相反对道德事实进行令人满意的生活描述是实证科学有益补充。对这一观点的理解,正如涂尔干自己所言:"理性的道德教育是完全可能的,作为科学之基础的假设必然包含这个方面。"①今天,我们常常将涂尔干的这一研究理论称之社会现实主义的研究方法,主要研究社会现象中真实、具体的事物,并力求获得遵循自然法则的科学发现。社会现实主义几乎是每一个社会学研究领域最为重要的学习内容,那些"现实"的社会现象几乎毋庸置疑地成为实证研究中格外引人注意的证据所在。

涂尔干为何要放弃传统的形而上学的道德教育研究方法,人们总是说他受到了"理性主义"的深刻影响,并认为笛卡儿哲学是他的思想来源,以致对涂尔干坚持倡导的抽象概念进行简单化、具体化的观察与推理。值得注意的是,涂尔干对数学的确定性认识,也使得他将其引入社会问题与现象的分析中去。涂尔干所生活的历史时期,是一个个人主义盛行的时代,并且利己主义和混乱并行,如果没有笛卡尔的哲学思想,涂尔干对社会现象的研究或许仍然无法找到一个较为合适的方法。很明显,涂尔干在对笛卡尔哲学思想的继承与改变方面做出了极大的努力,这使得他的实证科学最终代替了笛卡尔哲学思想社会变革的影响作用。然而,涂尔干的道德教育实证科学并非是一个拼凑起来的研究理论,社会学是一个"科学",涂尔干本人及其学说也并非是经验主义的产物,而更像是理性主义。因此,涂尔干认为:"实证哲学所带来的伟大创新之一就是实证社会学。"②最重要的是,涂尔干道德教育实证科学描述社会道德方式的意义,并不是解决"道德本质"的问题,而是旨在探索与分析道德思想和行动实证科学,这意味着涂尔干的社会学方法,第一和最基本的规则便是考虑社会事实的存在与阐释。

虽然道德教育实证科学是涂尔干的原创性成果,他努力通过该研究来调节

---

① (法)埃米尔·涂尔干:《道德教育》,陈光金等译,上海人民出版社,2001,第7—8页。
② (法)埃米尔·涂尔干:《孟德斯鸠与卢梭》,李鲁宁等译,上海人民出版社,2003,第244页。

社会生活和道德科学之间密切的科学联系，并深刻地动摇了道德研究的传统观念及方法。然而，涂尔干同时也指出："这些研究所贯彻的精神和依据的原则，与研究无机体的科学所具有的精神和原则是一致的。人的科学必然是通过模仿其他自然科学建构起来的，因为人仅仅是自然的一部分。在这个世界上，根本不会存在两个世界：一个世界依赖于科学的观察，而另一个世界却可以逃避这种观察。"[1]因此，尽管当时对道德教育实证科学的观点有质疑的现象存在，但涂尔干始终对该研究保持着积极乐观的态度。涂尔干道德教育实证科学工作中最具创新性的内容是，在探索道德价值的研究方法上，通过演绎的方式从一个先验的抽象的研究概念上付诸实践的科学方法来考察整个道德教育体系，这样的研究工作得到了许多学者的普遍称赞。此外，在涂尔干的观点中，关注个人的道德客观特征来预见这个社会的道德规律，得出相应的研究结论时，总是注重观察社会道德经验事实的存在。涂尔干有关道德教育的研究，被称作"积极道德科学"研究，涂尔干首次创新性地将科学性的道德问题通过一些量化指标进行解读，这其中包括了道德观念和集体道德意识这两个抽象概念。涂尔干道德教育实证科学的研究，在一定意义上成为社会科学研究中传统和现代重要区别，从此强调实证上可观测的道德事实，而并非仅限于观察体验和感知一般性经验。因此，涂尔干获得了"积极的科学家"的称号，彻底地将道德研究剥离了"社会艺术"研究范式，涂尔干本人也认为自己的道德教育研究工作是一种超然的科学观测，对改革法国学术和哲学传统的研究工作具有里程碑意义。

涂尔干认为，从道德的定义研究开始，就要十分注重道德事实与现象区分，并提出了一个讨论的道德价值判断的实证方案，形成实证研究过程中的"分析判断"，主动放弃了传统研究方法中的经验主义和功利主义的思维方式，以此试图提炼和结合"道德真理"的研究元素。可见，涂尔干的这一研究理论，无论是考察个人道德的教育情况，或是分析社会道德的发展现状，都已经基本具有了一整套的实用研究程序，努力回答研究对象价值判断的客观特性。如今，我们对社会学研究的科学性理解，是强调摆脱那些内在的和超验的价值判断，以研究事实为根据，回答相关的哲学问题，并减少理想的经验性研究成分。除了这一研究思路值得注意以外，涂尔干在揭示社会研究数据的内在关系方面，展示了自己坚持的

---

[1]（法）埃米尔·涂尔干：《孟德斯鸠与卢梭》，李鲁宁等译，上海人民出版社，2003，第236页。

社会学科学研究的基本原则和哲学立场，正是涂尔干的这些持之以恒的努力，最终使得社会学和道德教育研究不再是一门"陌生的科学"，涂尔干本人也不再仅是一位哲学家，在专业意义上的，他更像一名社会科学工作者。

基于此，涂尔干的道德教育研究既不是唯物主义研究，更不是经验主义社会学方法的研究，而是实证主义的社会学研究。所以说，社会学理性主义可能是涂尔干这一研究理论的基础，这和他的早年发表社会学科学发展的理论文章与演说几乎完全一致。显然，社会学与哲学完全不同，涂尔干坚持认为社会学是一种真正具有科学方法的学科，即便像道德信仰、价值观和规则这些最为抽象的概念，仍然可以通过这一研究方法找到构成这些道德的科学要素。正因为如此，涂尔干被视为现代社会学全新的创始人，而涂尔干也心甘情愿地接受了这个事实，他的道德教育的研究由此也成为道德科学的研究。也就是说，传统的道德教育的哲学意义，正逐渐被道德教育的科学概念所替代，涂尔干甚至认为道德教育的研究至少也属于"科学哲学"的研究范畴，无论是研究目的还是研究过程，就像所有的自然科学一样，要力求超越所有短暂的印象、常识和信仰的分析，形成"真知"的研究结论。

今天看来，涂尔干的道德教育研究与他的社会学研究已普遍被视为了"卓越的科学"研究，其研究基础与许多不同的自然科学研究具有相似的研究逻辑与方法。至此，道德教育研究及其社会学研究便成了一门科学研究。在涂尔干的一次就职演讲中，他再次重申了道德教育的科学性，认为道德教育研究像所有其他科学研究一样，不再是抽象和教条主义的研究范式，而是强调"实证"的观察，并不断地追求接近绝对真理的研究过程，即通常所说的"真理的阶段"研究。与此同时，以社会学作为科学的观察对象，涂尔干积极尝试了避免夸大其词和太教条式的科学发现。可见，涂尔干坚信道德教育研究中绝对真理的存在，并承认人类科学研究的绝对是不可靠的。涂尔干本人也表示，无论是道德教育研究的目标还是方法，道德教育的实证科学被视为了一种不同于其他科学的学问，研究过程中逻辑、道德和理论被完美地结合在了一起。这就是涂尔干社会学中道德科学的研究方法，它从根本上挑战了传统的道德哲学方法，并最终形成了适合道德科学研究的科学观察。

第五节　道德教育的历史挑战

在教育学研究领域,涂尔干被视为教育社会学研究的创始人,他的道德教育思想至今仍然对世界有着深远的影响。涂尔干的道德教育思想伴随着现代化社会的重大变化,为了维持社会的进化秩序而不断深化拓展。

涂尔干的道德教育不仅成为现代社会中教育改革的重要指引,而且还是对未来社会教育发展的一种道德承诺,即便是一种纯理性的道德思考,但仍是一种与社会生活和社会变化密切相关的世俗道德。涂尔干的这种道德教育,其思想来源于社会生活和道德经验,由于它强调道德权威的存在,并最终演变成为现代社会的道德典范。正因为如此,涂尔干认为当时法国社会的道德教育对社会危机负有不可推卸的责任,这是一个在特定的历史文化背景下所面对的道德教育挑战。

在涂尔干看来,法国以前的社会道德教育,是将道德知识从一代传播到下一代这种传统的方式,道德教育具有明显的社会性功能与影响,并认为:"在教育中,我们恰恰在道德被传递的那一刻,也就是在它通常淹没其中的复杂性中能够最清楚地区别于个人良知的那一刻,才能感受到道德的存在。"[1]然而,在现代社会,学校成为社会的缩影,年轻人更多的是通过参与公共生活接受道德教育,但多种多样的社会运动影响了年轻人为社会生活的道德教育做好充分的准备,有条不紊的社会化道德教育无法在短时间内建立起来,此时的道德教育似乎丧失了它原本的社会功能。与此同时,社会生活的变化是深入持久的,学校教育如何为这样的社会环境提供符合实际的道德教育成为亟待解决的问题。困难的是,道德教育本身并不仅仅是教育事实和数字的问题,要想具备面对和接受现

---

[1] (法)埃米尔·涂尔干:《道德教育》,陈光金等译,上海人民出版社,2001,第286页。

代社会道德教育现代性的挑战，就必须首先构建社会道德的凝聚力，并在社会生活中尽量发挥出道德教育的社会意义，以免现代社会的道德多元性存在使得现代社会的道德教育过程变得更加复杂，或是宗教和种族多样性的存在使得社会统一的道德凝聚力减弱或降低。对此，在涂尔干看来，要想较好地解决这样的道德教育社会危机，就必须遵循道德教育根植于理性与科学的研究方法，避免出现道德教育"失范的状态"。

在这一点上，涂尔干的道德教育理论与杜威的道德哲学基本上具有相同的观点，并指出大规模的社区生活可以较好地创造出"公共生活"，产生统一的道德公共意志，通过加强集体理想和团结意识来隔离个人主义的力量。就涂尔干的道德教育实践来看，这个道德教育的目标是以共同的道德价值和科学的研究工具为基础的。1902年至1903年间，涂尔干在一系列学术讲座中再次重申了这一研究方法，并指出应对这一挑战的方法，是在教育社会学的研究范畴内对道德教育理论和道德教育实践进行研究，而其研究的核心应该是关于社会学的问题，并认为这个研究具有特殊的意义，可以促使法国的教育系统进行相应的教育改革，在学校教学系统内实现世俗的道德教育目标，这是涂尔干纯粹理性主义的教育在法国教育改革中的一次实践应用。为此，涂尔干曾长期专注于法国这项理性主义的教育改革实践，并为这一教育改革提供了哲学与社会学理论指导。

当时，涂尔干对现代科学的方法论和认识论信心满满，认为在现代社会中实施完全理性的道德教育改革是极具可能的。然而，当时的法国教育改革出现了相当激进的一面，这似乎使得涂尔干的纯粹理性教育改革在逻辑上出现了一定的矛盾与困难，因为法国整个教育历史的发展在几个世纪以来一直严重缺乏世俗化的教育成分，以致涂尔干道德理性的科学方法最初难以在教育改革过程中得到推广，尤其是道德教育的实证主义科学被法国的重点学校所拒绝。之所以会存在这样的困难，其根本原因在于宗教教育仍然在深刻地影响着社会道德，并被广泛接受。为此，涂尔干指出若无法在某种程度上找到能够替代宗教道德教育的道德教育形式，那么在很长一段时间内将不会有其他的教育形式能够充当世俗道德教育的载体。从根本上说，涂尔干当时十分期望法国的道德教育体系与内容能够脱离宗教的影响，因为宗教非理性的道德倾向极有可能使得现代社会出现分裂。事实上,"随着新教的兴起,道德教育越来越快地获得了自主性,因为仪式本身逐渐弱化了"①。所以,涂尔干主张将宗教与现代社会之中的道德教育进行隔离与区分,坚持将世俗的道德教育剥离宗教超自然的道德,以免世俗教育沦为"贫乏的道德"。失去宗教保护的道德教育,就像丧失了神圣光环一样,其道德权威也由此而削弱,甚至最终丧失存在的生命力。为此,涂尔干认为必须尽早发现宗教这一旧系统中道德教育隐藏的力量、形式及其本质,目的是为了解除宗教道德权威,使世俗的道德教育得以在现代社会中生长。

世俗道德,是一种充满哲学理性的道德形式。在认识论上,世俗道德以社会科学知识为基础,具有可测试性和可观察性,科学的方法可广泛应用于对该道德形式的研究与分析。在大多数情况下,虽然科学方法对于某些技术和物理科学非常重要,但对于那些需要很长时间才能感知的社会意识和道德问题也十分重要。所以说,为了能够将世俗道德教育在现代社会中普遍构建起来,涂尔干认为这无疑将是一场道德革命。相比较宗教道德而言,世俗道德以科学方法为基础,这使得它具有了世俗化的道德权威,比几个世纪以来的宗教道德权威追求不变的教义将更有社会价值与意义。所以,世俗道德应该取代像宗教这样非经验的道德信念教条的束缚,在学校教育系统广泛传播。

显然,涂尔干的道德教育理论及其方法,是一种务实的认识论与方法论。这种道德教育强调在学校教育系统内实施社会道德教育,力求超越宗教的教义与教条,体现出道德的社会性,其社会意义也显而易见。此外,这种强调体验式的世俗道德教育,需要宽松与自由的发展环境,但又能够形成共同的道德信仰,并能够超越教派、阶级或种族的一种道德教育形式,其现代性与社会性意义远大于宗教的道德教育。虽然有学者指出"宗教"也存在一个共同的道德信仰,但却是一个强调道德态度和道德理想的信仰,且在涂尔干看来宗教道德是危险的,因为它否定了道德教育的过程和进步,其认识论仅依据于宗教经验本身。相反,"进步的规律则以一种绝对的必然性支配着我们"②。所以,涂尔干在推动世俗道德教育的过程中,坚决反对宗教道德价值观,并认同宗教的道德教义和崇拜必须

---

① (法)埃米尔·涂尔干:《道德教育》,陈光金等译,上海人民出版社,2001,第10页。
② (法)埃米尔·涂尔干:《孟德斯鸠与卢梭》,李鲁宁等译,上海人民出版社,2003,第239页。

及时在现代社会中给予消除。因为,"在道德教育的道德理性化过程中,如果人们只限于把所有宗教的因素从道德纪律中剔除出去,而不是取而代之,就几乎不可避免地会遇到这样的危险:把所有真正意义上的道德因素一并取消掉。在理性道德的名义下,留给我们的将只是一种贫乏而苍白的道德"①。从根本上讲,宗教道德的价值观和精神,既无法通过理性经验发现真理,也无法通过社会环境获得理性。

涂尔干认为,解决法国道德教育的社会危机,就必须坚持世俗道德教育的理性价值,这样的道德理解必须放弃宗教得以获得。尽管当时法国的学校系统和道德教育改革已经在俗世化的建设过程中,但如何埋葬宗教道德教育却仍是一个巨大的挑战与任务,考虑到几千年被宗教社会所约束的道德教育,这个艰巨的任务无疑需要采用科学的方法才能顺利实现。对于涂尔干来说,道德教育具有强烈的社会功能,道德发展的目标之一就是最大限度地参与到社会化世俗化过程中去,这是他教育社会学理论的核心之一,所以才要拒绝超自然世界的宗教道德。此外,世俗道德教育,是一种根植于社会经验的道德教育形式,其道德来源是个人经验和社会本身。也就是说,世俗道德的所有伦理和道德价值观都起源于社会经验,又总是时时刻刻嵌入在社会生活过程中。在世俗道德教育过程中,更加关注人与人之间的道德关系。换句话说,道德教育在本质上是社会的行为,而非宗教信仰的行为,社会个体是通过体验这种经历不断演变其道德性格的。

当然,学校系统要想创建世俗道德教育,必须具备一定的社会环境,社会个体除了能够参与世俗道德思想的社会生活外,还必须履行学校的道德教育责任,这一道德教育过程严格来说,既没有过程,也没有结束,是一个永恒而连续不断的过程。更直接地来说,世俗道德教育,在现代社会中主要由学校教育系统负责,学校必须从根本上建立其为俗世道德教育传播和发展是社会机制,能够将其特定的道德教育功能,维持在世俗生活和促进俗世化的社会发展过程中。这即是学校系统的在实施道德教育过程中的"社会精神",其目的正是有效地实现其社会功能和道德教育的关联互动,积累丰富的社会道德经验。

---

① (法)埃米尔·涂尔干:《道德教育》,陈光金等译,上海人民出版社,2001,第12页。

之所以强调道德体验,是因为世俗道德教育即源于社会本身,又独立于个人经验,是以社会集体利益为根本的道德生活。所以说,"集体生活开始的地方,也往往是道德教育存在与产生作用的地方"①。然而,需要注意的是,涂尔干发展世俗道德教育的前提,是首先必须替换几个世纪以来被称之为神圣的宗教教育,这是落实世俗道德教育的关键之一。假设如果没有了上帝超越个人的外部道德来源,个人的道德行为、社会角色均改为来源于个人本身,社会一旦被我们排除了求助于神学的观念,那么实证上可观测的道德将仅能被个人的道德形式所表现,社会中的宗教人将转变为社会人。对此,有学者指出:"涂尔干认为,社会危机根本上是道德危机,因此,他提出以世俗道德替代宗教道德的思想。"②由此一来,社会才能真正取代神的道德权威。所以,涂尔干一再强调世俗的道德教育需要一个理性的、世俗的道德范式,并能够与宗教教条始终保持距离,以此来获得社会性的道德权威是至关重要的;甚至认为:"当道德建立在宗教基础上时,它被从逻辑的角度当作麻痹症患者,然而只要道德被理性化了,也就摆脱了这一病症。"③为此,涂尔干投入了大量的精力对自我和社会之间的道德关系进行研究,并经常批评完全混淆这两个概念的危害。事实上,涂尔干关于世俗道德教育与宗教道德教育两个概念之间的辨析非常精妙,他的思想一度成为这一研究领域的主流立场,大部分学者都因此投入批评宗教道德教育的活动中去。同时,涂尔干看到了个人和社会在道德教育过程中的双重性和复杂关系,指出社会是由道德个体构成而个人则始终是依附于一个道德社会的个体,在这样的社会环境下,社会生活就构成了个体道德教育的全部。可以说,涂尔干的这种心态完全可以理解,但事实上,道德个体与社会并没有真正的区别,这两个概念共同构筑了世俗道德教育的全过程。

世俗道德教育进步和发展背后的驱动力是什么?涂尔干认为是强大的道德个体,原因是这些道德个体即便是在复杂的社会环境下也可以为自身做出一个道德决定,这就是社会个体的道德自主权,这种道德自主权有助于个人主义道

---

① Durkheim, *Essays on Morals and Education* (London: Routledge & Kegan Paul, 1979), pp.140—148.
② 王露璐、李明建:《何为道德,如何教育——涂尔干道德教育理论及其资源意义》,《伦理学研究》2013年7月,第23页。
③ (法)涂尔干:《道德教育》,陈光金等译,上海人民出版社,2001,第105页。

德的发展,能够使得个人完全进入独立式的道德体验环境中去,这极大地避免了世俗道德教育滑向主观道德相对主义的深渊。因此,道德教育通过社会经验便能够顺利创建出一个具有共同道德信仰的社会良知,这种社会内在的道德本质又为个人行为提供了一个道德标准,使得现代社会凝聚力增大,最终形成一个道德的精神社区,甚至建立起共同公民社会道德价值,由此最终取代宗教信仰中的上帝,为化解世俗道德教育的社会危机提供了良好的社会环境。

由此可见,涂尔干的道德教育思想,强调从个人道德到社会道德的教育实践与转化,只有世俗道德真正全面增长,社会个体才会忠实于自己的社会价值和道德标准。这个过程始于个人通过科学道德的自我体验方法和社会工作来获得。可见,道德发展从社会个体开始,然后变成了社会的一部分。尽管,"涂尔干公开反对激进的个人道德自主权和保持自我和复杂社会关系的观点,但社会个体道德权威的发挥在这个方案中是十分有限的"[1]。为此,涂尔干尽力区分个性化的道德相对主义,并认为这是一种避免宗教教条主义专制的道德教育形式,可以在突出个人道德体验基础上维系道德权威的社会秩序。最初,涂尔干认为个人和社会之间存在道德矛盾,但事实上因为个人存在于社会之中,社会不但会接受个人道德意愿,而且个人道德意愿还会塑造社会道德体系,由此他相信这是两个分不开的道德事物,不仅是个人的道德心理构成了社会生活,社会生活也同时承载这个人道德教育的社会属性,是我们每个人的道德教育的社会终结所在。

对于涂尔干来说,另一个社会危机的存在,是有关于道德教育标准的问题。虽然现代社会可以提供一个客观的道德行为标准,但涂尔干认为现代社会不可能以个人利益为依据来制定道德标准,但又必须要凸显个人的道德教育标准特征,这难免会产生混乱的道德标准。也就是说,如果个人是有道德的,他就会趋向于非个人利益的行为,但社会性道德标准却又往往体现着个人的道德需求,这就意味着要么社会的道德标准最终会被个人的道德标准所取代,要么个人的道德标准被社会的道德标准所掩盖。这显然是一个亟待解决的问题,也是涂尔干

---

[1] Durkheim, *Moral Education: A Study in the Theory and Application of the Sociology of Education*, trans. E.K. Wilson and H. Schnurer (New York), 1961, p.59.

道德教育所面临的社会危机之一。最终，解决这一问题的根本便是道德权威的建立，因为道德权威代表着个人在社会生活中的道德地位，是一种社会道德所有权力的体现，是一种"非凡的道德权威"，具有强大的影响力，是决定道德教育标准的关键权力。当个人道德权威较大时，社会道德标准的制定就受制于个人道德权威，相反则受制于社会道德权威。为此，涂尔干强调，国家是现代社会最主要的道德权威代表，要形成集体性道德意识，保障国家的稳定与统一，就必须首先保证社会道德权威的影响力，让社会的道德标准始终站在个人道德权威之上，并不断塑造个人的道德理想。

在很大程度上，涂尔干认为社会道德教育是嵌入在法国教育改革实践中的关键社会性影响因素，视为培养良好公民与学生的基础。虽然传统哲学也曾经有相似的社会功能，但不同的是法兰西共和国要想保证个人道德利益低于公共道德利益，就必须首先保证采用集体意识的道德影响力来制定基本的道德教育标准。涂尔干对个人与社会道德标准社会危机的协调，反映出了他对社会和个人道德权威关系的理解，也体现出了他所赞赏的社会的道德模式，这成为涂尔干教育思想进化中的重要内容之一。

事实上，法国的教育当时正经历一场严重的社会危机，多数学者都无法清楚地预知什么样的解决方案可以有效地遏制这场弥漫的社会危机。正如涂尔干所宣称："今天的社会陷入了极端的道德混乱状态，利己主义正在威胁着进步，一切都趋于瓦解。"[①]其中，教育所遭受的危机最为明显，这场"教育危机"由于种种原因，一直在不断地产生出新的问题。其中，一个可以肯定的重要原因是，社会道德的多元主义在法国社会中的迅速扩散。为了有效地遏制这场教育危机带来的灾害，涂尔干强调建立与保护社会道德凝聚力的重要性，因为法国所经历的现代化危机，已不仅是一场社会的重大变革，也是一场政治、教育、文化的社会发展机制的重大转变，只有世俗道德的集体意识与凝聚力，才可以彻底解决这场危机中道德多元主义存在的负面影响。对于涂尔干来说，他不希望看到这是一场旷日持久的道德斗争，认为只要有效合理地解决公民美德和年轻一代缺乏

---

① (法)埃米尔·涂尔干：《孟德斯鸠与卢梭》，李鲁宁等译，上海人民出版社，2003，第312页。

道德凝聚力的问题，法国现代社会的发展就会很快走上正常的道路。事实上，法国社会危机中骚乱原因是复杂的，很多年轻人被异化思想影响而参与暴乱，道德失范的现象有增无减，这正是涂尔干在解决这场社会危机中强调借助道德教育力量的主要原因。

涂尔干认为处于社会危机中的法国教育系统是一段失败的教育历史，不仅因为缺乏崇高的社会道德理想，更因为社会多元化和多样化的背景下学校教育系统没有及时认识到道德教育的重要性。为此，涂尔干花了很长的时间努力阐明现代道德教育的重要性，传播世俗道德教育在解决这场社会危机中的价值与作用，同时努力解决道德权威的问题，并计划从教育系统入手解决社会危机中关于现代性与道德凝聚力的问题。可以说，"终其一生，涂尔干都在寻找疗治自己社会的办法"[1]。虽然我们不能夸大涂尔干这些做法的价值与社会影响，但从特定的历史时代背景来看，涂尔干对现代社会道德教育功用的深刻分析与教育实践，最终使得他为扭转法国社会危机提供了强有力的教育社会学理论支撑，世俗道德与宗教教育也成功的分离，很好地解决了法国现代社会发展过程中世俗化和现代化的相互关系的问题，为法国社会危机后的重建提供了有效的黏合剂。

今天，如果我们要继承涂尔干道德教育的遗产，我们必须首先要对我们自己的文化背景有深刻的认识，熟悉全球范围内世俗道德教育在自然世界与和宗教世界中的历史发展过程，以便使得我们的道德教育方法适应当下的社会需要。可以说，涂尔干作为早期的教育社会学家，深刻地论述了道德不仅是"价值观"也是"信仰"的问题，这可能为当今的社会道德教育发展提供更强的理性分析、更好的公民道德教育。正如涂尔干所说："在宇宙科学中，所有教育都有一个道德目标，特别是通过历史学和社会学来引导人本身。正因如此，今天完整的道德教育才会呼唤一种道德教学。"[2]对于 21 世纪的道德多元主义来说，涂尔干对道德教育和社会变革的论述，使我们今天能够以法国社会危机的历史经验为参

---

[1] 王楠：《现代社会的道德人格——论涂尔干的道德教育思想》，《北京大学教育评论》2016 年 10 月，第 4 页。
[2] (法)埃米尔·涂尔干：《道德教育》，陈光金等译，上海人民出版社，2001，第 289 页。

考,得到丰富有效的启示。正如有学者所说:"几乎在涂尔干论述道德教育的每个环节,都能看到他对大革命以及革命之后法国社会现实状况的反思,这种反思指向了后革命时代的人们看待自身、看待社会的思维本身。"[①]毫无疑问,涂尔干关于法国道德教育社会危机的历史分析,是今天学习与反思道德教育理论非常宝贵的知识财富。

---

① 陈涛:《自主性的塑造——涂尔干论道德教育》,《北京大学教育评论》2016年10月,第22页。

第二章

涂尔干教育社会学研究的基本理论

实证主义是涂尔干教育社会学研究基本理论的首要原则,它代表了涂尔干理性主义在教育社会学研究中坚定的哲学信仰。在这样一个理性主义的研究框架下,教育研究在客观真理标准下展开了对社会事实的追问,让人们看到了实证主义者在面对社会危机的特殊历史环境下所做出的合乎逻辑的价值学说。这种真实有效的教育社会学研究,与传统教育经验主义研究分道扬镳,将教育与社会的表象与真理完美结合,成为一种极具影响力的知性哲学,一种指导教育改革与社会变革的决策指南。最终,在实证主义研究方法取代了教条的真理观的基础上,丰富了教育社会学研究的理论与现实意义,构建起了自身的学术传统,形成了系统的知识论与认识论,超越了传统教育学研究理论的局限,发展成为阐释教育社会性质和社会功能的经典学说。

第二章　涂尔干教育社会学研究的基本理论

第一节　教育社会学的意义

涂尔干认为,教育是一种关于社会事实的活动,"一切教育学思考的首要前提就是,教育在起源上和功能上都显然是一种社会事物,与其他科学相比,教育学更紧密地依赖于社会学"①。教育社会学,正是在这一认识的基础上,将教育研究建立在社会学基础上,其学科性质由社会功能和社会内容决定。具体来说,教育社会学是对教育功能与社会进程的本质研究。

教育社会学的发展史上,有许多教育理论家与教育思想家为此做出了积极贡献,即使他们没有使用教育社会学的名称,但实际上几个世纪以来研究教育与社会之间关系的学问,一致被认为是教育社会学研究的雏形与基础。比如,赫尔巴特的教育理论就强调教育学的研究应该从其社会角度加以考察,且多数社会学家和教育学家都赞同这一观点。此外,教育社会学因最初受到德国实证主义哲学的影响,其教育方法提倡类似于自然科学的推导与演绎,即便在研究教育和社会之间的关系时,也强调必须使用实证主义和自然科学的研究手段进行分析。这样一来,关于教育与社会事物的研究,变得接近于物质世界的研究方式。然而,这并不是一种反传统的教育学,但也并不是严格意义上的实证科学,因为教育社会学的研究过程在不少学者看来还是充满着投机和理想主义的痕迹。但是,教育研究的规范和严谨性确是教育学家不断追求的目标与方向,正如涂尔干所说:"规范不只是一个习惯行为的简单问题,而是一种行动方式,对这种方式来说,我们并不觉得有根据我们的品位去改变它的自由。"②后来,在对教育的社会功能进行研究时,教育时代和社会关系的研究论题必须坚持科学性的呼声越来越高,建立一整套教育社会学科学理论的需求也越来越急切。

---

① (法)埃米尔·涂尔干:《道德教育》,陈光金等译,上海人民出版社,2001,第346页。
② (法)埃米尔·涂尔干:《道德教育》,陈光金等译,上海人民出版社,2001,第30页。

在社会学研究领域中，有关教育理论的研究与探讨是在第一次世界大战之后兴起的，当时被称为社会教育科学研究，但这一研究还是被批评为是基于教育经验的传统分析，缺乏必要的实证研究和调查统计。但随着教育与社会关系的深入研究，越来越多的学者对教育社会学研究产生了浓厚的兴趣。其中，最为重要的学者是涂尔干，他首次用教育科学、教育社会学这样的名称定义了关于教育与社会关系的研究，并分析了法国教育思想历史中社会发展和教育机构发展的相互关系，解释了学校的社会功能与公民道德教育之间的关系。虽然最初对教育社会学的兴趣主要是来源于教育与社会进步之间的相互关系研究，但随后利用教育解决社会问题的研究迅速兴起，教育学和社会学几乎同时不再单纯地为了学术动机而存在，反而更加关注自身的实用性。

19世纪中叶以来，教育社会学终于被作为一门独立的学科来看待。因为此时许多学者所关心的是自己的学科独立性和身份问题，所以有一些人创造了教育社会学这样的学科名称，并努力为其建立起系统的学科结构和知识体系。19世纪末，涂尔干利用社会学研究法国社会动荡中贵族与教会争夺世俗权利的问题，成为第一位表示需要建立教育社会学研究的学者。涂尔干认为，教育具有丰富的社会特性与功能，而教育理论与社会学理论发展比任何其他社会科学更加成熟，外加教育不是一个静态的现象，而是不断变化的动态过程，以至于教育社会学研究不仅是对社会事实的分析，更是对教育与社会关联互动的研究，但也同时声称教育社会学是教育研究具有社会属性的一门学问。基于涂尔干的教育社会学研究理论，教育社会学可以定义为科学的分析社会过程和社会参与教育体系的模式。可以看出，在这一概念解释框架之下，教育被看作一个以社会学为基础对社会教育行为和人类学习行为的交互式分析过程。对此，有学者指出："涂尔干积极倡导将'本着一种客观的态度来考察''社会事实'的实证主义精神应用到教育研究中，由此将教育研究建设成一门自然科学意义上的'实证科学'式的'教育科学'。这一'实证科学'式的'教育科学'就是教育社会学。"[1]但是，涂尔干的教育社会学理论，更多的是强调社会学问题在教育领域的应用，如社会本身中的文化、社会、阶级、环境、社会化等教育问题。当然，这主要是因为在涂尔干看来，教育社会学仍然是社会学研究的一个分支学科，主要研究社会和教育之间

---

[1] 贺晓星：《涂尔干的实证主义与教育社会学》，《南京社会科学》2016年第1期，第137页。

的关系问题。涂尔干将其看作一门学科,并发展出了该门学科自身的未来任务,这使得教育社会学研究成为分析教育与社会关系的有效方法。至此,教育社会学的主要目的便成了研究教育与社会的交互关系,是社会学的原理和方法在教育系统中进行问题研究的学科,并承认教育作为社会事实的研究前提。

此外,对于教育社会学来说,强调社会在教育环境下的进步,并将教育活动视为社会进步的媒介加以研究分析,并试图回答社会进步中所遇到的教育问题,以此通过教育实践与改革让社会成为一个更好的社会。对此,尽管教育社会学将个体教育看作一种社会属性,并制定出理想的教育规划加以引导,再由社会学家或教育社会学家通过研究来收集足够的证据,解决社会与个体发展中的困惑与问题。当然,也有学者认为教育社会学是一门具有独立知识系统的分支学科,但涂尔干始终认为教育社会学是教育问题在社会学中的科学分析。对此,涂尔干进一步指出,每个社会都有自己的社会—文化需求和变化,其中的教育对满足这些不同的需求具有特定的影响价值与作用,一旦社会需求改变,教育影响也随之改变。因此,教育社会学有助于理解学校和老师的工作及其与社会的关系、社会进步和发展的关系等。

尽管涂尔干一再强调社会学在教育社会学研究中的重要性,但他从来没有否认教育研究在解决社会问题的积极作用与价值。只是,教育社会学更多的遵循社会学的研究规则与方法,并以研究社会事实为主要内容,这最终使得教育社会学拥有一个学科独立存在的基本意义。今天看来,教育社会学的这个定义,似乎已经得到了学界普遍的认可与接受,涂尔干的教育社会学理论也随之得以确立,并得到迅速发展。可以说,涂尔干强调社会事实的研究思路,使得他成功为教育社会学构建起了自己的学科基础,而这一研究基础又不同于自然科学研究的方法。自此,对于教育社会学研究来说,撇开研究过程中的所有主观偏见,努力探寻教育经验中的概念化的社会事实,并由此来揭示社会现象中最底层的事实真理,这便成了教育社会学最为首要的研究任务。然而,从我们目前所熟悉的涂尔干教育社会学著作中可以了解到,涂尔干和一些其他早期社会学家,如孔德、赫伯特·斯宾塞等,都认为教育社会学的研究还需要在此基础上发展得更加专业化和严谨。其中,最为重要的是,教育问题采用社会学的角度进行分析时,必须着重揭示社会生活中最一般的教育问题和规律。为此，涂尔干为了使教育社会学更加科学和规范，他进而讨论了该门学科的研究规则和方法，并给出详细科学实证程序，并强调以此来证明复杂的教育与社会结构之间的关系，这成为他日后最伟大的学术工作之一。也就是说，涂尔干发展了他的结构主义方法，并将其运用到教育社会学研究中去，除了证明教育的社会功能外，还阐明了社会秩序本身的教育表象，这使得教育研究中的教育思想和道德教育研究也能在社会学范畴内得到科学研究与论证，从而强化了教育社会学的科学性与规范性。

涂尔干认为个人教育活动其实也就是社会构成的要素。并且，这个构成的过程本身就是一个社会化的过程，它具有强大的社会功能，显示出深刻的社会意义。教育社会学的研究性质，是由社会和学校的社会影响决定的，教育实际上就是一种社会产物，它不仅起源于社会，而且还必须满足社会需求和愿望。因此，教育和社会之间存在天然的亲密关系。一方面，教育通过帮助个人发展来促进社会进步；另一方面，教育帮助解决繁杂的社会问题。因此，涂尔干认为，教育社会学就是以教育问题为标志的社会科学研究。众所周知，社会不仅是一个单纯的个体组合，它还包括个人与社会的交互关系，教育问题也只仅存在于社会生活中，因此个人的教育问题决定了社会生活的状态与发展趋势，并通过教育和社会进步的关系来解释所有社会变革现象背后的深层次原因。在此，涂尔干强调，教育本身就是一个社会角色，它的起源和功能，都是由社会生活来决定的，并且是一个动态的、不断变化的活动过程。每一个人的社会文化需求，都必须靠教育活动来给予满足。也就是说："在社会与个人之间，不存在任何不可逾越的鸿沟。"[1]因此，社会互动的关键领域是教育社会学，它旨在为更好的个性发展提供教育过程。可见，涂尔干十分强调个人的社会化教育，以及个人参与社会教育过程的情况。因此，教育社会学是社会学研究中的教育考察。其中，涂尔干认为对学校教育社会学问题研究对于一个国家来说最重要，因为几乎所有教育的问题都是社会的问题。涂尔干的教育社会学理论，帮助我们明白教育是社会变革的一种手段的事实，阐述了人类在学校和社会之间互动的人际关系。

---

[1]（法）埃米尔·涂尔干：《道德教育》，陈光金等译，上海人民出版社，2001，第73页。

第二章 涂尔干教育社会学研究的基本理论

事实上,教育社会学的研究范畴是非常广泛的,它通常会考虑各种社会力量和机构参与教育活动的情况,如学校、家庭、宗教组织、学术团体等,同时还研究社会互动过程中教育冲突、合作、竞争等问题等,还会涉及社会变化和课程、学校的教学组织等教育问题。此外,教师的社会重要性、老师和学生之间的关系、学生的社会行为、学校的社会生活,以及老师和学校之间的关系等一些特定的社会问题,也是教育社会学的研究范畴。在现代教育理论和教育实践过程中,社会学起着至关重要的作用,直接影响着课程建设的原则、教学方法、学校的组织和管理等教育问题。可见,在教育社会学概念内,教育已不再是单纯的教育,它不仅关注各种教育机构的社会生活,还十分留意社会生活中所包含的各种各样的课外活动。所以,涂尔干明确地指出教育是一种社会化过程,它的功能不仅是传承和丰富社会知识,还是社会进步的动机。因为现代教育的目的是促进个人发展和社会进步,教育能使一个人的生活变得更加美好,同时也促进了社会个体在知识、社会道德、审美、文化积累和身体发育方面受益无穷。所以说,"教育在我们身上所要实现的人,并不是本性使然的那种人,而是社会希望他成为的那种人"[①]。此外,教育不仅可以带来改变自身命运的知识和能力,还可以使社会个体适应社会发展,承担社会责任。因此,教育社会学强调的是社会目标的实践教育。教育社会学的主要功能有三个方面:一是传播社会文化遗产;二是创造新的社会发展模式;三是为社会个体本人带来创造性和建设性的知识与能力。

教育社会学对课程建设有着重要的影响。就现代社会而言,课程建设的标准必须帮助孩子获得发展。因此,现代意义上的课程,已不仅仅是以主题为中心的各类教育活动,而是看是否能够为孩子提供多样化的教育经验。因此,现代课程强调的是社会的教育需求。在涂尔干的教育社会学研究中,孩子们不再是知识的被动接受者,他们反而必须学会积极参与学习过程,这意味着任何的社会生活本身都具有一定学习价值,可以帮助改善社会生活中孩子的教育准备,也可以帮助孩子们的社会化进程,并产生和社会凝聚力和团结。不得不说,现代教育学校已被认为是一个社会的缩影。学生们在学校通过不断的学习进行社会交往,并使得学校这样一个纯粹、简化和更均衡的社会能够促进孩子社会化进程。从这一点上来说,学校无疑是一个重要的社会机构,它能够执行各种社会职能

[①](法)埃米尔·涂尔干:《道德教育》,陈光金等译,上海人民出版社,2001,第353页。

和责任。为此,学校进行了民主化管理改革,允许学生们参加各种行政管理和承担管理责任。毫无疑问,这是教育社会学原理运用的结果。

此外,教学的方法也受到了教育社会学的影响。比如教师不断采用一些新的研究方法和技术来考察社会行为,寻求和利用社会力量对社会生活中的教育行为进行阐释。涂尔干在现代教育研究中运用了各种社会学研究方法,试图将社会学的科学理论运用于教育问题的讨论与分析,并积极采用社会学的解释框架,尤其特别关注教育研究方法和知识来源。因此,在这一基础上,社会学和教育学被打造融合成了一门学科,不同的研究部分既相互独立又相互关联,并逐渐发展成了解决社会生活中教育行为的理论基础。与此同时,积极运用社会哲学的学说来解释教育系统的进化,并对其进行了相应的实证研究。至此,教育学、知识理论和社会学共同构成了教育社会学理论的基本因素,并紧密交织在一起。

通常来说,教育社会学根植于涂尔干的社会学理论,正如涂尔干自己所言:"人们可以预见究竟什么样的社会学,究竟什么样的研究社会制度的科学,能够帮助我们去理解教育制度是什么问题,或者帮助我们去猜想教育制度应该是什么的问题。我们越能够充分地理解社会,我们就越能够充分地解释在学校这一微观社会中所发生的一切。"[①]到目前为止,涂尔干通过他的教育科学与社会科学工作,使得世俗道德成为1870年到1880年间保证社会道德秩序重要力量,但涂尔干的教育社会学实践这种旨在维护法国当时社会合法化的做法,缺乏质疑精神,被世人看作保守的教育社会学理论。在这个意义上,我们也看到,在社会学的学科理论中,涂尔干很少主动讨论社会观念之外的概念,但他认为:"我们可以肯定,我们用理性的术语来如此表达道德的实在,并未使之变得贫乏。"[②]到1880年末,涂尔干作为实证社会学家有了一次深刻的情绪变化,即当大量的社会学家开始考虑哲学实践的基础时,我们将不再需要反思研究的认识论基础。相反,需要区分认识论和经验调查。为此,涂尔干提供了两个主要的经典概念,即经验主义和社会建构主义,虽然它们还不足以来处理社会学中教育的基本认

[①] (法)埃米尔·涂尔干:《道德教育》,陈光金等译,上海人民出版社,2001,第360页。
[②] (法)埃米尔·涂尔干:《道德教育》,陈光金等译,上海人民出版社,2001,第104页。

识论问题，但却有益于我们了解社会建构的基本概念和内容要求。事实上，涂尔干也已经有了自己的解决方案，虽然还不令人满意，是处于中间立场的经验主义和建构主义，但至少为教育社会学提供了一个经典的认识论立场。

涂尔干的教育社会学研究有着重要的社会与现实意义，其研究自始至终没有放弃"真理"的概念，也没有放弃用道德权利说真话的机会，但仍有不少学者对涂尔干的教育社会学理论存在不少误解。为此，涂尔干认为，这些误解的存在也正好表明了社会科学认识论发展过程中所存在的困难。涂尔干的教育社会学理论，之所以坚持"社会真理"讨论的标准，主要是因为涂尔干明确反对经验主义的做法，并认为经验主义所带来的教育研究存在严重的弊端，这在某种意义上使得传统教育学的经验研究看起来是脆弱的。相对而言，涂尔干的教育社会学研究更像是一台精密的机器，它能改变一个人对现代社会中教育与社会关系的看法，这对理解社会的现代性是神圣且至关重要的。因此，涂尔干认为教育社会学研究中有关真理性的标准是十分宝贵的财富，传统教育学研究必须从过去的教育研究实践中吸取教训，但经验主义是脆弱的，有时又具有悲剧色彩，所以我们只可以从客观事实的研究中找到一些答案。于是，教育社会学研究的意义在于能够分析与阐释现代社会变革的根源与本质，其研究方法能够超越或取代先验主义的传统权威，这就是教育社会学研究的学术价值所在。涂尔干认为教育社会学研究在一定程度上解释了现代社会所遇到困难与危机的解决方法，唯有把社会和个人生活结合在一起的学说力量，才能从根本上对教育实践和社会发展起到至关重要的作用，而传统教育学研究只是天真地认为社会发展有着自身理所当然的进程，而不用经受考验。可见，涂尔干教育社会学研究理论，具有一种进化了教育标准，对社会进程彰显出了强烈的排他性和解释力，并且这一过程带有明显的理性基础。所以说，涂尔干对教育学和社会学的深刻思考是引发法国社会科学研究兴起的一个重要原因，引起了人们对教育与社会真理讨论重要性的重视与关注。因此，涂尔干教育社会学研究理论在法国社会迅速取得成功，并凭借他无可挑剔的学术资历，使这一学说成为一股不可忽视的力量。

从整体上看，涂尔干的教育社会学研究，不仅使教育学研究具有深刻的思想性，还为其找到了一个相对科学合理的研究方法，这使得当时法国正经历的教育改革具备了理论指导的优势，有效地调节了社会生活，改善了社会道德状况。

此外,涂尔干敏锐地意识到教育社会学研究所提供的更好的方法、更好的数据,比以前传统教育学家与社会学家所做的浅尝辄止的分析更加系统与全面,他于是积极通过创造新的教育社会学理论来解释法国现代社会中的种种现象,认为教育社会学研究适用于一切教育与社会发展中关联互动关系的分析,是教育思想上的一次突破。在当时,涂尔干的教育社会学研究为学校和公共生活所面临的危机提供了有效的解决方案。因此,涂尔干对教育社会学研究的评价甚至高于社会学本身,认为教育应该发挥实现社会秩序的作用,因为"教育的目标是社会性的"[1]。此外,随着涂尔干教育社会学研究制度化的发展过程,教育社会学研究也取得了巨大的成功,他个人身上的学术光环也越来越浓,许多有关他的教育社会学研究理论也由此都被具体化和人格化了。

通过涂尔干教育社会学研究所获得的不断增长的学术成就,其学说也变得不再那么能够被轻易否定或面对挑战。然而,无论哪种观点占主导地位,涂尔干都能始终如一地将理性应用于处理认识论结构中的范畴与事实之间的关系,这使得教育社会学研究能够产生出更加具体的影响,甚至跨越了不可调和的领域差异,解决了一系列具有挑衅性的问题。所以说,涂尔干教育社会学研究的意义,一是其学科价值,二是其社会性实证价值。传统的教育学研究方法对处理具有现代性的社会问题来说已经显得太过时了,人们开始关注的核心问题是将教育描述为"社会性的",以及对其实证有效性的思考,而这种研究转变有时会对客观事实的描述产生影响。对此,涂尔干解释说,传统经验阻碍了对社会事实的研究,开放的社会生活中很明显存在像谜一样的教育现象,但这对社会科学家和哲学家来说并非无法解释,而传统的教育学家则只能凭借想象。当你更加仔细地观察时,就会发现影响研究效度的并不是这谜一样的教育现象,而是那些违背了理性和批判分析的研究过程,这一过程一旦脱离社会性,便无法赋予研究对象特定的社会意义,由此产生了社会整体的不可表征性,引发人类社会概念以某种方式与客观事实的自然分离,以至于无法对"社会生态"所决定的教育功能与思想进行分析。可见,出现这样的矛盾,是一种具有强烈压迫性的后果,是教育社会学研究过程中尽量避免的问题。

---

[1] (法)埃米尔·涂尔干:《道德教育》,陈光金等译,上海人民出版社,2001,第360页。

所以说，在涂尔干看来，教育社会学研究是一种理性的科学研究，其研究过程与原则必须遵循客观真理的基本规范，强调教育理论与实践的统一，注重社会本体论的分析，将教育活动看作一种社会客观事实的表现，并强调教育功能与社会进程之间的因果关系。基于此，涂尔干最终在实证主义与理性主义的科学方法引导下，成功地构建起了自身的教育社会学研究认识论与知识论，超越了传统教育学研究理论的局限。在后来的几十年中，涂尔干教育社会研究的这一理论，成为分析教育现代性的基本逻辑思维和研究规范，也使得科学理性的价值在教育与社会研究中具有了无上的权威，成为阐释教育的社会性质和社会功能的经典学说。

第二节 教育社会学的传统

1902年,埃米尔·涂尔干断言他所教授的教育社会学对研究社会起源与变革将具有特别的价值与功能。因此,社会学对于教育学来说比任何其他学科都更有意义与价值。这种观点,已经告诉我们一个重要的信息,那就是教育学无疑是社会学研究的一个重要焦点。因此,教育社会学的传统,将受到社会学研究与发展的强大的影响,并形成于社会学的学科研究之中。

战后,法国社会更加普遍接受教育思想的影响,这在某种程度上为形成教育传统提供了良好的条件。教育学研究在受到社会学研究与发展的刺激后,逐渐开始采用社会调查的方式进行学科研究,如教育与社会流动性的研究、社会阶级和教育机会的研究等内容。同时,社会学知识的积累及其理论发展使得教育学研究比以往更为复杂和有价值,教育社会学研究传统形成的社会条件日益成熟。在这样的情况下,教育活动成为社会结构的核心,并作为生产系统为理解复杂和棘手的社会问题提供必要的帮助,逐渐形成了社会改造研究的认识与目的,这就意味着教育学研究与社会学课程及教学研究形成了天然的密切联系。涂尔干在界定教育和社会学研究关系时,认为教育研究应该面对社会生活中的复杂性,并产生实质性的研究价值,社会调查方法和社会实证科学是保障这一研究结果质量的核心步骤。教育的社会学研究方法的倡导,使得社会和教育的相互关系得到深刻的研究与阐释,而对教育社会学的描述,也主要是集中于教育关系与社会结构的转变。从这一点来看,涂尔干的教育社会学传统应该是"科学性"和"社会性"在教育研究中的体现。

涂尔干认为,教育社会学中的"科学性"与"研究性"一个强调自然规律,一个注重社会现实。因此,教育社会学的先验论在其学科传统中可以确立。其中,科学性当然也必须尊重社会现实,必须具有先验哲学假设的过程,其研究所获得的普遍真理最好能够反映社会原则,并认为这是社会生活中教育形式最好的表达方式。在涂尔干看来,教育社会学所具有的这一传统,是一种永恒的存在,它来自社会事实,又基于人类的研究理想。可以说,自古以来,社会学家与哲学家都一直非常注重研究教育问题。然而,直到涂尔干创建与发展教育社会学后,人们才倾向于把教育置于社会学研究的视角加以分析。正是这样的研究视角,才使得教育问题的分析具有了无限的可能性和科学性。18世纪,孟德斯鸠等学者就已经意识到教育研究并不是一种自然现象,它存在于社会意识之中,所以应该首先运用社会学的研究方法对教育问题进行深刻的分析与解答。历史证明,这一努力取得了意想不到的收获,教育事实和社会学从此密切结合在了一起,共同承担起了社会发展与教育活动的考察与分析。对此,涂尔干非常赞同这样的研究方法,不过他特别强调在教育社会学研究中,不能只看重社会中个人教育问题的倾向,还应该注意社会生活中那些普遍人性的教育问题,这逐渐发展成为教育社会学这门学科研究的传统原则。可见,涂尔干的教育社会学研究,远比最初的研究内容复杂得多,但也更接近社会现实的分析。

对教育社会学传统的认识,有许多永恒不变的研究规则与价值需要注意。其中,较为重要的一点是,社会事实不能被视为社会结构的分析,涂尔干认为社会巨大的进步实际上与社会生活一样是真实客观存在的,研究教育社会科学不能从形而上学的个人猜测中获得答案,必须遵循自然法则对社会变化进行实证研究。事实上,在教育社会学这门学科的发展过程中,涂尔干总能成为学科发展与变化中具有决定性影响与作用的人物,他所坚持的"实证主义"的研究原则成为教育社会学研究的基本规范,并在19世纪末期构建起了教育社会学研究的基本体系。这些原则性与规范性的内容,成为影响教育社会学研究与发展的主要因素,并逐渐形成了学科建设的基本传统。与此同时,涂尔干不断论证与阐发"实证主义"对教育社会学研究的重要性,尤其是对社会生活中教育问题抽象概念的研究,因涉及复杂的社会生活,不得不将社会学研究的基本规范与方法用作教育分析的核心。所以说,涂尔干的教育社会学是一门"实证科学"。迄今为止,在这门学科的历史发展过程中,占主导地位的并不是哲学方法,而是一门与自然现实研究类似的"社会艺术"的实证科学。众所周知,涂尔干在开始教育社会学研究时,其重要的兴趣所在也正是在继承经典理性主义思想基础上构建一种全新的研究方法,他认为这就是一种采用"指数"或量度的测量方式讨论社会和教育的方法。涂尔干认为，这一方法的运用将远比传统的教育社会学研究更有意义。在这一研究方法的体系下，社会学研究将既是教育研究的中心，又同时是其边缘，为达到对教育事实客观分析的目的，实证研究将不仅是手段还是该研究的目的本身，这一观点在涂尔干教育社会学研究的学术论文与著作中有许多相关的评论。

在这种背景下，涂尔干的教育社会学研究逐渐形成了实证主义的研究传统，其学术贡献与当时其他教育社会学研究者相比较，已经产生了非常了不起的影响。其中，涂尔干在发表《教育思想的演进》这一研究成果时，虽然也存在并不完全支持他学术思想的学者，但他已经开始意识到这些思想是在法国大革命后应对社会危机的社会环境下提出来的，这些遭遇必然会促使他的学术思想变得更加坚强，以便足以让他为解决法国社会危机就教育与社会问题而继续分析下去，毕竟他认为"只有在危机时期，教育学才是无用的，因为这些时期迫切要求使教育体系转过头来与时代的需要相协调"[1]。于是，根据涂尔干教育社会学研究的方法论思想，不少学者也开始采用他的研究方法对法国教育与社会问题进行更详细的分析，至20世纪初已形成了教育社会学研究的实证浪潮。在这一次浪潮中，涂尔干及其教育社会学研究的拥护者最终起了带头作用。首先，在涂尔干的引导下构建了一个具有完整体系的教育社会学实证研究理论，为分析法国教育与社会关系提供了"正统教育与社会学研究"传统思路以外的另一种选择。其次，鼓励了欧洲新一代教育社会学研究者更新了方法论的概念。因此，这场教育社会学实证研究的浪潮对确立学术传统的意义重大，涂尔干在这次学术浪潮中为教育社会学研究提供了一个重要的理论分析框架和实践策略。正如我们所能够注意到的，涂尔干围绕"教育事实"与"社会活动"这两个概念把教育社会学研究理解为一个真正的统一性学说。对此，有学者认为："涂尔干提出了一种用以解决现代教育危机和能够促使人文主义和科学主义重新走向统一的教育理论。"[2]虽然涂尔干知道这一学术传统或理论的确立必然会面临许多教育与社会学家的反对意见与挑战，但他坚信教育和社会所构成的复杂事件，必须使抽象的事物变得合理化，即采用理性与实证的研究手段实现这一合理化过程。

---

[1] （法）埃米尔·涂尔干：《道德教育》，陈光金等译，上海人民出版社，2001，第337页。
[2] 陈旭峰：《社会转型下的教育转型——论涂尔干〈教育思想的演进〉对现代教育的启示》，《现代教育管理》2010年第10期，第107页。

第二章 涂尔干教育社会学研究的基本理论

涂尔干教育社会学研究学术传统中的实证主义，虽然有时存在一些模棱两可和局限性的表达，但重点是涂尔干的实证思想是他在里昂大学时几乎整个学术生涯所获得的教育实践经验。因此，涂尔干非常重视实证主义对教育社会学构建的意义与贡献，他甚至发表数次演讲和撰写了多篇文章来说明教育社会学研究中新传统对解决法国社会危机的实践作用，这也引起了法国学界的普遍关注。当涂尔干第一次开始教授有关教育社会学研究的课程时，他明确表达了自己的这一愿望，他甚至欢迎各类相关学者来听他的讲座。这很快便引起了一些教育学者的注意，许多教育学者对涂尔干当时讲授的教育社会学产生了质疑，认为他过于关注教育的社会功能和力量而不是个人教育的问题，在强调教育的社会功能和力量的同时忽略了教育对个人的责任与使命。相反，涂尔干则明确主张改革教育理论与实践，使教育变成"他物"，认为教育学可以从社会学那里获得很多更加实用与变革性的东西，他甚至把教育学的研究视为是社会学研究的某一方面。因此，教育社会学可以成为介于社会学和教育学之间的一门学问。

涂尔干自己对教育社会学实证研究的思考，在他的学术和职业生涯中产生了重大的影响，他始终试图构建一个科学严谨的教育社会学研究理论体系，并力求将这一理论体系应用到他的教育实践与改革工作中去。涂尔干在波尔多大学发表的《教育学与社会学》演讲中，对学生开宗明义地指出："学校成倍地增加，从物质上也发生了转变，理性的方法代替了过去时代里的陈规陋习，教育学的反思被赋予了一种新的动力，人们的创造力也被激发出来了——所有这些，必然构成我们国民教育史上最伟大、最幸运的革命。"[①]涂尔干认为，实证主义与理性分析是教育社会学建构的灵魂，特别是在解决教育与社会现实问题方面具有独特的作用与价值，所以实证的本质是解决问题，而不仅是阐释表象。与传统的教育学研究相比，涂尔干教育社会学的研究适用范围要广得多，它立足于解决社会危机的需求，不仅仅是反映法国社会危机的表征现象，更重要的是有助于解决社会生活中教育功能的失调。就这一点而言，越来越多的学者倾向于教育社会学研究的分析方法，这似乎被视为是一种积极有力的教育学研究理论。然而，事实也并非完全如此，对于涂尔干来说，实证作为教育社会学研究的一种范

---

① （法）埃米尔·涂尔干：《道德教育》，陈光金等译，上海人民出版社，2001，第 345 页。

式,在当时治理法国社会危机的过程中还一时难以看到任何有意义的效果。因此,涂尔干也不得不承认由于教育功能的有限性与社会生活的复杂性,在现代社会制度完全没有确立的情况下,要强调教育与社会的相互关系,遏制社会越轨和反常行为的发展,维护社会的有机团结,并不是一件简单而容易的事情。涂尔干在《教育与社会学》一书出版后,对《道德教育》也进行了深入系统的梳理,指出道德力量是一种指导性的工具理念,缺乏道德的教育无法维持社会的稳定与协调。这一点很重要,首先是涂尔干重申了复杂的现代社会中如何以个人主义的道德价值体系构建统一的社会集体意识,其次是他含蓄地承认所有的现代社会所面临的危机几乎都是现代个人主义表达的后果,且同样深刻地根植于社会文化与教育。因此,在一般意义上来说,现代社会中个人的信仰、价值观、道德观点与思想传统,都是隐藏于现代社会交往之中的个人隐私,并在一定程度上是特定历史环境下社会发展的偶然性产物,唯有教育功能能够阐述与改变这一价值体系的根源与趋势。

为此,传统教育学家希望将涂尔干的这一思想引入他们的教育理论中,但一个主要的问题是如何找到一个重要的、有着准确定义的教育社会学研究概念来实现这一过程。就涂尔干教育社会学研究理论来说,实证是为现代社会教育活动提供总体图景的科学依据。在此背景下,教育学家与社会学家通常关心如何运用教育行为来纠正个人错误,实现社会公平,促进社会利益或确保社会安全。涂尔干时期的许多教育学家,时常会对教育在塑造个人品格、提供道德生活方面感到不满与不安,如果他们觉得需要涂尔干教育社会学研究理论,那他们首先必须得承认教育功能在塑造社会、干预社会危机和调解政治斗争方面的积极作用,但传统教育理论的价值观又似乎不可能提供这种可能性。另一方面,涂尔干教育社会学研究强调实证研究在阐释教育功能与社会进程根深蒂固的联系方面的实践价值与作用,甚至把理性与实证提升到一个伟大程度,认为"社会现象与社会本性之间的联系是理性的,那么本质作为全部推理的来源,也与理性的本性有关;也就是说,这只是一个简单的观念:理性只瞥上一眼,就能把握这样的观念"[1]。这也就很可能导致传统观念的教育学家一时转变观念。但是,涂尔干的

---

[1] (法)埃米尔·涂尔干:《孟德斯鸠与卢梭》,李鲁宁等译,上海人民出版社,2003,第48页。

教育社会学实证研究,却能够向那些进步的、改革的教育学家提供更多吸引人的理论,并能被理解为是一种教育社会学研究的新传统,可以通过社会变迁的实证研究来阐释一项全新的教育理论。

相反,社会学家必然会对涂尔干的教育社会学实证研究思想感兴趣,这极大地方便了涂尔干教育社会学实证研究理论的传播。所以,这一过程看起来好像可以不受约束地进行,不断被社会学家所普遍接受。涂尔干专注于当时被称为"理性主义"的研究领域,将现代社会中教育行为、社会观念与宗教、法律等内容交织在一起。对此,涂尔干解释说,他把教育社会学视为解决法国社会危机所追求的目标所在。教育社会学对教育与社会关系本质的解释似乎是他对早期法国社会的了解与认识的结果,这成为我们探讨涂尔干教育社会学研究传统的一条重要线索。比如,涂尔干认为教育和社会是道德信仰的共同来源,但道德有时并不能团结社会,教育虽然很接近宗教,但却拥有背离宗教的社会凝聚力功能,这使得教育有时变得更加具有个人主义倾向。而道德在缺少教育的影响下则始终是抽象的表达,但必须相信它是功利的,它的价值只在于它的效果。涂尔干的这一观点,表达了他最终对教育与社会关系的认识与理解,这些理论经验无疑来源于他常年的教育实践与政治活动,是其教育社会学研究传统的社会根源。

在1870年至1914年间,涂尔干大量有关教育社会学的研究都是在法国完成的。其间,他的研究逐渐变得规律而清晰,涂尔干不断在其教育社会学研究中注入一些新的想法,产生了极大的影响,并出现了越来越多的追随者,这也证明了涂尔干在教育社会学研究过程中所保有的持续创造力和知识生产力。随着涂尔干教育社会学研究影响的扩大,甚至一些政府的管理官员们也对发展量化、实证研究充满了前所未有的兴趣,比如在人口与教育的研究中,涂尔干的教育社会学实证研究成为一项非常受欢迎的学问。同时,涂尔干也尽了最大的努力通过组织期刊创建自己的学术团体,取得了一定的成功,逐渐使其教育社会学研究传统确定并延续下来,原有的某些针对涂尔干教育社会学研究传统的分支最终被接受,成为分析与解决法国社会危机最有用的教育理论。当然,这还不足以说明涂尔干教育社会学研究传统的真正确立。涂尔干十分清楚,要想在不断的理论创新基础上进一步推进与传播其学术思想,并形成一定的制度基础,就必须在某种程度上将其学术思想渗透到大学系统之内。的确,在一些历史实例中,进入大学体系是学术研究整个过程中最关键的一步,这也是学术研究制度化的过程的关键一步。至此,我们能够注意到,涂尔干教育社会学研究传统的一个本质特征是它走向了一个更加彻底制度化方向,从其学说的连贯性和复杂性的角度来考虑,几乎是涂尔干独自一人实现并完成了大学对其学术研究的价值观肯定,并使其逐渐发展成为教育学与社会学研究的一个独立创新的研究领域。

当涂尔干教育社会学研究发展成为社会普遍可以使用的历史阶段,其学术传统的价值在制度化方面也体现出了最大的影响力。所以说,涂尔干一个人坚定地承诺建立一套教育社会学研究的新价值体系,实际上最终也成为法国高校内致力于推广的学术研究。随着涂尔干对教育社会学研究理论的不断创新与发展,其理论也越加完善,当欧洲学术社会普遍适应了涂尔干这一套教育社会学研究理论之后,其在知识界的地位受到了更广泛的认可。由于这是一个复杂而多变的过程,所以实际上也很难用一般的思考来重现这一过程。然而,就涂尔干教育社会学研究的传统来说,涂尔干本人强调了两个基本特征,认为这是这门学科逐渐发展的内在需要,其一是传统教育学理论与实践的衰落和法国现代社会危机的出现,其二是教育社会学对理性追求的信仰,或者说这是来源于笛卡尔实证主义在教育与社会研究中的学术遗产。

起初,鉴于涂尔干教育社会学研究的初创,人们无法清楚地判断教育社会学在其形成和进步中所起到的作用和重要性。然而,涂尔干最初构建这门学科时,便使其一切都注定了要为法国社会变革发挥作用。所以,从这一点来看,涂尔干教育社会学是法国土生土长的一门学说,是因不得不面对的法国社会困难而诞生的一门学说,是在传统教育学失去它的领域后产生的一门学说。从一开始,涂尔干的教育社会学研究就相信理性的力量,敢于承担解决法国最复杂与不稳定的社会矛盾,明确地充当了引领法国教育改革的一个重要角色。这种角色的社会任务与责任,远非简单或直接发表一两篇文章能比,这不是一个简单的任务,当涂尔干利用教育社会学研究开展实地考察和进行教育改革实践时,本身就是对其学说的一种文化生产,这为该学说建构的社会正当性找到了答案,其学说中的教育功能主义理论对法国当时的社会危机所带来的改变远远超越教育本身的意义。再换句话说,涂尔干教育社会研究在教育与社会实践中构建出来的学术传统，为帮助法国社会解决教育与社会危机的紧迫问题提供了理论依据，虽然这很可能并不是该学科发展的最终目的。

简言之，涂尔干教育社会学研究理论的学术传统至少包含两个含义。首先，涂尔干对宗教的实用主义理解与冲突，使得他潜在地获得了一种极不寻常、极具启发性的认知本质主义的契机。可以看到，在涂尔干教育社会学研究理论与实践运用中，他经常试图利用教育社会学研究方法或理论解决法国现代社会变革中的种种社会危机与争论，当然这些研究或是教育实践，从一开始便是依据观察数据进行的，这正是实用主义使用数据推测社会发展方面的应用。在涂尔干的教育社会学研究语境中，基本找不到运用传统经验证据的案例。事实上，涂尔干自己也断言纯粹的经验推测只能存在于神话思维中，目前所使用的教育社会学研究与传统的教育学研究是两种根本不同的研究学说，它们之间并没有共同的起源，是采用两种不同的方法论对待与解决现实世界的路径。[①]涂尔干对实证数据的依赖，也引起了社会科学研究界的普遍争论。为此，涂尔干为他实证性质的解释进行了辩护，指出这不仅需要从智力上给予理解，还必须在理性主义视角下给予说明，这并不是一种简单数量形式在教育研究中的应用，但它仍然足以证明社会所需要的理解本质上也是对客观事实的把握与理解。对此，正如有学者指出："涂尔干认为可以客观地研究社会现象，而且当他说社会学必须把这些现象当作'事物'来对待的时候，他并不是说社会现象与物理'实体'是相同的，而是说在研究社会现象时必须排斥自然主义的偏见。"[②]这些论点表明，当时的批评者可能误解了涂尔干教育社会学研究中的理性概念。不得不承认，涂尔干教育社会学研究传统对社会文化与结构建设的分析与认识，特别是对教育功能与社会进程相互关系的理解，引发了数十年的教育学田野调查研究活动。所以，当涂尔干试图通过实证观察对教育与社会变革来进行阐释说明时，他即已放弃了传统教育学观念中的经验意识，他意识到教育社会学研究理论将是一个

[①] 在另外一方面，涂尔干也认为："……尽管各门学科在孤立地考察社会现象的不同范畴，事实上却为社会科学铺平了道路；社会科学正是从这些学科发展出来的。"引自：(法)埃米尔·涂尔干：《孟德斯鸠与卢梭》，李鲁宁等译，上海人民出版社，2003，第50页。可见，依据涂尔干的观点，教育社会学的研究在一定程度上也为社会学研究开拓了道路，这一基本原理应该同样适用于教育学与教育社会学之间的相互发展关系。

[②] 贺晓星：《涂尔干的实证主义与教育社会学》，《南京社会科学》2016年第1期，第141页。

特殊社会环境与历史时期的独特产物,虽然它的发展暂时还没有得到令人满意地回答,但若长期存在对教育社会学研究的认知缺失或误解,那么利用教育功能改进社会进程的过程就要放慢。

在涂尔干的学术著作和演讲中,广泛地使用与论述了实用主义在教育研究中的理论与实践,这不仅预示着实证研究不仅是教育社会学研究的一种理论模式,还是普遍认知教育与社会关系的基本学说。虽然涂尔干在教育社会学实证研究中并不十分关注实用主义理论在这一学说中的建构基础,但他始终使其处于一种与他个人独特的教育实践经验密切相关的状态,通过展示传统教育学与教育社会学研究相比较的差异分析,来捍卫教育社会学实证研究在法国现代社会中的教育影响力。因此,涂尔干的教育社会学研究传统,并不是建立在社会符号和思想基础上的产物,而是围绕着实用主义理论中个人主义经验密切构建起来的独立学说。对于涂尔干来说,教育社会学研究与传统教育学研究不存在共同的研究经验基础,他指出"教育学与教育科学有所不同"[1],经验在很大程度上反映了这门学说在参与社会秩序重建过程中的作用与影响。因此,传统教育经验仅在宏观层次为社会变革提供了参照性结论,但并不清楚社会变革的微观因素产生的影响与作用。[2]正如教育社会学者所理解的那样,很难想象传统教育学在分析社会反常与社会道德规范方面将产生怎样的不足。因此,教育社会学实证主义者强调重新思考教育失范现象与社会团结理论的必要性,这也突出地显示了涂尔干教育社会学研究批判传统教育学的一个维度。

可见,涂尔干教育社会学研究的实证传统,始终顽强地坚持着"教育活动的集体经验是理性思考的产物"这一基本原则,否认传统教育学研究的经验主义,这无疑是教育社会学研究在理性主义上的一次科学发现,体现了涂尔干实证主义认识论与价值观。涂尔干之所以被称为"教育社会学研究的实证主义者",也主要是因为这位教育社会学家愿意探讨在教育与社会研究中究竟什么是有价值的问题,并用自己的教育社会学研究实践分析了法国现代社会危机的根源。更

---

[1] (法)埃米尔·涂尔干:《道德教育》,陈光金等译,上海人民出版社,2001,第333页。
[2] 有学者指出:"(涂尔干)的《教育思想的演进》,有些地方过于笼统显得机械,但表现了将微观和宏观层面整合在一起的社会学分析乃为可能而且必要,在这一点上可以说意义独特。"引自:贺晓星:《涂尔干的实证主义与教育社会学》,《南京社会科学》2016年第1期,第137页。

重要的是，涂尔干和传统实证主义者都反对经验主义的先验论，他们都试图通过探究如何超越先验哲学的领域来认知教育活动和社会进程之间的关系。因此，强调教育社会学实证主义的研究传统，成为他们不约而同学术观点。在涂尔干教育社会学研究的职业生涯后期，欧洲学界开始普遍接受了这一学说，并将涂尔干与传统教育学研究者区别开来，这在一定程度上说明了教育社会学实证主义研究中的一些真理性传统被很好地保留了下来。所以说，19 至 20 世纪涂尔干教育社会学实证主义的研究传统在法国取得成功，是实证主义在解决法国现代社会危机过程中一次科学和理性权威的胜利[1]，它对具体的、多元的、改良的社会生活有着特殊的分析能力，它对法国教育学与社会学研究未来的学术走向也产生了巨大的影响，推动了传统教育学在经验主义立场上的转变。

---

[1] 涂尔干在《孟德斯鸠与卢梭》一书中，引用圣西门的观点指出："科学革命和政治革命无疑是交替出现的，他们相继形成，互为因果，而且他(圣西门)举例说明了这种交替出现的情况。"引自(法)埃米尔·涂尔干：《孟德斯鸠与卢梭》，李鲁宁等译，上海人民出版社，2003，第 228—229 页。对此涂尔干评价道："根据他(圣西门)的观点，恰恰是 16 世纪实证科学的确立，才决定了新教组织的出现，所以，才会在北欧，甚至整个欧洲发生政治转型。"引自(法)埃米尔·涂尔干：《孟德斯鸠与卢梭》，李鲁宁等译，上海人民出版社，2003，第 229 页。可见，涂尔干教育社会学实证研究的出现，在一定程度上也对法国社会危机产生了影响，其变化规律正如 16 世纪的实证科学与新教组织交替出现的现象类似。

第三节　教育社会学的知识论

涂尔干认为，教育社会学的知识体系，主要是用于研究与解释教育与社会现象中的冲突与问题，这一概念对于如何界定教育社会学的科学研究方法也具有积极的作用。在涂尔干看来，在一个多元的社会文化背景下，教育社会学的知识体系实际上就是教育与社会的现实反应。因此，在涂尔干教育社会学研究体系中，他尤其强调要对教育社会学知识体系进行概念化的研究与阐释，这不仅是社会学这一门学科发展的内在要求，其实也是考察教育事实的一面镜子。

要想真正理解教育社会学的知识体系，就必须对社会生活中的教育现象进行深刻的分析。然而，因为这些教育现象与社会生活紧密相关，常常是社会个人的意识主观反映，所以必须加以客观的研究，这就是涂尔干教育社会学知识体系构建的基本原则之一。教育社会学，作为一门以教育行为与社会活动为研究对象的独立学科，主要是解释隐藏在教育与社会生活关系之间背后的深层次问题，涂尔干关于这个学科最经典的工作是实证的理论研究，他的贡献在于逐渐使这个学科成为具有现代性意义的一门学问。然而，问题是依据传统哲学知识和教育知识构建起来的教育社会学研究，在涂尔干生活的现代社会历史时期已经不得不有所改变。因为，社会环境在不断变化，教育思想在不断演进，正如涂尔干所说："实际上，每一次教育方法体系的深刻转型，都会受到巨大的社会潮流的影响。"[1]于是，教育社会学研究的相关知识成了解决教育与社会问题最为关键的要素。在这样的历史背景下，涂尔干指出很少的社会学家和教育学家意识到知识体系已经成为学科研究与发展的潜在瓶颈，现代社会中教育社会学的学科概念究竟是什么？涂尔干认为现代教育社会学的科学知识必定来源于最普遍的教育学与社会学知识体系，但又有所不同，这种矛盾性正是涂尔干教育社会学知识论的核心。

---

[1]（法）埃米尔·涂尔干：《道德教育》，陈光金等译，上海人民出版社，2001，第361页。

在涂尔干看来,有关知识来源的问题讨论,属于现实主义的社会学研究范畴。在教育社会学的研究中,教育研究作为涂尔干时代的社会现实主义传统主流的社会科学,包括了社会学和教育学研究中对知识和真理的看法。随着这一理论的发展,教育社会学研究越来越强调"工具性"研究价值与意义。因此,必要的客观性知识成为对教育与社会问题研究的可靠预测的经验证据,成为社会现实主义研究方法中最为重要的维度。可以说,社会知识引发了对教育事实中"客观"问题的分析,这正是一个世纪前涂尔干创建教育社会学时所关注的内容。在社会知识体系中,能够区分"社会现实"的理论知识是最为重要的实证依据,无论是社会科学知识还是哲学知识。因此,无论是逻辑实证主义的教育社会学研究,还是经验主义的教育社会学研究,都可以被特定的历史语境和特定学科的界限内相应知识所定义,在某种意义上,教育社会学认识论的问题也就成了教育社会学知识论的问题。其中,社会现实主义理论认为知识系统的相关概念和方法所提供的经验探索也越来越专业,对教育问题的探讨也越来越具有深刻的研究意义。在这样的历史背景下,教育社会学的知识体系便成了"客观"的权威和专业的代表。对此,涂尔干认为,教育社会学研究的发展,必须建立起相对稳定的学科知识,来适应学科发展中不断变化的需求。

此外,依据教育社会学的知识体系,可以有效地识别教育社会学未来可能的发展趋势。首先,教育社会学中概念化的知识体系,在维护教育社会学的学科边界方面具有重要的作用与意义。其次,对于新知识的创造,可以确定教育社会学的起源与发展趋势,并通常占有主导地位,这是教育社会学中显性的知识。然而,无论是概念性的知识,还是新创造的知识,绝大多数的知识内容都是动态存在的,而非静态存在。虽然教育与社会都具有自身的边界,不是任意存在与运动的,但教育社会学概念及其研究则需要在新产生的知识体系中得到界定与阐释。社会科学,是一种对社会事物的客观性分析,而研究的科学价值正来源与这样的分析过程,因为"科学的首要任务就是像对待自身那样去描述实在"[1]。于是,涂尔干将这样的研究方法和对社会科学研究的本质认识看作教育社会学知识论构建的理论基础,并建议任何有关于教育社会学真理性的分析,都必须首先与

---

[1] (法)埃米尔·涂尔干:《孟德斯鸠与卢梭》,李鲁宁等译,上海人民出版社,2003,第8页。

其知识论相统一,这是整个教育社会学科学建设与发展过程中最为重要的因素,涂尔干的这一观点成为教育社会学知识论中最为核心的理论基础。

在教育社会学知识论中,客观性也常常被看作真实性,无论是教育问题的研究,还是社会问题研究,其研究结论的科学性都必须是唯一的,这种研究的唯一性正是由知识论的学科作用与价值所决定的。今天看来,涂尔干的教育社会学知识论,是一种积极的社会科学理论,因为它所揭示出来的社会科学研究方法,是建立在知识系统重建与创新的基础上的,而并非传统一成不变的知识体系。正因为如此,社会科学研究者对教育社会学知识论的研究充满了兴趣,但他们都过于依赖涂尔干所确立的标准,将教育社会学研究的知识体系看作教育问题在社会学知识体系中的现实反应与表现。因此,关于这一研究中的"真实性"就更多的具有了社会文化与环境的分析。为了丰富与扩大教育社会学知识论的意义与内涵,涂尔干将社会科学事实中的教育因素看作决定教育社会学知识体系的重要维度,认为这是获取真理性结论的重要因素。随后,涂尔干进一步细化了这一理论,以便能够从教育社会学的实践研究中抽取出必要科学知识。涂尔干的这一步研究非常谨慎,以免将所研究的现象误解为科学知识。当然,即使社会与教育关系直接反映了一定的科学知识,涂尔干此时也清楚地知道很难从这些科学知识中直接获得构建教育社会学的理论基础。因此,在涂尔干看来,教育社会学的知识体系是"神圣的",不仅是一种科学真理,还是教育社会学这门学科建设与发展的核心内容,若其这一知识体系得不到"科学性"的阐释,必定将阻碍教育社会学这门学科的进步与发展。

涂尔干对教育社会学知识体系的研究,严格遵照"科学性"的法则实施,他不仅清楚地明白什么是教育社会学知识体系的"科学性"与"客观性",还深入地分析了其中的逻辑与原则。为此,涂尔干构建了一套有关教育社会学知识体系的严密科学思想,而这一科学思想又具有明显的积极价值,甚至对今天的教育社会学发展也具有重要的启发意义。所以,涂尔干的教育社会学知识体系通常又被称为教育社会学的科学知识体系。因此,有学者评价:"涂尔干的教育社会学,是一种'科学'情结与'社会'情结有机关联的学问。"[1]涂尔干认为,在对教育社会学知识论的探讨与研究过程中,不能纠结于知识体系是否具有科学性这样的问

---

[1] 贺晓星:《涂尔干的实证主义与教育社会学》,《南京社会科学》2016年第1期,第140页。

题,而是必须想办法确定知识体系的科学性。"只有当一门实践科学依赖于既存的、无可辩驳的科学,并只作为这种科学的应用时,它才是可能的和合法的。的确,只有这样,我们能够从中推导出实践结果的理论观念才能具有一种科学的价值,人们才能把这种价值赋予我们由此引出的结论。"①涂尔干的这一观点提醒我们,在确定教育社会学知识体系科学性与作用方面,不能盲目地信赖社会环境和教育现象提供的社会证据。这就是说,在确定知识体系的科学性方面,我们必须依据教育社会学研究的内部客观性来做出正确的判断,但这样的观点并不是要忽视教育现象与社会生活的作用,而是试图展示在现代社会科学研究中教育社会学与知识体系的一种共生关系。

涂尔干强调,在教育社会学研究中,一旦忽略社会环境和历史背景,其知识体系便不再存在普遍性的真理。换句话说,教育社会学研究中知识体系的真理有效性,只可能来自知识体系本身内部的客观性,而这种客观性是由所研究社会对象历史与社会环境因素所决定的,知识体系的真理标准正是由这一教育活动和社会环境所决定的。可以说,教育社会学知识论是涂尔干重要的社会学理论之一,它具有一定的哲学基础,也有学者曾质疑这一知识理论的科学性,但涂尔干认为:"知识体系的功能其实就是科学性的体现,教育社会学研究中的'实证主义'正是知识体系构建的科学基础。"②事实上,涂尔干对教育社会学知识论点科学性解释,可能反而会招致更多的误读,但涂尔干坚信教育社会学知识论的科学性并不是体现在这些文字游戏之中,之所以产生类似的误读,是因为我们对科学性的评价与参考还没有独立统一的标准。另一方面,历史已经证明,涂尔干对教育社会学知识论这一思想的阐发,已经对教育学与社会学研究产生了根本性的变化,在他早期的教育社会学研究作品中,便已经始终坚持这一立场,并认为对教育社会学知识论的科学性分析,将是指导教育社会行动与研究的基本原则,这甚至成为传统教育社会学研究与现代社会学研究的重要分水岭,涂尔干所做出的贡献,正在于将教育社会学知识论引入科学研究与分析的范式中,这在一定程度上说明早期的涂尔干教育社会学知识论分析,是一个可以从社会学角度揭示了教育利益的研究,其中的相关知识创造,并不是社会意识形态研究的结

---

① (法)埃米尔·涂尔干:《道德教育》,陈光金等译,上海人民出版社,2001,第335页。
② Michael Young, Johan Muller, Three Educational Scenarios for the Future: lessons from the sociology of knowledge, *European Journal of Education*, Vol. 45, No. 1, 2010, Part I, p.15.

果,而是科学判断后生成的知识体系。

如果教育社会学研究要想成为真正的科学,就必须严格尊崇涂尔干对其知识体系所进行的实证主义认识论检验,这其实是社会学"现代性"的科学本质思想[1]。涂尔干之所以强调教育社会学知识论的科学性,无非是希望为社会学研究视角下的教育问题讨论制定一整套严密的科学规则,以便容易在社会学研究范畴中进行研究分析。历史事实证明,涂尔干为教育社会学发展所制定的路径是非常必要和正确的,其知识论科学性的讨论解决了该学科发展过程中的大部分矛盾与逻辑混乱的问题,并使得研究角度更能体现出现代性,适应于现代社会中教育现象与社会问题的科学分析。为此,涂尔干在其大部分的学术生涯中不断阐发研究,旨在维护这一理论的科学基础,多次强调实证主义方法论在这一过程中的意义与价值,以至于他后期的教育社会学研究思想体现出强烈的科学真理特性,这显然与他早期的思维逻辑密不可分。

可见,是涂尔干为教育社会学研究带来实证主义,并将天真的经验主义哲学弃之门外。从此,在教育社会学研究中,人们普遍接受采用实证主义的科学研究方法开展教育社会学研究,这是一种所谓的经验主义认识论,它的研究重点是利用实证科学的研究方法验证发生在社会生活中的教育问题。可见,作为社会科学研究的教育社会学,想要具有科学性,就必须能够获得可以直接观察到的经验结论,并由此形成知识体系。后来,教育社会学的这种实证主义研究方法,越来越依赖于"社会"和"教育表象"的概念阐释,将研究过程中的真实性看作知识体系中更为重要的事物,这就是早期的教育社会学经验主义所强调的知识体系。所以说,涂尔干在教育社会学研究中引进了经典的社会学研究方法,实现了教育社会学研究的新突破,开创了基于客观知识系统的教育社会学研究新视角。

在涂尔干积极创建了教育社会学知识论体系后,他也因此被称为社会科学研究领域的科学家,传统的实证主义取向因涂尔干教育社会学的创立与发展而重新焕发了生机。事实上,涂尔干在教育社会领域中有关知识系统的构建,清楚

---

[1] 对此,有学者明确指出:"这样看来,涂尔干所说的'理性'其实就是'科学'的代名词,而实证方法则是贯彻'理性'原则的必然要求。"引自:王林平:《涂尔干实证思想的内涵》,《学术交流》2009年第7期,第143页。

地表明他不仅是社会科学研究中的唯意志论者,同时也是教育社会学实证主义研究者。然而,有学者却对此提出质疑,认为涂尔干从未遵循实证研究的标准对教育现象进社会理性的研究,所以说他并不是一个实证主义者。事实上,这样的评价显得有失公允,且缺乏对涂尔干教育社会学采用科学态度的认识与考察。当然,对于不同类型的社会,会有相应的不同的教育系统。如果从知识系统的科学视角分析,就会发现教育社会学的研究更加接近认知相对主义。也就是说,涂尔干对教育社会学对知识论的分析,使这一学科研究拥有了人类理性价值的认知论基础,但因为社会类型的相对主义系统存在,使得教育社会学的研究本身只有在特定的社会类型中才具有效性,这是涂尔干有关教育社会学知识论最现实的科学表述。一些社会学家将这样的科学表述看作涂尔干对自身教育社会学科学研究的信仰表达,但随着时间的推移和社会现实的变化,这种知识论相对相对主义观点出现了许多争议性的推论,如没有人类理性价值的知识还是科学的吗?教育社会学的研究真理究竟是绝对有效还是相对有效?然而,关于这个问题的讨论,始终没有一个统一的标准,即使被认为是最经典的理论,其科学性也受到了质疑与挑战,涂尔干也清楚地知道:"今天推崇备至的科学和批判精神,在很长时期里都受到了人们的质疑。"[1]所以说,教育社会学研究中的知识论起源及其真理性探讨,一直是人们最为感兴趣和津津乐道的问题,也就是不足为怪的事情了。

然而,对于这个问题的讨论,涂尔干是教育社会学研究中知识论的相对主义者,因为从他的学术著作和观点中可以看出他的观点往往指向这一点。他认为对教育社会学进行研究时,必须先对其知识系统进行相对主义的假设,无论是教育现象还是社会问题,都存在社会文化差异所带来的相对特征与问题。为了清楚地了解与区分这些差异,就必须采用相对主义的思想对其逻辑进行数据验证,当这些数据验证能够随着社会相对差异变化并接近科学性时,教育社会学在不同社会体系中的知识逻辑便会显现出来。为此,涂尔干指出,在教育社会学研究领域,其科学性也有可能随着社会特性的变化使其知识系统的变化被认为是"真实的"。可见,按照涂尔干的观点,教育社会学研究中的知识论具有日益多样的真实性,显然今天的真理成为明天的错误也因此有可能是千真万确的真理

---

[1] (法)埃米尔·涂尔干:《道德教育》,陈光金等译,上海人民出版社,2001,第357页。

性结论。

在教育社会学研究中,涂尔干遵循知识论相对主义的论点,说明社会教育及文化差异是根植于社会结构差异的真实表现,从一个教育历史时刻到另一个教育历史时刻转变,或是从一个社会事件到另外一个社会事件的转变。涂尔干对待教育社会学研究的态度更像是一位"知识决定论者"。相比之下,传统的教育社会学理想主义,在某种程度上认为这些变化的规则与逻辑似乎还无法统治我们对科学实证的认识,他们更多的是依靠历史因素来判断其科学性,而非社会性。对此,涂尔干对这些科学性的界定与社会形态密切相关性做了更深入与细致的解释,并将这种思想系统的功能和影响进行了阐释,依靠历史因素来判断科学性的做法是反对现实主义的,无法为教育社会学知识论提供科学的基本定义和相应的概念。无论是教育社会学的现实世界还是知识系统中所描绘的科学世界,涂尔干始终坚信教育社会学与知识系统中存在客观的因果关系,这意味着社会教育的真理性描述将根据不同的社会形态独立存在。

然而,并不是所有的教育社会学知识论相对主义者都赞同涂尔干的这一解释。因为,对于教育社会学知识论来说,所有的教育社会学知识是有机整体,是社会教育现实的真实反映,即真理,其有效性和客观性可以通过一系列的评估标准的验证获得,这正是教育社会学知识论的主要特征。对此,涂尔干认为跨文化的社会差异可能源于知识或真理的差异,故从知识和真理的倾向来看,它显然比其他观点更为"真实",这就再次证明了涂尔干的教育社会学研究知识论存在的科学性与合理性。为此,涂尔干经常强调教育社会学研究与知识论之间的明显联系,尤其认为现代科学知识是教育社会学研究中重大的科学概念与依据,据说这是帮助其他社会学家走出教育社会学研究知识论误区的重要观点。可见,涂尔干在对教育社会学研究科学性进行论证时,为自己找到了一个非常好的视角,这使得知识论与教育社会学研究的科学性密切联系在了一起,也逐渐使自己的教育社会学研究理论与其他教育社会学家的理论分析有所差异。

可以说,科学性曾经是教育社会学研究所不曾关注的问题,那些从事教育社会学研究的人员,实际上很少考虑到将科学知识与教育社会学放在一起做系统性分析。对此,涂尔干认为,现代科学知识一旦脱离独特的教育社会环境和历史根源,将难以在科学领域产生与发展,也难以注意到科学知识系统之间的明显差异,教育社会学研究中唯一的科学性,仅能在社会结构的分析上得出,因为"只有当一门学科具有明确的探索领域时,才能被称为科学"[①]。所以,教育与社会的科学现实必须以现代科学背景下的知识系统为内容,因为这是问题的关键所在,而现代科学知识也由此在教育社会学研究中能够取得比之前更大的精确性和普遍性。也就是说,大多数的教育社会学知识论,其科学性都是植根于社会组织和文化差异的土壤中加以甄别获得的,并相互作用。

在涂尔干一系列的关于教育社会学知识论的讲座中,实用主义者哲学都占有明显的地位,涂尔干发展教育社会学知识论真理和概念的努力,因为具有特定的标准存在,其知识论本身的真理性并不是特定于一个社会系统之中。科学研究的目的,就是为了提供经验事实,这些观点曾经在涂尔干的讲座中多次被提到,虽然这是一个简短的总结,但这是涂尔干对教育科学的社会学研究的独特理解。此外,涂尔干还是一名教育研究与社会分析的"实用主义者",所以这个教育社会学的知识体系并不是一成不变,只要人类社会中的教育环境有所变化,对现代科学中教育社会学的研究就不再是任意构建社会历史,这正是涂尔干相对主义与实证主义在教育社会学研究中科学性的基本保障。因此,采用实证主义的研究方法去探索涂尔干教育社会学与知识论的相互关系,其实也是实用主义者的一个重要展现。所以说,对科学的本质特别感兴趣的教育社会学家,也往往会对教育社会学的知识论产生兴致与依赖,涂尔干教育社会学研究中所提出的有关知识论的关键问题便是如何将现代科学知识纳入社会结构的信仰和思维模式之中。为了在这一问题的现实和表象之间进行调和,涂尔干力求在一定程度上对"真实"的教育社会学知识体系进行描述,论证产生于控制教育社会学知识体系的各项社会因素。这期间,他对那些针对自己的批评似乎感到并不满意,认为是社会结构决定了这门学科的知识体系与思想,阻碍他这一工作的障碍只可能是无法准确地找到客观知识和科学真理在"现实世界"中表现方式与内容,而并不是人们对他及其学说的批评。

因此,从社会组织的角度看,教育社会学的科学知识无不是科学事实和理论

[①] (法)埃米尔·涂尔干:《孟德斯鸠与卢梭》,李鲁宁等译,上海人民出版社,2003,第4页。

在现实社会中的反应,是一种人为的社会结构模式的教育反应。其他几位与涂尔干观点一致的教育社会学家,也看到了对社会结构与知识体系相互关系进行分析必要性,以便实现教育社会学真正的科学知识内容的系统性考察。当时,涂尔干自己也承认他提供了一个教育社会学知识论的解释思想和逻辑,但是在之后的研究过程中涂尔干逐渐修改了他这一理论的许多细节,以便能将其科学知识从分析性思考中移除。涂尔干之所以这样做,主要是为了采取措施积极避免出现一个与真正的科学知识体系完全相对的立场,如天文学、物理学、生物学等是建立在对自然世界客观事实可观察的基础上,因此科学知识决不能用偶然性的观念和现象来替代。相反,应该是用偶然性的观念和现象来体现其中所固有的属性。[1]所以说,涂尔干教育社会学知识论的基本原则,在某种程度上,是具有真正科学性意义与价值的,因为它是独立于社会环境的实证考察,能够得出相对客观的研究结论。在涂尔干看来,教育社会学知识论的这种客观性,因体现着科学真理性而具有"神圣"的意义。可以说,对涂尔干教育社会学知识论的客观性解释,体现了这门学科研究的基本特性,说明即便是偶然性十分频繁的教育与社会问题研究,也没有限制涂尔干对科学的关注与追求。从这一点意义上来说,涂尔干本人应该十分清楚真理和"客观"性的解释对教育社会学研究知识体系的实践价值与意义,作为一个坚定的理性主义者,他在此时表现出了不屈服于相对主义诱惑的决心与信心。所以说,我们可以认为是涂尔干确立了教育社会学知识论的科学思想,并成为他所生活的那个时代唯一解决教育与社会实际问题最有效的思想形式,这也被视为是实证主义学说的起源。今天,当我们再次讨论涂尔干教育社会学研究中有关科学的实证主义概念时,我们不会再把社会科学研究简单地理解为是一种客观知识的分析,而是必须把知识体系与科学过程密切联系起来的一种理性主义态度。

也有学者认为涂尔干教育社会学知识论的实证主义使他看不到社会文化的局限性和历史的特定作用,这导致了其基本的理论假设是建立在社会环境的外

---

[1] 涂尔干在《孟德斯鸠与卢梭》中指出:"(孟德斯鸠)不承认社会是随意组织起来的,也不承认社会历史取决于偶然事件。"引自:(法)埃米尔·涂尔干:《孟德斯鸠与卢梭》,李鲁宁等译,上海:上海人民出版社,2003年版,第56—57页。对此,涂尔干对孟德斯鸠的这一存在于经验世界之中的理念逻辑给予了反驳与校正。

部现实基础上的,而不非是建立在科学假设之上。对此,涂尔干并不赞同,认为这是完全武断的评价。因为涂尔干教育社会学研究的知识论,是试图展示社会组织及其逻辑结构在现代科学领域中的应用,它拒绝在对待社会文化和历史背景时采用普遍真理的判定标准,主张真理的有效性不在于它的社会对应关系和特定的历史环境,而应该仅是以客观现实为依据的判断。因此,涂尔干被看作是"泛相对主义者"的教育社会学家,"真理"对他来说便成了一个在特定的社会与历史环境中发挥作用的东西,而且确实存在。对此,涂尔干认为,试图去超越这种知识论的有限性和有效性概念,其实对他及其学说的发展来说并没有多大意义,因为这并不是判断教育社会学知识论科学真理性的唯一标准,每个社会在严格的逻辑中都会对其做出本质上并不同的概念阐释。

可见,涂尔干教育社会学知识论的本质,是一种相对主义的表现,得到了教育社会学研究者的普遍关注。在这个问题上,涂尔干所表现出来的认知倾向,使得越来越多的人质疑涂尔干是否相信科学知识的客观有效性,并指出涂尔干教育社会学研究知识论带着深刻的相对性痕迹,这似乎暗示崇尚实证主义的涂尔干很可能相信知识是先验社会的一种起源因素,所以他常常天真地依赖官方数据来解释教育社会学研究背后的客观现实,科学知识便只是他教育社会学研究理论中所强调的社会结构文化。也就是说,涂尔干接受还是拒绝这种知识论的相对主义,完全取决于他认为真理性主张是否具有社会性和历史性,他又是否能够接受客观真理的"现实本身"等一系列的问题,最终使得人们对他到底是不是一个实证主义者的质疑程度大大加深。

事实上,教育社会学研究中知识论的科学原则是满足社会教育行为需要,并将这种教育行为需要对应到实际的教育世界中去。对于涂尔干来说,知识真理和教育社会学的科学性是在研究实践中获得的,如果出现无法满足社会教育行为需要的知识系统,这可能会被看作一个错误的尝试。对此,涂尔干强调:"既然实证精神激发了天文学和物理、化学等科学,就必须把实证精神扩展到人和社会,从而重新确立和在新的基础上确立与这种双重目标相关的人类知识体系。"[1]可见,涂尔干教育社会学知识论的这个结论,认为社会是知识真理的源泉,这正

---

[1] (法)埃米尔·涂尔干:《孟德斯鸠与卢梭》,李鲁宁等译,上海人民出版社,2003,第235页。

是实用主义在教育社会学研究中的核心价值体现。所有这一切都让我们相信，涂尔干对教育社会学知识论的真理讨论是可变的，现实的"真实"其实仅在表示不同社会和文化背景时具有客观的价值与意义，即知识真理不是一个可以复制的社会现实表达，但知识真理并不仅局限于反映社会现实，它还直接反映着我们的教育实践经验知识。所以，对涂尔干教育社会学研究知识论的误解，很可能就是源于科学真理太过社会化这一社会现实所造成的。

第四节　教育社会学研究法

尽管涂尔干一直试图打破哲学的研究范式,力求找到一个科学而独特的社会学研究方式,但哲学性的研究方法仍是教育社会学研究中的一个重要方法。对于涂尔干来说,构建教育社会学研究方法体系,实际上就是重新建立教育学与社会学的学术研究理念与规范。

虽然有学者认为涂尔干的教育社会学研究方法的规则时常令人感到非常费解,且涉及关键术语时,如"社会教育事实"等内容的研究时,研究方法的复杂性对该术语含义分析也难免引发争论。为此,涂尔干总结道,教育社会学研究方法,在一定意义上,其基本研究规则仍然是社会学的方法论。那么,在教育社会学研究方法中,究竟有没有不完全等同于社会学研究方法的情况呢?也就是说,教育社会学研究方法是否有与社会学研究方法存在差异的地方?如果这一研究规则是神秘的,至少应该有一些强制性和标准化的研究路径存在。对此,涂尔干认为,教育社会学研究方法是在哲学假设上的一种研究设计,它通常并不是一个特殊研究规则。涂尔干并没有费心去证明或提供教育社会学研究方法定义和规则,因为,他认为"如果规则还没有得到经验的验证,就不可能单纯根据理性确立它的效用。特别是在不同于艺术的科学中,推理的作用只能是次要的,至少当我们处理现实问题而不是数学中那种抽象观念时"[1]。虽然教育社会学研究方法并非与哲学本身一样古老,但在19世纪形成时还是继承了一些古老的独特方法论,这是一种以实证方法为主要特征的方法论。其中,传统而古老的方法论中有关概念定义的研究方式是涂尔干教育社会学研究方法的重要内容之一,但这种研究方法实际上是一种修辞策略,这在法国是一种古老的学术哲学研究方

---

[1] (法)埃米尔·涂尔干:《孟德斯鸠与卢梭》,李鲁宁等译,上海人民出版社,2003,第45页。

式。因此,对研究概念进行定义,就是一个探析其哲学含义的科学过程,涂尔干认为这一研究方法对教育社会学研究来说,无疑是一种完全科学的社会科学研究方法,它同时允许对研究概念的理论进行逻辑性和科学性的更为广泛的社会性研究,并能凭此保障研究的科学性。

可以说,要想对教育社会学研究的概念进行哲学与社会学的研究,就首先必须理解这一方法论和修辞学的定义规则。为此,涂尔干给出了概念定义哲学术语研究的理论框架,并对理论定义在学术传统方面进行了必要的描述。历史事实证明,涂尔干的这一努力取得了部分成功,教育社会学的概念定义研究方法被普遍接受,成为社会学研究中较为有影响力的研究方法。19世纪,涂尔干使用这一研究方法,对当时的法国教育体系进行了分析研究,比如他对"知识领域"等概念进行了分析研究。在经过实证调查研究后,涂尔干发现这一研究方法比任何其他研究规则都更加容易掌握,这使得概念的相关研究在教育社会学研究中变得顺其自然。

在涂尔干看来,成功的教育社会学研究方法可以将多元化的研究方式内化为自身的规则,并演变成为自身研究方法的第二特性。事实上,对于术语的研究方法来说,更多地采用类似"战略""规则"的研究方式。在这个意义上,涂尔干的教育社会学许多研究元素包括了学术概念和定义的分析,这使得一个具体学术概念的研究更适用于教育社会学本身的研究要求,即允许有概念解释性的偏见存在。这一研究方法极大地开放了教育社会学学术概念的研究维度。虽然,涂尔干坚持认为学术概念的科学研究通常情况下并不是简单的一组事实、方法和原则分析,它的研究很可能更多的与社会及其文化的影响相关联。然而,不幸的是,通过概念定义中寻求科学理性的这种研究范式,并不是教育社会学研究方法中的一次科学革命。也就是说,某些情况下因缺乏一个结论性的理性判断,很多教育社会学研究中的概念定义并不是令人信服的,或许其中的研究困难是根本就不可能对研究概念做出最科学的分析与阐释。

19世纪的法国,学术哲学研究方法的探讨已高度成熟,实证主义的研究方法已逐渐开始在整个教育社会学研究中普遍被接受和使用,其研究的重要性逐渐显露。此时,在涂尔干的学术讲座中,他将教育社会学研究方法看作最为可靠的社会学研究途径。在涂尔干看来,教育社会学的研究方法,不仅标志着这门社会科学的本质属性,也在一定意义上意味着这门社会科学研究的一个重要特征,具有自身独特的研究方法与思路,对这门学科的发展显然是适当与必要的。虽然,多数情况下,教育社会学的研究方法在阐释教育概念或是现象时,还时常存在或会产生一些有争议的问题,但因为这一研究方法旨在捕获对教育概念及其现象最本质问题的分析,因此或多或少会忽略对这一研究方法性质定义的不同意见,甚至是小心翼翼地避免产生对教育社会学研究方法的定义进行最终界定,这就是为什么涂尔干认为教育社会学研究法的定义是一个科学定义的理解,并能够使得这一研究方法在归纳和演绎科学的基础上构建并完善起来。当教育研究法定义及其使用变得十分注重实证哲学与实践时,它便不再仅仅是亚里士多德学院派哲学家们所惯用的研究方法了。在这一研究方法中,虽然通常没有具体的研究规制,但它却代表着现代理性主义研究方法在教育研究中的运用,尤其是包含大量的实证分析与讨论。

鉴于这种教育社会学研究方法在当时法国教育研究中应用的广泛性,它在分析法国教育现象与问题过程中发挥了重要作用。相反,考虑到传统教育研究中经验分析的局限与困境,这种更加接近于自然科学的教育研究哲学很快成为"事实科学"的教育研究而备受推崇也就不足为奇了。涂尔干的教育社会学研究方法,注重采用实证研究的手段对特定社会环境中的教育现象性质进行分析,研究过程完全遵循实证科学的思想方法。毫无疑问,涂尔干所倡导的教育社会学研究方法,并不是传统研究方法对教育现象及其问题的一般性见解和讨论,而是在继承奥古斯特、孔德、斯图亚特·密尔、赫伯特等人实证哲学思想后采用实证主义解决教育现实问题的一种全新研究方法与思路,正是涂尔干通过这样的科学研究过程强化了教育社会学的学科地位与研究结论的可靠性。[1]同时,涂尔干认为:"从某一角度来考察的教育现象,可以成为一门学科的对象,而且这门学科也可以具有其他学科所拥有的一切特点。"可以说,科学方法在教育社会学

---

[1] 有学者指出:"孔德认为,人类理性已经步入实证阶段,那么无论是人类精神还是政治体系,也都必须以实证阶段为前提。"引自:李英飞:《涂尔干早期社会理论中的"社会"概念》,《社会》2013年第6期,第10页。

研究中的应用,成为当时涂尔干最为注重的原则之一。[1]因为涂尔干相信,唯有一个有说服力的研究过程与结论,才有可能成为学科发展和社会普遍接受的根源,这便离不开科学定义研究过程与结论的重要过程,如采用自然科学的方法研究道德问题与自杀问题等,这样的研究必须尊重严密的科学逻辑。可以说,涂尔干所阐发与定义的教育社会学研究方法,并不是简单性的传统哲学与现代科学在教育研究中的差异,而是一个追求纯粹的科学论证过程的研究转变。因此,涂尔干认为:"很显然,所谓教育学理论完全是另一种类型的思辨。的确,它们既不追求同样的目的,也不使用同样的方法。它们的目的不是去描述和解释'是'或'曾是',而是确定'应是'。"[2]虽然我们并无法找到准确明晰的证据直接说明涂尔干教育社会学采用科学论证的原始意图,但我们至少可以清楚地看到涂尔干选择在教育研究中推进科学社会学研究方法的基础思路与决心。

自涂尔干始,教育社会学研究方法的规则第一次出现实证化与程序化的特征,这是一个根本性的研究转变。涂尔干的这一选择,迅速吸引了众多的教育社会学研究者,科学性的教育社会学也逐渐构建和发展起来,这成为涂尔干在教育与社会学研究领域中的重要贡献之一,并确立了涂尔干在教育社会学研究中的地位。为此,曾经很多怀疑教育社会学研究科学性的人,也都越来越赞同与支持涂尔干这一研究观点与主张。直到现在,教育社会学家也很少再考虑采用描述和定义的方法来对教育现象与问题进行事实分析与论证,实证研究的规则与方法已深入人心,针对教育事实的实证考察与分析才是教育社会学研究采用的主要手段,这是将教育问题视为人类科学进行研究的结果。然而,涂尔干并不是极端的实证主义的教育社会学家,他也从不费心去批判传统教育社会学研究方法的哲学理论。[3]之所以如此,其原因很简单,主要是因为大多数传统的教育社会学研究者否认教育与社会学研究的基本前提是教育事实与社会生活可以根据自然科学的方法进行研究,而其他教育社会学家至少试图使用科学方法论来阐释与分析教育事实与社会生活。

---

[1](法)埃米尔·涂尔干:《道德教育》,陈光金等译,上海人民出版社,2001,第327页。
[2](法)埃米尔·涂尔干:《道德教育》,陈光金等译,上海人民出版社,2001,第333页。
[3]Ionut Bulgaru, "Emile Durkheim's sociological thinking evolution from a pedagogical perspective," *Procedia—Social and Behavioral Sciences*, 2013, p.264.

涂尔干认为,教育社会学研究方法中最直接的规则是"理性主义",并明确声明这与自然科学研究中的唯物主义或实证主义概念及意义并不相同。因此,涂尔干甚至认为教育社会学事实上是一种理性主义教育社会学,这一观点这似乎可以同时被哲学家和科学家所接受,因为哲学本身具有一定的科学逻辑特征,哲学家显然不会对不具有学科威胁性的这一社会学研究产生太多的排斥。即便如此,涂尔干最终还是将教育社会学看作"独立于任何哲学"的一门学科研究。哲学仅是在解放教育与社会学研究思想过程中具有明显的现实作用,这在一定意义上也说明了哲学研究与教育社会学研究直接的相互关系。然而,究竟什么是涂尔干所谓的教育事实与社会生活呢?纷繁复杂的教育现象与社会生活中究竟哪些特性的问题是可以被自然科学研究方法所论证的呢?这些疑问,成为涂尔干教育社会学学术研究及其实践哲学讨论的核心问题。他甚至认为从一开始,教育社会学就是一个自然科学,因此他采用实证的原则进行研究与分析,而不仅是基于理性的定义分析与阐述。这样做的结果,使得教育问题和社会现象之间的关系更加具体与密切,孤立的教育现象与社会生活分析由此得到了彻底的改善。涂尔干之所以对教育社会学进行科学研究,是因为社会现象其实是一种集体现象的特定表现,对其进行规则的事实观察与论证,这正是实践社会科学研究的出发点与基本原则,这并不是一种新奇的科学哲学主张,因为实证考察是教育事实与社会活动研究的绝对核心,它能够较好地确保研究对象是事件而并非简单化的概念。这个话题,在哲学科学方法论研究范围内产生了广泛讨论,涂尔干为此断言,将教育社会学研究放置在科学的开端,它虽不可能在教育事实与社会生活的相关问题分析中即刻找到本质答案,但它可以就此建立彼此联系,并在科学足够先进的时候寻找到一些外部迹象,实现研究目标,这是一种自然的研究方式,这也是科学研究的目标,无可争辩。

教育社会学研究作为社会学研究的一个分支是神圣的,因为涂尔干对挖掘教育现象与社会生活最本质的实证研究尝试,对教育与社会关系的阐释在当时是具有明显的先进性的。在这一研究过程中,涂尔干并不祈求能够通过快捷的方法实现这一研究或是找到答案,相反他强调对研究事物的完整分析与把握,并尽可能地论证教育与社会关系之间的内在逻辑,他始终坚信教育事实和社会生活之间绝不是一个单一存在的客观现实,而是具有密切而复杂的有机联系关系,以至于必须采用不同的实证观点来对教育与社会问题做出进一步思考。并且，涂尔干的社会学实证研究的经验使他始终坚定这一学术理念，并成为他构建教育社会学研究理论框架的一个基本原则。此外，涂尔干认为，自然科学研究的逻辑目标是客观事实，所以在教育社会学研究中的那些初步经验仅是基于外部特征的探索与认知，并不是所研究事物的本质特征。因此，他强调为教育社会学研究创建一套严密的科学规则就显得十分必要，这同时也是哲学研究领域所做的事情。事实上，在这一过程中，许多毕业于哲学专业的学者，也纷纷被涂尔干的这一研究理念所吸引而加入教育社会学的研究与讨论中，然而他们的工作由此也通常被认为是社会哲学的科学研究。从这一点来看，涂尔干无疑是一位独立思想者，也是一位极具影响力的教育社会学家。

可以说，遵循涂尔干教育社会学研究方法的基本原则，使用概率方法对教育事实与社会活动进行确定性的研究，是一种实证主义的哲学立场，大多数教育社会学的研究者几乎都同意涂尔干对教育社会学研究方法原则的这一定义，这对创建一个科学的教育社会学研究学科具有重要的意义，是最为重要的一步。在此，需要强调的是，涂尔干教育社会学的研究，事实上是一种旨在使用教育社会学的方法来解释科学事实的研究，这在当时看来是一种真正的社会科学研究，它绝对是必要的。首先，在这一研究过程中，有关教育与社会关系的事实变成了可以被量化分析的研究对象，并能够在错综复杂的社会生活中确定教育事实的本质，获得研究结论的确定性与科学推理，由此定义教育事实与社会生活之间的现实关系。其次，因为受教育对象人类属于群体性概念的社会事实，所以在研究教育问题之前，应该先分析社会现实。基于此，越来越多的学者赞同涂尔干将教育社会学从社会学研究中区分出来的做法，并支持他对教育社会学研究所做的科学方法论创新与实践。也就是说，涂尔干教育社会学研究方法的存在，不仅帮助这一研究找到了学科所属的基本逻辑，还使得这一研究具备了区别于其他社会科学研究的独立性。

然而，也有学者对涂尔干在教育社会学研究方法上所做的努力并不满意，认为他的这一创新与开拓还远远不够，认为涂尔干很可能将教育社会学研究推到了一个极端的实证研究境地，虽然他的研究方法非常有利于解救原有教育社会学的研究困境，但从心理学的视角来看，对教育事实和社会生活的本质考察却又几乎是不可能的，因为教育事实与社会生活的关系有的时候是难以被觉察的,就好像看不见的空气,只能凭借想象对其进行思考,难以量化分析。然而,涂尔干认为:"即使个体的心灵对我们来说不再神秘,即使心理学会成为一门真正的科学,它也无法告诉教育者他应该追求什么样的目标。唯有社会学才能够通过把这种目标与其所依赖和表达的社会条件联系起来,帮助我们去理解这一目标,并在混乱不清的公共良知不再知道教育的目标究竟是什么的时候,帮助我们发现这一目标。"①但是,几乎所有持批评意见的学者仍然一致认为,涂尔干在教育学研究和社会学研究之间做出的这一杰出的方法论创新,在自然界中的研究实践必将困难重重,难以分辨教育与社会之间的复杂关系。什么是教育?什么是教育社会学研究中纯粹的集体事实?什么是教育事实与社会生活之间的客观连续性存在?什么又是教育事实与社会生活关系中被迫分裂的地方?这些问题的研究与回答,在这些批评者看来,都并不是涂尔干"理性研究"所能轻易解决的问题,因为科学与传统的区别并不是一种简单的数量分布差异,很难采用数量或视图的方式进行探究。相反,涂尔干则认为,教育社会学研究能够走得更远,因为这一研究的科学假设具有其独特的观点,虽然还总是或多或少的保留着传统的研究思路,但从科学研究的定义和逻辑来看,这门学科对研究对象的表达是科学知识现象的一种阐释,它是在探索研究结论可能性的同时充分使研究过程概念化的一种尝试,合理的科学观察正是区分传统思想研究和现实本质论证的根本所在。关于这一问题的讨论,许多批评者还举出了特殊的教育社会事实加以反驳,对涂尔干教育社会学研究方法的形式和内容提出质疑,认为涂尔干对教育社会学研究方法的阐释还是不够清楚和充分,且存在内容不准确和不完整的现象。但是,严格来讲,考察教育活动中的社会事实如果是教育社会学研究中的本能或习惯性的行为,那这也绝不是一个简单的改变,因为能够将教育问题视作社会事实的一部分加以实证研究,那些作为先验经验的社会事实推理相比较而言就显得过于模糊且缺乏透明度。换句话说,涂尔干之所以认为教育社会学研究中的先验推理不是实证调查,并不是想强调一个简单而直接的观测数据,而是旨在探索或论证一个新的科学事实的存在,这一研究具有一种强烈的内部特性,并彻底反对传统研究中的形而上学,将一些实体的"教育与社会"关系中具有普遍性和个性的事实研究与"偶然"的社会事实区别开来,这促进了教育社会学对教育与社会事实本质的研究进程,是教育社会学研究"真正

---

① (法)埃米尔·涂尔干:《道德教育》,陈光金等译,上海人民出版社,2001,第358页。

独特的特征"。对于这一研究方法,涂尔干认为明显很有效,毕竟这与传统的经验分析性质不同,他甚至声称这种探究事实本质的社会科学实证方法能够考察某些心理态度,并可以体现这一学科研究中的真理性特征,使得客观性研究成为社会科学研究领域中的竞争性体现,这一观点最后也说服了许多批评者,从这个意义上说,涂尔干对教育社会学研究方法的阐释至少是部分成功的。

在运用教育社会学研究方法过程中,涂尔干非常重视在事实研究中技术使用与理论相结合的方法,这样的研究方法论取向说明在一定程度上更注重教育事实与社会生活之间的因果关系探究,是涂尔干教育社会学整体科学哲学思路的核心内容。虽然这样的研究方法很可能会加强涂尔干作为一位理性主义者和实证主义者的研究地位,有助于解释涂尔干是如何描述教育社会学研究方法论的基本概念,但也容易使涂尔干由此招致理想主义的指控。事实上,涂尔干自己也承认由此导致了这场学术纠纷,不仅在关于教育社会学发展与改革的建议方面,更重要的是在传统学术的研究法方面使涂尔干成为有别于其他研究者的思想家,并和他们成为竞争的对手。作为教育社会学实证研究的开拓者,涂尔干很难一时摆脱复杂的学术传统,甚至时常直接受到它们的威胁与挑战。在这个问题上,涂尔干的研究方法常常被看作充满偏见和选择性的认识,并进一步发展成为关于教育社会学研究方法的思想争论。为了更好地理解涂尔干的教育社会学研究方法,我们显然不能轻易接受那些对涂尔干及其学说吹毛求疵的批评,应该回归到教育社会学作为科学研究的理论本质和功能方面进行讨论。支持者解释说,教育社会学的实证研究方法,可以测试与观察事实的虚假,并能够预测未来类似事件发生的概率与情况,这种证明感应该是强烈且不言而喻的。

一般来说,教育社会学研究方法的科学理论和逻辑上的实证能力,是涂尔干对该学科研究的重要贡献,因此我们在讨论教育社会学研究方法论的时候显然不能忽略这个问题,涂尔干的论点虽然在当时无法令人所有人信服,单从历史上看,传统研究方法与思路在解决教育与社会关系等问题方面所存在的困扰更大。因为涂尔干教育社会学研究方法逐渐被视为社会科学研究中具有真理性质的可操作化手段。其中,实现这种研究方法的前提是,可以从教育事实与社会生活中获取足够的独立数据并从理论视角对其加以解释,即一种可被转化与阐释的社会科学数据应用方法与理论，且研究结论在不同社会环境与教育过程中具有明显的一致性，其客观现实完全可以被测试。因此，教育社会学研究在社会科学研究领域最终获得了一个合法的地位。

教育社会学研究的定量方法，一方面加强了社会学对教育问题的认识，另一方面摆脱了传统定性研究方法的劣质和无效，正是实证研究方法使教育社会学家在解释教育与社会关系、社会教育过程和社会教育行动方面具有了科学概括的可能性与意义，这种研究方法也常常直接用来解决遇到的教育与社会现实问题，体现出了强烈的实证科学力量。可以说，涂尔干接受了叔本华的科学探究哲学思想，对研究过程中可知觉和感应的直观知识尤其重视，认为摈弃"原始"的经验和意义分析是获取数据和独立、客观现实的前提条件。其中，当数据已成为研究过程中可以确定或感觉的事实时，检测数据便成了对教育事实和社会生活的认知活动，其所有研究的纯粹意义都应该来自数据，进而加工理解，而并非仅凭借经验知识来接收和表达对研究概念和问题的看法，所以说教育社会学研究过程中的现实测试至关重要。对此，一些哲学家和社会科学家承认，教育社会学研究拒绝感应而采用科学演绎模型的方法，其实质就是运用科学观察来驳斥传统研究理论与方法，所要观察的是客观事实，而不是试图从主观分析诱导研究结论，这正是实证社会科学的基本要义。

在涂尔干看来，对教育事实与社会生活进行研究时，社会性研究有时可以保持经验描述和解释的方式，但这种对社会行动的分析最好关注那些有意义的社会事实，且要避免掺杂研究者自身对社会的主观理解。他强调："这些研究所贯彻的精神和所依据的原则，与研究无机体的科学所具有的精神和原则是一致的。人的科学必然是通过模仿其他自然科学建构起来的，因为人仅仅是自然的一部分。在这个世界上，根本不会存在两个世界：一个世界依赖于科学的观察，而另一个世界却可以逃避这种观察。"[①]可见，涂尔干不仅相信教育社会学研究者自身无法超出概念性的世界，同时也不能根据常识性的经验知识来解决现实的教育与社会问题，以至于最终很难放弃教育社会学概念化的主观讨论。所以，就这一点来说，涂尔干的教育社会学研究方法又不是革命性的，甚至在本质上是

---

① （法）埃米尔·涂尔干：《孟德斯鸠与卢梭》，李鲁宁等译，上海人民出版社，2003，第236页。

保守的，因为他不得不承认教育事实与社会生活研究中的灵活性与偶然性，而唯一让我们可以接受的是教育社会学研究的理性主义，因为实证主义只是这种理性主义的后果而已。

  理解涂尔干的教育社会学研究方法，是掌握涂尔干社会学方法论的一个关键步骤及内容。涂尔干所强调的教育社会学研究调查方式及其原则，是直接实现社会科学研究的核心要素，是直接和完整表示的"教育与社会事实"的合理手段与方法，它也使得越来越多的教育社会学研究者对科学研究方法产生了浓厚的兴趣，构成一个教育社会学研究的系统信仰与特定学术文化。有趣的是，涂尔干教育社会学的方法规则，常常被公开地视为一个理性主义社会科学研究原则，研究过程的"意义"和"事实"构成了教育社会学研究的基础，以至于无法忽略教育事实与社会生活的复杂性和微妙之处，涂尔干冷静地追求"纯"的教育社会学研究方法，不仅增强了教育社会学研究本身的实践价值，还有效地促进了"规则的观察教育与社会事实"的研究发展，使得教育社会学最终成为一门全新社会科学研究而备受关注。

第二章 涂尔干教育社会学研究的基本理论

第五节 教育社会学的危机

教育社会学研究自其创建以来,就面临着危机,遭受了大量的批评与争议。首先,是有关涂尔干教育社会学功能论的分析。其次,是来自有关教育进程的分析。事实上,涂尔干的教育社会学研究在日后的教育实践中遭受危机并不是一件令人感到奇怪的事情。相反,对涂尔干教育社会学危机的分析,反而有利于我们从多方面对其有更深入与清晰的把握。

涂尔干认为教育是一种教育社会事实"对个人的外在制约",其考察的重点是这种外在制约对社会的影响作用,而并不是关注这种外在制约对个人的有用性。也就是说,这种社会事实必须找到一个恰当的方式来服务"社会有机体的一般需要",这正是涂尔干所阐述的教育社会学功能论的主要观点。可以看出,依据涂尔干的这一观点,教育活动无非是为社会提供必要的协调作用,并最终以此能够达到维持社会团结的目的,教育过程便是根据教育环境和社会场所为受教育者提供必要的技术知识和技能的过程。事实上,涂尔干教育社会学功能主义的思想,通常被用来描述人与社会的这种相互关系,且社会像人体一样具有特殊性,因为同样具有特定有机功能。在涂尔干看来,人作为有机体,使用肺吸收氧气,心脏泵血,静脉运送血液等现象,构成了一个相互依赖、有机协调的环境。同样,社会如同人体一样,也需要有机协调的环境作为支撑、维持运转,如果其中出现任何社会问题,那么则会影响整个社会有机体系统的和谐运转。按照这样的教育社会功能论,涂尔干将教育看作社会制度和社会环境的有机部分,以各种方式与社会经济、家庭、宗教和政治等因素密切联系在一起,并发挥着它自己独特的社会功能。也就是说,教育和社会其他因素共同构成了一个具有组织性的整体。基于此,涂尔干指出:"问题的性质决定了研究问题的方法。"[1]要想使得这个

---

[1] (法)埃米尔·涂尔干:《孟德斯鸠与卢梭》,李鲁宁等译,上海人民出版社,2003,第241页。

组织整体成为"完美的整体",必须使学校知识与社会知识完美结合,并形成共同的文化知识体系,唯有这样才能致力于社会团结和一体化,而不是出现社会多元化和社会分化。为此,涂尔干认为社会的需要对个人的需要是至关重要的。为了实现这一目的,教师的主要职责便是教授和传播这种社会知识,并能够充分利用道德模式来约束自己的这一行为。然而,问题是为了实现这一目的,教师这一职业由此往往沦为只为社会利益而教书的教书匠。虽然涂尔干也看到了这一危害和负面影响,倡导教师应该培养一种高于社会需求的道德力量,而不仅是沦为社会教育的工具,但效果却并不明显,由此招致了批评与争议。

涂尔干教育社会学功能论的这一负面影响对后世的教育实践影响很大。20世纪50年代,涂尔干这一教育思想被提炼为结构功能主义,在第二次世界大战结束后,随着各国对战争技术发展和竞争信念的加强,技术优势可以转化为军事优势的观点成为许多国家推崇的信条,这正是结构功能主义者强调"教育的重要性"的结果,这反而使得学校教育竞争变得更加激烈。事实上,学校作为社会化的主要机构,应该是社会发展的真实反映,因为它是唯一教授技能的社会公共机构,而当学校为学生提供服务立场变为仅有的必要技能和知识后,他们在更广泛的社会中发挥作用的能力却大大减少。此外,传统教育中一贯强调的教育公平与平等也随之发生了变化,主要因为学生个人能力、家庭取向、个人动机或兴趣水平的差异导致个体在教育方面发展的不平衡。虽然个人受教育程度的差异是可以接受的,因为即使学生在不平等的文化或物质条件下,只要能够公平获得受教育的权利就会有能力消除这些差异,但这些"自然"的结果却无法因为学校的教育宗旨改变而变得更加公平,相反每个社会成员却因为教育服务立场的改变而缺少了这样的"共同校园文化",且这样的现象在日后的教育实践中表现得日益突出,促使人们不得不对涂尔干教育社会学功能论的基本理论进行再一次深入讨论与思考。

因此,涂尔干教育社会学的功能主义教育理论受到了多方面的批判,并被认为是一种激进的教育理论,远离了现代社会中主流的教育理论及实践方法。首先,批评者认为涂尔干忽视了社会个人意识形态的作用,因为学校教育从来都不应该被独立化和简单化定义。此外,涂尔干被视为了理想化的功能主义者,认为他对学校的描述仅是集权主义表现,哪些学校有资格被认为是"成功"或如何被认为是"失败",都难以通过其对社会需求产生积极反应的方式进行评价。尤其是在20世纪60年代后期,涂尔干教育社会学结构功能主义所倡导的"学校是中立的地方"受到了许多人的质疑。在很长的时间里,人们甚至产生了一种这样的思想倾向,认为如何涂尔干在解释教育社会学理论时,其依据是社会功能的协调与发展,那么随着社会与教育的深入发展,人们就会越来越难以接受这种观点。

从19世纪开始,教育社会学就面临着一个根本性的问题:教育中的社会现象在什么意义上存在?在涂尔干传统的教育社会学研究理论中,社会群体、集体行为、教育机构、社会结构、社会行为等,这些与教育事实交织在一起的社会现象都是由独立的社会个体组成。那么,其教育进程又是如何发生与演进的呢?教育社会学的现象似乎没有本体论的地位,在涂尔干的教育社会学研究基本理论框架下,所有的研究对象并非是归结或基于个人教育和社会事实来进行考察与分析的。[1]涂尔干作为第一个创建科学教育社会学研究的学者,其研究进程中明显缺乏对社会个体存在的考察,这使得传统教育社会学研究的基本规律就只能沦为一种最为简单化的科学推论而已,涂尔干试图用社会集体的细致解释来诠释社会个体教育与生活的意义无论如何也无法散发出人类教育的本性魅力,随着个人主义在教育社会学上的兴起,涂尔干所开创的教育社会学受到了前所未有的时代性威胁。

19世纪的大多数教育社会学家,要么坚持功利的个人主义理论,要么坚持功利的社会功能主义理论,涂尔干教育社会学中强调的形而上学的有机体学说似乎是一个无法在实际教育实践中解决难题的理论。在这种情形下,试图兼顾社会与个人两者的教育理论正孕育而生。尽管很多教育社会学家都承认涂尔干教育社会学研究理论的历史价值与意义,但能够真正地参与到涂尔干的教育社会学研究工作中去的学者越来越少。至此,涂尔干教育社会学研究理论开始就被广泛误解,一直到20世纪许多教育社会学家仍然认为涂尔干教育社会学研究理论中存在一个无法解决的困境,并认为"这一理论其实仍然是形而上学的、不科学的,或逻辑上存在重大失误的理论",这样的批判性论点在当时看来是十分

---

[1] Mustafa Sever,"A critical look at the theories of sociology of education,"*International Journal of Human Sciences*,Volume:9 Issue:1,2012,p.661.

有力且持久的。①甚至,许多学者将涂尔干教育社会学研究理论中的一些基本原则看作奇怪的、令人尴尬的错误,涂尔干无奈之下很快就放弃了进一步的解释,这一失败也导致了对涂尔干教育社会学研究的误解根深蒂固,人们不断指责涂尔干教育社会学研究理论中的弱点,甚至对他以往所做的教育理论和实证工作提出了尖锐的质疑,以至于涂尔干教育社会学研究理论长时间未能再有根本性的突破。

对此,涂尔干解释道:"教育理论家通常以一种几近轻蔑的态度去讨论现在和过去的传统实践。……几乎所有伟大的教育学家,如拉伯雷、蒙田和卢梭,都带有一种革命精神,都反叛着同时代人的实践。"②然而,那些未能彻底理解涂尔干教育社会学理论的学者,仍然对教育功能论和教育进程存在广泛的偏见。从根本上说,无论涂尔干教育社会学研究理论是实证的客观主义还是经验的主观主义,许多教育社会学家都强调涂尔干教育社会学研究中唯意志论的思想是导致误解的根源。对涂尔干教育社会学研究理论的争论一直持续,甚至最终形成了一种教育社会学研究的学术传统,并逐渐渗透到社会学中。在近几十年时间中,无论是教育学家们,还是社会学家们,都对涂尔干教育社会学研究中方法论上的集体主义进行了深入的讨论,这使得看似涂尔干教育社会学研究所遇到的困境,逐渐成为两种不相容的本体论立场之间的争论,而争论的焦点正是教育社会学研究的事实究竟是否是社会个体总和,或是社会个体之间共同教育活动的结果。事实上,按照涂尔干教育社会学基本理论的观点,个体是从社会教育的互动中产生,而社会结构则是教育活动过程中外部与个体演进结合。③当代涂尔干教育社会学研究理论的阐释者通常认为,对这一问题的争论并非能够有效地解决矛盾,或者仅能产生模棱两可且令人遗憾的结果。因此,要想彻底解决涂尔干教育社会学研究理论所遇到的困境,要么驳回涂尔干集体主义和功能论的理论观点,要么就对其给予彻底的改造。

---

① Grace M. Barnes, "Emile Durkheim's Contribution to the Sociology of Education," *The Journal of Educational Thought (JET) / Revue de la Pensée éducative*, Vol. 11, No. 3, 1977, p.218.
② (法)埃米尔·涂尔干:《道德教育》,陈光金等译,上海人民出版社,2001,第333页。
③ Ashley Barnwell. Durkheim as affect theorist, *Journal of Classical Sociology*, Vol. 18(1), 2018, p.27.

第二章 涂尔干教育社会学研究的基本理论

涂尔干教育社会学研究所遭遇到的这些明显困境,迫使涂尔干必须及时给出有效的解决方案,明确其教育社会学研究中教育功能与进程的基本内涵与目的。为此,在涂尔干教育社会学研究的大部分职业生涯中,不得不对教育事实与社会生活中个体性的基本形式进行再一次的阐释与研究。值得注意的是,虽然教育社会学的研究概念并非是涂尔干最先提出来的,但涂尔干却因此成为19世纪法国教育社会学研究领域思想最活跃学者,他借用了"整体大于部分之和"实证哲学理论①,细致而深入地对教育社会学研究理论中教育进程的"偶然性"进行了辨析与讨论,并且力求将每个阶段的分析都做到不可再简化的地步。加之涂尔干受到早年在德国生活的实证哲学影响,使得这种经历时刻提醒涂尔干要避免形而上学研究假设和产生有机体主义过度偏见,以此来消除其已经被误解很深的教育社会学研究理论。其中,涂尔干对其研究理论的几个主要概念进行了重新认识与辨析,厘清了教育社会事实、社会集体表征、社会潮流、社会环境、教育基础和教育体系的概念,并遵循19世纪教育社会学研究的普遍做法,也适时地使用了"集体意识"和"个体主义"两个术语对教育社会学研究理论的整体认识做出了最新的诠释。然而,教育事实与社会生活的集体表征事实上都是一些具有突现性的社会现象,这两个术语所代表的是一个社会系统中自成体系的教育特性,暗含着社会个体之间的教育联系,涂尔干有意识地将教育事实和社会生活定义为外在的因果关系,以便表明他的核心主张是教育社会学在本质上属于一门独立的科学,除非它的研究对象可以被证明缺乏某种明显的因果力量,并以此来说明其教育社会学研究的理论中的"集体意识"和"个体主义"的实践意义与价值,是教育社会学研究中十分必要的两个学术概念。

事实上,涂尔干对社会个体与集体意识的研究,是从教育事实与社会生活之间的相互作用中分析出来的,他注意到个人的教育本质其实是社会生活的化合物,自我本身就是一个教育事实的社会进化过程,无论是个体主义,还是集体意识,它们的产生都是被教育行为所激发而引起的,但它们反过来又给予社会的教育进程一定的动力,涂尔干的这一观点受到了当时哲学家与社会学家的普

---

① 按照涂尔干的观点,"实证哲学所带来的伟大创新之一就是实证社会学"。引自(法)埃米尔·涂尔干:《孟德斯鸠与卢梭》,李鲁宁等译,上海人民出版社,2003,第244页。涂尔干认为这一理论丰富了人类的理智,开创了新的境界。同样,对于教育社会学研究来说,引入实证哲学的理论与方法同样意义重大,使其在发展的道路上能够战胜强大的阻力。

遍关注,作为一种教育社会学研究理论的阐释方式体现出了一定的科学性。此外,涂尔干还意识到,教育社会学所面临的类似威胁,还与集体意识不同于个体主义的本质有关,因为它们都是突现性的社会事实。然而,一些批评家却极力反对涂尔干的这种认识,认为涂尔干所使用的观点术语"集体"与"个人"具有心理学的内涵,虽然是一种由社会成员共享的社会事实,但其复杂性和系统性对教育进程的发展难以一时表现出一定的突现特征。对此,涂尔干对教育社会学研究的基本理论做出了一个全新的阐释,即社会关系的"集中度"。也就是说,虽然教育环境只包括物质和人两个要素,但两者都不能被视为引发社会教育功能与进程变化的因果起源。相反,社会关系的复杂性与系统性作为一个积极因素,却能够预示并影响着教育与社会联系的强弱。这就是说,教育活动越频繁,社会生活及其变迁的反应就越剧烈,而社会生活中各要素之间的这种强烈反应又会引发更为剧烈和频繁的教育变革,并促使得整个教育进程充满活力。但是,在涂尔干看来,这个频率和能量不能源于社会个人,因为他们本身就是社会的产物。相反,只能依赖于已经建立的社会关系,且并非所有的教育活动都会引发出相同程度的社会生活。可见,涂尔干所要解决的核心问题是沟通两个不相容的教育社会学研究概念之间交替关系,并以此消除误解其研究理论中最薄弱的部分。

然而,教育社会学研究理论并不需要涂尔干"社会个体"的概念,因为这一理论是用来解决法国社会危机的,而不是解决个人教育问题的。虽然这些已经存在了的模糊性概念并没有对他的教育社会学研究理论产生实质性的影响,但对于忠诚于自身研究理论的涂尔干来说,让他将个人主体性的教育社会学理论独立于集体意识的研究范畴,难免使他在研究个体教育如何进行社会内化的这一点上存在问题,因为涂尔干实际上远比结构主义者更倾向于个人主义。尽管如此,社会事实独立于任何个体的现实,还是在客观取向上要求涂尔干对"自成体系"社会教育进程进行所谓"不可靠的论证"。然而,涂尔干对此表现得优柔寡断,认为这种做法显然是错误的,根本无法得出实质性的结论,这明显是一种被误导的欲望,反而会使自己的教育社会学研究理论看起来更不科学。

亚历山大也注意到了涂尔干教育社会学研究所面临的困境与挑战,并将其归因于早期涂尔干主张主观社会事实存在的结果。当时,涂尔干描述宗教派别、政治、文学等社会事实时,便曾将"集体"与"个人"这些术语解释为主观的个体因素,并使这些术语具有了古典结构主义的含义,认为它们是影响社会环境和属性的重要因素。例如,涂尔干曾使用"集体情感"这个学术词汇支持他的唯意志主义思想,而这个术语指的是一个独特的社会结构,而非个人主义的教育事实。显然,如果每个人的社会意识与集体情感都能够做到相互呼应,那无疑是最具个人主义色彩的解读,而批判的重点正是这个例子中的每一个社会意识都是主观形成的,是人类情感的东西,正如语言的"情感"被看作一种集体财产一样。而且涂尔干经常使用带有明显情感的心理术语和情感思想来表达社会事实,这常常使他在做严格的社会事实描述过程中,犯了所谓"表象"的错误,被认为是脱离了整个客观世界的情感、思想和形象的研究行为[1],完全无法遵守他自己教育社会学研究理论的基本原则。

事实上,在教育社会学研究中,人们可以谈论情感的逻辑以及集体意识而不包含任何关于个体的内容,但涂尔干创造了"个人主义"和"集体意识"两个全新术语来阐述教育功能及其进程,那么他的意思就不会那么模棱两可了,而术语的选择也许会让那些有个人主义倾向的人更容易误解涂尔干的集体意识概念。尽管涂尔干使用了这样的术语,但他意识到教育事实与社会生活之间的因果关系始终应该属于现实主义的理论范畴。在这种意识下,社会事实制约着个体,但同时又从个体的教育进程中涌现出社会行为与互动关系。也就是说,社会生活就像是教育仪式,个人从教育中得到最好的部分并通过个人的社会生活而存在和传递下去,社会不能没有个人,正如个人不能没有社会一样。[2]1898年,通过社会观察,涂尔干指出教育社会学研究理论中的主观状态,其实并没有明显的本体论地位。这一点,在涂尔干日后的学术作品中变得日益明显,认为教育社会学研究必须通过"相伴"来解释当代的教育与社会事实环境,即社会环境是"集体意识在教育作用下进化的决定性因素",并认为如果不纳入这一因素,教育社会学就无法建立起科学联系。

---

[1] 此外,也有学者提出质疑,认为:"涂尔干有关'社会事实'的研究也存在不足或不尽人意的地方。……如果从社会史和社会变迁的角度看,社会事实应该还有其他的特性,即情境性、人的创造性、内在性、可选择性、历史流变性和继承性。"引自:邓伟志、尹中琪:《对涂尔干"社会事实"特性的深层认识》,《探索与争鸣》2010年,第6—8页。

[2] Mustafa Sever, "A critical look at the theories of sociology of education," *International Journal of Human Sciences*, Volume:9 Issue:1,2012,p.658.

如何理解涂尔干教育社会学研究被广泛误解的概念与观点，其实也是理解当时教育社会学研究学术潮流和趋势的一个重要内容。事实上，对于涂尔干所强调的教育社会事实研究，学术界可以用上千种不同的方式进行阐释，而这也正是因为它们的存在不断地变化，并非始终以客观和具体化的形式存在。因为在社会集体生活中，一旦没有足够一致性的教育事实，社会中的独立个体便会随着时间的推移明显缺乏教育行为的稳定性，导致教育进程缺乏有效性，教育功能也同时受损。涂尔干认为，只有教育社会学的科学方法论是研究教育与事实及社会生活的重要手段和思想武器，教育社会学也是一门关于教育功能与进程的科学。但是，涂尔干无法为此设计出一种统一的科学方法，供教育社会学家们用于研究实践。正因为如此，涂尔干从未将他的教育社会学方法论扩展到微观的教育社会学研究领域中，而是在宏观的理论层面给予引导。然而，由于教育事实与具体的社会生活之间并没有本质上的区别，后者还可以间接地使我们了解前者。涂尔干教育社会学研究的理论目标之一是研究教育进程中底层或社会生活环境中个体之间的互动关系，因此直接研究教育与社会现实的唯一方法就是对研究对象之间的交互关系进行深入分析。这一研究需要涂尔干实证考察与记录社会环境中教育功能与进程两方面的互动关系的数据信息，如人与人之间的教育交流信息或大规模的社会流动数据。总之，必须对社会生活环境中留下的教育痕迹进行直接的数据分析，以此来讨论教育功能与进程之间所发生的文化反应。

涂尔干为何坚持认为教育活动和社会事实之间没有实质性的差别，目前尚不清楚，也无统一定论，因为他既没有为此提供理论论据，也没有提供经验证据支持这一说法，但可以肯定的是这一观点的确是涂尔干教育社会学研究理论的精华与结晶之一。事实上，要构建和发展出一个系统完整的教育社会研究理论，我们需要通过对涂尔干教育社会学研究的新生理论体系的科学性与影响力进行细致的考察。客观来讲，教育社会学的实证研究可能是揭示教育活动与社会事实因果关系最有力的手段，涂尔干暗示有必要对教育功能及其进程的互动过程进行深入研究，尤其是对这一过程的基本形式进行系统分析，这看起来正如分析"宗教观念"的产生源于对宗教仪式活动的参与一样重要。其中，集体生活能够达到其最大的社会强度和功效，主要是教育行为对这种集体表象的创造有着突出的贡献所造成的,教育功能即是一种重塑这些社会集体表象的重要力量,它们之间所产生的相互作用则表明教育进程事实上也是一个教育与社会互动的过程。

尽管涂尔干明确承认,他所提出的教育社会学研究是一门独特的学问。但是,在研究模式和规则上,涂尔干也许更加依赖社会学及其社会事实研究理论。为此,涂尔干成为被广泛批评的对象,不少学者由此认为这不仅是他的弱点,也是教育社会学研究的弱点。作为对这些批评的回应,涂尔干表现出了前所未有的退缩,他甚至意识到:"教育与社会之间的因果关系原本就仅是社会的基本属性,教育活动的事实存在其实也就是社会事实的存在,他们之间并不存在本质的区别,或者它们之间根本就没有因果关系,它们只是一种社会现象。"[1]尽管涂尔干试图再次澄清他教育社会学研究理论的基本立场,但他始终没能完全解决这一难题,这导致他在后续的教育社会学研究中继续做出模棱两可的阐述与分析。为了做到否认社会存在于个人之外,他甚至指出集体力量并非完全是我们外在的事物,因为社会只能存在于个体意识中,并通过个体意识而存在。甚至,他坚持认为,社会结构实际上并不存在,但认为他的教育社会学研究将社会结构具体化或实体化的批评仍不绝于耳,这反映出教育社会学研究者对教育功能及其进程的社会因果关系的极大关注,并一致认为这是涂尔干教育社会学研究理论最主要的失败。此外,这些对涂尔干教育社会学研究理论持否定态度的学者认为,涂尔干缺乏在个体主义与集体意识这两种概念之间有效转换,其教育功能及其进程充满着社会的功利主义思想,他从斯宾塞那里继承来的工具主义表现出了更浓厚的理想主义色彩,是教育社会学研究的意志主义者。事实上,对涂尔干的这些批评与评价并非没有道理,虽然涂尔干也否认斯宾塞"个人是由社会创造"的观点,认为这是不正确的观点,但他主张个人是社会组织的产物的观点,使他认为社会的团结需要个人的变革,这就使他在很大程度上又承认了个体的受教育程度是直接影响社会环境结构性、规模性和动态性的观点,意味着教育功能与进程直接了影响社会生活,这也被批评者们视为是过于主观的态度。

可以说,教育功能及其演进过程是涂尔干实证主义理论的核心,多数教育社

---

[1] Emile Durkheim, *Education and Sociology*(*English translation*)(Free Press),1956,p.98.

会学家忽略了涂尔干学术作品与观点中的这一方面。涂尔干教育社会学很好地解释社会层面的个体行为，强调从社会环境中考察教育事实的做法，这成为他学术生涯始终坚持的核心。虽然涂尔干从未有意识地将这一观点发展成一个完整而系统的理论，但他的教育社会学研究理论为许多的教育事实与社会生活所进行的实证研究所利用与借鉴，被认为是一次对教育行为与社会变化、冲突及变革的深度思考，从根本上说以他的教育社会学研究理论为基础进行的个体性与集体性的社会事实的研究，不仅是分析与考察社会结构起源的核心，亦是对教育进程的启发。因此，人们很难指责涂尔干未能消除其教育社会学研究理论的争论而对其理论价值与意义失去信心，这也在一定程度上展示了涂尔干对教育社会学研究理论路线做出的开拓与创新性贡献。

第三章

涂尔干教育社会学研究的核心问题

涂尔干的教育社会学研究内容丰富多彩，而教育功能与社会演进的基本理论可以说是其理论思想的核心。通常来说，西方学术界给予涂尔干教育功能与社会演进理论极高的评价，涂尔干自己也认为有关教育功能与社会秩序、社会系统及社会变革的理论是其教育研究与实践最为重要的核心问题。可以说，涂尔干的教育功能与社会演变的理论，对缓解法国社会危机、重塑社会秩序、构建社会团结具有重大的影响，围绕涂尔干这一理论所形成的学术思想丰富并充实着教育社会学的理论体系。事实上，正是基于涂尔干教育功能与和社会秩序的研究，我们才对社会团结的根源性问题有了更为深入的思考，对社会集体意识与社会秩序有了更新的认识，并基于此阐释了教育活动的社会性功能激发社会变革的过程，逐渐对社会化进程形成了先进的、科学的认识，形成了用于指导教育改革实践与维护社会团结的思想体系。

第三章　涂尔干教育社会学研究的核心问题

第一节　社会系统与教育发展

在涂尔干看来,社会是一个有机系统。其中,这一社会系统中的各种社会因素之间存在着密切的相互关联与相互依赖的关系,并由此共同形成一个公认的社会有机整体,通过家庭、宗教、教育、经济和政治等社会子系统来实现社会发展过程中的各种目标与目的,维护其良好运转。

其中,教育作为社会子系统,执行着特定的功能。例如,教育通过培养个人技能为社会经济发展提供服务。可见,社会子系统之间的相互活动与沟通,成为社会系统作为整体性发展有效性的一个重要影响因素。在涂尔干看来,对于教育所发挥的社会作用来说,教育的社会功能十分明显,主要表现于教育活动对维护社会发展的积极贡献,这是教育实用主义观点的一次现实表达。涂尔干认为,教育的主要功能是传播社会的规范和价值观[①],并由此使社会发展产生了一种特定的同质性,且教育活动的社会行为又可以不断地延续和强化这种同质性,解决孩子掌握社会集体生活各种要求所面临的问题。显然,如果没有教育的这一社会功能的存在,我们的社会合作、社会团结与社会生活将不可能存在,这显然是教育对社会发展应有的责任,并反过来使教育活动具有一种社会归属感,这正是为何在涂尔干看来社会子系统的发展比社会个人的发展更加重要的原因。在大多数情况下,人们普遍能够感受到教育活动的社会功能是一种真实的东西,并且十分强大,能够完全占据社会个人的发展,建立起个人和社会之间的普遍联系。

在涂尔干所生活的工业社会,学校是一个由家庭所提供社会资源的群体组

[①] 有学者指出:"社会有规范是健康的,无规范则是病态的。"引自:渠敬东:《追寻神圣社会纪念爱弥尔·涂尔干逝世一百周年》,《社会》2017年6月,第37卷,第11页。

织,家庭成员则是基于亲属关系所组成的最小社会组织,而在学校环境中,人与人之间必须学会合作,且合作者将不再是他们的亲属,甚至也不一定是他们的朋友。因此,学校所提供的这样一个环境,除了教会学生一定的知识与技能,它还迫使人们学会维持社会系统发展的基本能力,学校环境因此而变得更像一个社会缩影,是真实的大社会系统中的一个微观环境。在学校里,孩子们必须掌握与其他社会成员相互关系与发展的基本能力,这便是家庭环境之外重要的社会化过程,因此我们常常说学校是接管"社会化教育"的主要社会机构,在一定意义上也是沟通家庭和社会之间的必要桥梁,能够为孩子良好的成人生活做好最为充足的准备。所以说,在发达的工业社会,一个成年人的社会生活地位,在很大程度上是通过学校教育来得以实现的,孩子们必须借助这种学校教育功能与影响从家庭的普遍性社会标准逐渐过渡到成人的社会标准中去,并依此实现成人社会的地位的顺利转变。

所以说,学校教育是社会发展的缩影,社会作为一个有机整体,必须依赖学校教育活动为年轻人的成人生活做好最充分的准备。在这一过程中,学校教育还必须为年轻人的社会化过程提供基本的社会价值观,并为整个社会发展提供多元化的个体作用。所以,教育活动的一个重要机制是帮助这些年轻人选择个人未来的社会角色,并通过教育的社会功能为这些年轻人的未来成人社会角色能够在社会结构中发挥作用提供机会。因此,通常来说,能够在学校环境下顺利通过教学测试和评估的学生,他们的才能、技能和社会能力能够为他们在社会上找到最为适合与胜任的工作。正因为如此,学校教育活动表现出了社会角色分配的重要机制,或者说是一种社会角色分配的重要手段,以确保那些最有才华和社会能力的社会成员能够被分配给那些承担重要社会功能的重要位置,这就是为什么我们通常承认教育活动具有更直接的社会分层机制与过程的一个重要原因。当涂尔干分析了教育活动与社会发展的这一关系后,指出社会发展作为上层建筑的一部分,离不开教育活动这一最为基础建设支撑,这一基本原则直接反映了生产关系和资本主义统治阶级的利益关系,因为资本主义统治阶级的社会生存和繁荣离不开受过良好教育的劳动力再生产过程。其中,涂尔干认为,这样的劳动力再生产过程主要涉及两个方面:其一是通过学校教育实现高技能劳动力的培养,其二是资本主义统治阶级的意识形态与社会化工人之间的相互作用与影响,即培养技术高超、顺从和听话的社会劳动力,这便是资本主义社会教育及其劳动力再生产的本质。[①]可见,在涂尔干看来,这种工业化时代资本主义的社会劳动力的再生产过程,不仅是一种社会人力资本技术与技能的教育过程,同时还是一种与执政党意识形态保持一致性的社会化再生产过程。

可见,在资本主义的社会环境中,教育活动不仅成为传输与保持统治阶级社会意识形态重要工具,还是确保资本主义制度建设正当化的重要动力,是实现社会人力资本、完成社会组织分工的重要手段[②],它迫使教育活动接受了被剥削的社会现实,并成为工业化社会资本主义实现社会发展的根本保障。因此,不少学者认为资本主义中的社会教育主要作用便是顺利实现这一劳动力的再生产,以确保教育活动有利于社会个体在态度和观点上适应和接受他们被剥削的地位,而学校教育则正好成为实现这一社会关系的重要工作场所。虽然我们可以认为这是社会教育在工业化时期资本主义环境下特有的作用与功能,但无疑也可以由此断言教育活动是确保与调节社会结构的重要因素。例如,学校、学院和大学在完成其人才培养的基本原则和功能方面,始终无法脱离整个社会系统的发展环境来独立实施,而必须将社会系统的发展作为其条件来实现其社会性功能,这在一定程度上反映了教育和社会秩序之间的密切关系,是社会系统、价值观、权力结构、个人自由和社会控制之间实现平衡的先决条件,并对学校教育活动和社会系统及其发展产生着深远的影响。

然而,教育活动和其他社会子系统之间的功能关系又如何呢?涂尔干的实证主义观点认为,教育活动与其他社会子系统之间的关系,在很大程度上与其他各社会子系统之间的相互关系并不相同。例如,教育活动与社会经济发展之间的功能关系、教育活动与社会价值观之间的功能关系等,都是具有十分独特特征和作用的社会关系,并在这一相互关系中受到了资本主义经济的巨大影响。在整个 20 世纪,随着现代工业社会的快速发展,专业技术教育和管理技能的教育成

[①] Durkheim, E., *The Division of Labor in Society*, trans. G. Simpson (New York: Macmillan. 1933), p.107.
[②] 在涂尔干看来,"欧洲的社会还是某种潜在的东西,还缺乏自我意识,因为它缺乏组织"。引自:(法)埃米尔·涂尔干:《教育思想的演进》,李康译,商务印书馆,2016,第 62 页。可见,在资本主义世界里,社会个体还不能清晰地感受到自己属于一个单一的社会整体,也不曾存在一种特别的机构能够帮助他们去表达这种感受,以至于教育活动在传输与保持统治阶级社会意识过程中缺乏社会力量,从而进一步影响了社会劳动分工的效率。

为越来越受人重视的内容,这一方面反映出了经济的快速变化对教育的影响,另一方面也反映出教育活动受社会发展制约的现实。在这种社会背景下,教育活动必须越来越重视对社会劳动力的服务作用。关于这一现象,一方面可以从每年稳定增长的学校毕业生数量方面得到说明与证实,另一方面可以通过越来越专业化的教育标准与高等教育和职业教育的快速扩张方面得到体现。因此,对于社会发展的各种因素来说,无论是家庭因素也好还是经济因素也罢,教育机构显然是一个具有"集群性的社会机构",这一机构是社会发展及其制度化的产物,它们之间又存在着密切的相互关联,保持与协调着社会系统各部分之间的平衡,促进了社会的整体发展。

在这样一个社会环境下,所有的社会子系统之间相互依存、相互制约、共同发展,当其中一个子系统发生任何改变时,都会对其他的子系统产生明显的影响。例如,当一个国家的教育制度发生变化时,社会环境中的经济关系也可能随之发生变化,并引发相应的社会问题。可见,教育问题其实也就是一个社会问题,或者说教育活动的过程本质也是一个社会发展的过程。从表面上来说,教育活动的目标是发展社会环境中受教育者身体、智力和道德水平,但另一方面教育获得确确实实给社会个人带来了获得社会整体性的基本条件与能力,这一教育过程也因此注定是社会化的重要手段。当然,通常人们认为教育的社会化功能是实现社交,并通过一定的教育手段向受教育者传授社会规范和价值观,或是使其能够继承社会文化和历史遗产[①],这在一定意义上又时常被人们认为是教育活动的一项传统。在涂尔干所生活的变化复杂的工业社会,学校教育通常严格按照这一社会规则实施教育活动,并惩罚那些严重违反这一原则的教育现象。在这样的教育活动过程中,受教育者通常十分明白整个社会群体的利益,并由此形成一定的社会纪律,避免由此而导致的教育惩罚。对于这一现象与问题,涂尔干认为,教育社会学可以帮助人们清楚地了解和懂得社会系统和教育发展的关系,以便帮助教育活动能够在理性基础上引导社会发展,帮助个人实现社会化过程。

---

① 涂尔干指出:"对于成功留存下来的文化生活,我们也决不能夸大它的重要性。"引自:(法)埃米尔·涂尔干:《教育思想的演进》,李康译,商务印书馆,2016,第52页。可见,教育活动对传统文化的基础,具有一定的局限性,对于教育活动能够继承社会文化和历史遗产的社会作用,并不能过于夸大。

依据涂尔干教育功能的基本理论，社会化的教育活动能够很好地帮助人们为其未来的职业发展积累必需的社会技能，这在工业社会有着越来越重要和复杂的专业分工的背景下尤其更为突出。涂尔干之所以在谈论社会系统与教育发展之间关系时尤其注重工业社会的专业化分工这个问题，主要是因为家庭教育并非能够满足孩子们发展职业技能的需求，而社会团结的前提条件必须是基于相互依存的专业技能的社会合作与协调，因此学校一方面能够为人民提供社会同质性发展所必需的生存技能，另一方面又在教育活动中衍生出了多样性的社会合作模式，这正是工业社会所特有的价值共识。这就是说："有机团结社会是一个由细致劳动分工所构成的有机整体，每一个人在整体中都扮演着特殊的角色、发挥着特殊的功能，因此任何部分的去除或者功能失常都将给整体造成损害。"[①]涂尔干的这一观点直接影响了一些教育社会学家或教育家，最终现代综合学校在法国的形成便是一个十分有力的证据，因为涂尔干始终认为，传统的教育或学校没有较好地为社会个人能够承担一定的社会职责发挥应有的作用，以致这些学生的校园生活没能为后来的社会性生活提供准备。因此，许多学校的失败，并不是一种简单的竞争激烈的考试失败，而其实是在学校发展和寻找一种社会归属感过程的失败。如果学校没有拒绝对社会性教育的重视，解决这一问题的压力便会变得相对要小很多，学生的校园生活也即能够为其尽早地确立其个人的社会角色而产生更为积极的作用和影响。所以说，教育活动必须严格遵守社会系统发展的基本原则，将校园内的课程教学改造成为能够为学生提供社会发展归属感的教育内容。

当然，涂尔干在强调社会系统与教育发展之间的关系时，并非否认学生除了社会性发展目的外，不能有个人兴趣和天赋的发展目的。这样，所有学生将在满足社会化教育过程中能够顺利开发自己个人的潜力与价值。为此，除了应该有部分必要的义务课程需要教授外，还应该帮助学生创造一个清晰可见能够表达艺术或体育之类天赋的机会，这也容易使学生的校园生活体验表现出更高的满意度，营造出学校教育与个性化社会发展良好的生活环境。可见，涂尔干的教育发展观是一种具有明显开放性质的教育观念，其教育实践改革工作也表明，涂

---

① 郭忠华：《劳动分工与个人自由——对马克思、涂尔干、韦伯思想的比较》，《中山大学学报》（社会科学版）2012年第5期，第172页。

尔干十分推崇现代教育体系的构建,并将最终能够促进社会自律和巩固社会团结作为教育社会化活动的根本目的。在这一过程中,涂尔干坚持认为学校教育所传播的社会规范和价值观是确保社会作为一个有机整体的基本手段[①],而并非仅仅是依赖统治阶级的精英阶层或特权阶层来实现这一社会性目的。在涂尔干看来,实现这一社会性目的十分必要,也十分重要,因为在复杂的工业化社会进程中存在各种各样的社会文化和价值观,尽管教育的社会性功能存在明显的局限性,但唯有教育是统一社会争议和构建有机团结的基本手段。涂尔干的这一观点,被公认为是教育功能主义的现代观念,并坚信只有通过学校来实现社会化的教育过程,学校和家庭之间的桥梁作用才能为孩子未来成人的社会化过程做出最充足的准备,并认为这一过程或标准可以适用于每一个人,具有显著的普遍性。

所以说,在涂尔干看来,学校教育是为年轻人顺利从家庭过渡到社会的一个重要的社会化机构,它通过建立了普遍性的社会性生活标准来塑造所有学生的社会地位。反过来,学生的社会化过程与程度也由此成为对学校教育社会功能进行评估的标准与依据,这一标准适用于所有学生,无论其性别、种族、家庭背景如何。因此,涂尔干的教育社会功能理论,并非遵循传统的学校教育精英原则,其状态正是一种普通的、大众的社会化教育功能。涂尔干的这一教育观点,使得更多的人能够从这一教育过程中受益,教育因此受到了更为普遍的接受,产生了更为广泛的影响。由此一来,教育为社会系统发展提供了必要生产技术专家和充足的劳动力,资本主义的社会发展因此也迅速取得了进步。基于此,一些实用主义者甚至认为这种工业社会中的教育活动提供了平等的社会机会,受教育者可以通过自身所获得的良好的教育经历来实现社会富裕或获得社会奖励,这种教育过程与结果是自由和开放的,这比传统教育活动能够提供更多的社会机会。涂尔干进一步声称,为获得更好的社会待遇,或是实现更高水平的社会工作,社会个体能够将潜在的能力发挥出来,这正是教育鼓励了个人的工作热情,开发他们的工作潜能,并由此能够促进社会进步、情感和精神世界的丰富与发展,并促使越来越多的人能够通过教育获得良好的知识能力。

---

① 因此,有学者指出:"社会不是一种单纯的正态分布,而必须凝结成为公共性的神圣与世俗相交织的生活系统,才能够获得其规范根据。"引自:渠敬东:《追寻神圣社会纪念爱弥尔·涂尔干逝世一百周年》,《社会》2017年6月,第37卷,第14页。

显然，在涂尔干看来，教育活动这一社会功能无疑对社会发展是具有至关重要作用的，人们应该通过学习来获得社会进步方法，并通过知识积累与创新来发展自身必要的社会技能、习惯和态度，并以此来最终影响社会有机整体的发展与进步。从这一点上来看，涂尔干对社会系统和教育发展之间关系的论点，是对一个进步教育系统的深入思考，具有一定的灵活性和包容性。涂尔干以社会团结为出发点，认为在教育活动中应实现社会系统的不断完善与发展，这为社会集体意识与行为提供了最基本的社会条件，多数教育社会学家也都逐渐开始认识和理解教育发展对社会系统所具有的可能性影响。[1]可以说，为了能够确保社会系统发展中社会秩序的协调，涂尔干曾努力在法国工业社会环境下发挥教育活动的影响，以便能够及时调整与改变社会系统的发展模式。事实上，虽然这一过程中的教育实践并没有一时取得显著的成效，但涂尔干对教育活动作用于社会系统发展的观点并非是随随便便给出的草率认识，他在法国工业化社会环境中小心翼翼地推行的教育改革实践，是将社会系统作为一个有机的整体性社会事实来看待，力求能够通过教育活动将具有集体意识的社会成员团结起来的过程。因此，涂尔干明确反对某些学者对其社会系统与教育发展的轻率言论，坚持认为法国社会的病态与危机等社会现象，正是由于教育活动缺乏对社会系统有效引导所产生的社会后果，他所提出的这一种观点，后来被认为是改善社会秩序、实现社会团结的根本保障。

按照涂尔干的教育社会学研究理论，虽然社会团结可能具有多元化的表现形式，但无论是哪一种社会团结的表现形式，构成它的教育活动因素都应该是一种完全"有序"的或"有效"的社会事物，社会团结的外在现象是社会秩序有序运动的一种现实表达。在涂尔干所生活的法国现代工业社会进程中，由于教育活动削弱而产生的社会危机与弊病，通常是以社会个体的社会性失范行为表现出来的，并由于社会分工失衡的现象存在而引发社会冲突。对此，涂尔干对影响

---

[1] 有学者认为："涂尔干同样注意到了现代社会'集体意识'层面的变化。他以为：在前现代社会中，集体意识表现为一种由个人相似性产生的无所不在的公意，而在现代社会中，尽管不再有无远弗届的公意（个人意识从而占了上风），但劳动分工所创造出来的集体意识——有机团结——依然在特定范围内传播，并为现代以自由市场为基础的社会提供着'契约中的非契约成分'。"引自：吕付华：《失范与秩序：重思涂尔干的社会团结理论》，《云南大学学报》（社会科学版）2013年第2期，第78页。

社会团结的典型性影响因素做了详细的描述和深刻的讨论，认为教育活动对社会团结的影响因素存在直接的关联，社会系统因此所产生"集体意识"最终形成了社会生活的基本形式[①]，这种现象的发生无疑受到了巨大的社会集体意识影响，在与社会生活密切互动的社会环境下，社会系统变得比以往任何时候都更加团结。涂尔干的这一观点，是具有革命性与创造性学术观点，是源自对法国大革命的深度思考。涂尔干认为，同样的社会活动也能成为重振社会团结的纽带[②]，这是因为教育活动的社会功能促使社会转型成为可能，涂尔干在《教育思想的演进》一书中也提出了同样的观点。

然而，涂尔干并没有为教育功能提供充足的社会实践依据。从社会系统的角度看，涂尔干对教育活动社会性功能的阐释，虽然获得了不少教育社会学家的支持，但同时也因为缺少必要的社会实践依据而招致批评。也就是说，涂尔干在谈论教育社会功能时，并没有对社会系统中的核心问题做出实质的分析，他不仅抛弃了社会系统中最基本的社会秩序因素，还很可能遗漏对社会系统中最突出的特点进行分析的工作。由此一来，涂尔干关于社会集体意识的分析，便难以对社会生活中的参与者进行典型性进行充分的说明，涂尔干所提出来的教育实践改革的主张，也可能在社会团结方面失去应有的社会影响与作用。所以说，对社会集体意识的社会实践分析，是考察与论证社会系统中社会秩序稳定的必要分析。从这个角度来看，涂尔干的这种社会系统观点，在对教育活动的社会性功能与社会秩序方面的用处需要重新评估。此外，涂尔干的教育功能实证主义观点认为，是教育活动的社会性功能为社会秩序提供了决定性的作用，这是涂尔干"功能主义"的基本理论观点，通过它可以系统考察教育活动与社会系统发展之

[①] 有学者指出："涂尔干主张，必须始终在社会的层面上来说明社会事实，当人类形成群体的时候，会通过各种'集体表现'来集体性地表达自身，这些集体表现包括宗教、法律、道德、习俗、政治制度、教育实践等，这些集体表现就是种种集体生活形式。"引自：杨敏、杨向鹏：《涂尔干社会学思想中的实在性与建构性及其当代价值》，《社会科学研究》，2018年第1期，第122页。

[②] 涂尔干对这一"纽带"进行了阐释。对此，有学者认为："涂尔干的核心思想任务，就是要在构成现代社会的所有要件之间，重新搭建起多重的联结纽带，使人重新回到具体的社会之中，使政治重新落实在具体的社会之中；而这一任务的完成，既不能靠单纯的观念构想，也不能靠一套彻底实在化的路径，而需要在传统与现实、思维与实在、神圣与凡俗之间不断架设桥梁，方能将全部生活构建成一种真实的生命体。"引自：渠敬东：《追寻神圣社会纪念爱弥尔·涂尔干逝世一百周年》，《社会》2017年6月，第37卷，第11页。

间的辩证关系,解释现代社会秩序构建的客观现实。涂尔干指出,教育的社会性功能所表现出的影响与作用,在社会系统演变过程中逐渐被内化为个人的社会意识,成为社会个人主观现实的一部分,而这种社会意识是基于社会个体主观知识的反映,包括了人类社会意识的内化与外化,这也是导致社会秩序主观化的重要原因之一。因为,正如涂尔干所说:"社会的简单要素就是个人。"[1]涂尔干的教育功能主义实证理论为我们解释社会系统的演变过程提供了一种全新的理论框架,对所谓"社会秩序"进行教育改革实践与理论构想又为教育社会学研究提供了一种社会学视角的研究,通过对社会系统与教育发展相互关系的研究,涂尔干为社会秩序中的个体主观现实进行了深刻分析,阐明了社会系统演变的静态概念与动态机制。

在这个意义上,社会秩序在涂尔干的整个教育功能理论中占有非常重要的地位,同时也是理解涂尔干教育社会学研究理论的关键内容。涂尔干的社会系统是通过社会个体所形成的集体意识来进行维护的,并从看似混乱的各种社会秩序中产生,它指的是一种动态的演变过程,且处于其中的多种社会系统要素之间的关系非常密切。今天,教育社会学家可以通过涂尔干的教育功能理论来对未来社会系统与社会秩序做出部分正确的预期。在涂尔干看来,教育活动的社会性功能为社会秩序的形成和发展发挥了重要的作用,尤其对社会内部秩序和外部秩序的建立具有积极的回应。涂尔干也一直认为他在对社会体系做出解释的同时,也将某种教育活动的社会性功能延续了下来。现代化进程中的社会秩序是涂尔干教育社会学研究理论最为重视的内容之一,他有关对社会秩序的思想阐释时常蕴含在他的教育社会实践过程中。尽管有时候涂尔干也承认他一直追寻一种更为有效的社会系统理论观点,但这一做法始终有点荒唐,他还把教育活动的社会功能看作现代化社会秩序构建的基础,在很大程度上强调这一过程是功利主义的,即所谓的"理性"的概念,是一个十分具体的社会化过程。

虽然众多的教育社会学家和生活在涂尔干同一时期的人,对法国社会兴起工业运动及所存在的社会危机都有着自己的看法,但在很大程度上又都倾向于涂尔干的教育功能与社会秩序理论,认为这一理论是对法国社会秩序构建最为

---

[1] (法)埃米尔·涂尔干:《道德教育》,陈光金等译,上海人民出版社,2001,第247页。

自然的发现与阐释。因为他在对教育活动的社会功能与社会秩序关系的论证中明确运用了理性主义和先验的教育实践分析手段,从而使研究结论更具深厚的内在智慧和理性,清晰地阐释了教系统演变过程中的社会事实与社会环境。事实上,这一研究是无法仅仅凭借理性所能把握的,对这一论点的相关解释,涂尔干实际上是开创了一种教育功能主义的理论学说,这常常容易让人们将其理论与实证主义的观点密切联系在一起。然而,无论这一学说的理论论点如何,真正的社会系统演变过程是需要我们慢慢去发现的,且对教育发展与社会系统之间存在何种关系进行讨论时,涂尔干的教育社会学研究理论告诫我们,这一过程应该既是社会性的产物,也是人类意识性的产物。也就是说,在具体的有关社会系统与教育发展的研究过程中,都不可能是单靠抽象的教育社会学研究逻辑来推演社会秩序的构建,因为这一构建过程是漫长的、复杂的与多变的。因此,要辨析社会系统与教育发展之间的相互关系,就首先必须真正理解教育活动作为社会秩序理性工具的作用与意义,将社会系统演变的基本原则通过教育活动的实践过程体现出来,这才有更充分的理由来对教育秩序的构建与教育的活动的社会性功能给予足够的关注。

从涂尔干的教育社会学理论中,可以看出教育功能论在社会系统演变过程中的基本作用与影响,社会秩序的理论及其传统由此成为涂尔干教育社会学研究理论的重要内容之一。在涂尔干的名著《道德教育》一书中,纵然人类的社会性行为具有自身独立的社会意识,但社会秩序的出现从社会本能的角度来讲,无疑是将社会个人意识转化为缔造社会系统的一个过程,并在此过程中赋予了理性的社会化因素,这使得离开了社会集体意识和个人意识的社会系统便失去很多的教育意义和价值,以至于教育发展成了满足社会系统演变的重要动力。

第二节 社会化进程与教育改革

从教育社会学的角度来看，获取知识和发展个性是教育的主要功能，这是一个有意识的选择过程，因为所要获取的知识在一定程度上取决于当时的价值主体和社会愿望，所有的社会知识获取有时候仅仅是实现发展个性这一精神目标的手段而已。所以，在教育生活过程中，应该鼓励人们清楚并了解个人的社会价值观及其自我实现过程，哪怕这一实现过程是自我反省性的，因为这是一个人的社会能力和社会意识的自我效能感表现，是一个人心理和生理对其社会环境的积极反应，唯有这样，人们才能通过教育生活获得社会的认可，过上充实的社会生活，顺利地实现社会的发展与进化。

在涂尔干看来，当时他所生活的世界正发生着巨大的社会变化，新的社会发展模式正逐渐确立起来，保护传统社会价值观正面临着诸多的挑战，新的社会价值观正快速地与新社会模式相融合，并形成根植于社会文化的教育制度。这样的社会发展，是激活建设性和创造性教育改革的一股社会力量，它让教育活动真正面向社会，力求构建一个合格的和具有创造性的社会机制，甚至成为社会经济、政治和文化发展的内在驱动力，这一社会性过程被涂尔干称为"智能革命"。显然，这样的教育活动过程，不仅能够确保教育活动在发展个人社会谋生能力方面起到至关重要的作用，还能极大地促进教育活动发展个人社会精神和社会沟通的能力，培养个人适应社会变革的能力，或是具备更好地改变社会的能力。简言之，这一过程强调的正是功能主义在教育改革实践中的应用与作用，也同时反映了教育功能主义在社会制度构建与发展过程中的影响与价值，即对维护社会团结、形成社会价值共识方面的积极贡献。

所以说，对于社会化进程和教育改革的相互关系来说，能否在整合社会机制、形成统一社会整体方面发挥积极作用，是涂尔干教育社会功能关注的主要内容，对这一问题的理解有助于帮助我们深刻地认识法国教育社会学研究的基本逻辑、学术规范和价值。涂尔干认为，社会只能在具有同质性的社会环境下稳定发展与延续，这就要求教育活动能够对社会同质性的集体生活具有一定的控制力量，以此加强社会合作、实现社会团结。否则，稳定的社会生活和发展几乎是不可能存在与发生的，这是一个社会能够以统一整体的方式稳定发展至关重要的因素。换句话说，教育改革的根本目的在于创建与维护社会团结，实现个人发展的社会性归属感。可见，教育，或者准确来说是教学活动，为个人与社会提供了相互密切联系的一座桥梁，并构建出一个致力于形成统一性社会群体意识的机制。因为，"个体与社会的这种附属关系只有在行动中，即在集体生活之际，才能被表象出来"[1]。涂尔干的这一教育改革实践，在后来各国所推行的教育改革实践中，都取得了一定的成功，在一定程度上实现了共同教育活动的社会规范构建与价值观培养，并在学校教学环境中形成了对违反这一教育过程行为的严格惩罚机制，以此来纠正那些严重损害社会群体意识的行为。涂尔干之所以严格避免错误，积极鼓励采取正确的教育改革方式引导学生的社会自律，其中一个主要原因在于避免教育改革过程中出现反社会行为的现象，以此来应对工业社会中越来越重要复杂的社会发展问题。

今天，越来越多的学者承认社会团结是工业社会各子系统之间相互依存的基本原则，因为无论任何形式的社会生产都难以离开社会团结这一基本条件。根据涂尔干学校教育与社会发展的相互关系原则，社会发展的同质性和社会生存技能的获得为个人提供了必要的多样性合作的可能性。这一关系的存在，可以在一定程度上防止考试失败后对社会归属感的缺失，促进学校教育在塑造个人社会责任方面发挥更大的作用，这是学校教育活动过程中必须实现的基本目的，其价值归根结底是社会性的。但是，有部分学者认为，涂尔干的这一教育改革并没有促使许多学校对工人阶级的学生进行社会尊严的培养，以至于学生所形成的亚文化时常拒绝学校的社会价值观，导致在当时的社会环境中一些人能够获益更多，而另外一些人却难以从社会发展中获取足够的收益。当然，对于那些积极的和具有创造性的学生来说，学校教育可以使得他们最后成为受过良好

---

[1] 渠敬东：《追寻神圣社会纪念爱弥尔·涂尔干逝世一百周年》，《社会》2017年6月，第37卷，第21页。

教育的社会成员，使他们能够与社会发展取得普遍的联系，实现其个人接受社会教育基本目标，而有些人则很可能因为与社会发展存在某种隔离而感到自卑或抵触，以致难以从社会发展中获得相对较多的社会收益。涂尔干认为这样的教育活动并不是他所真正希望构建的教育改革框架，他的计划是希望能够在一个真正的"教育科学"基础上促进当时的工业化社会进程，但因为当时这一计划本身充满着各种各样的不确定性，以至于法国在1870年战败后历史背景下还难以在短时期内实现社会团结和政治稳定，法国正在经历着前所未有的社会危机和挑战。①

然而，对于涂尔干个人来说，由于他青少年时期就已放弃担任犹太教拉比的决定，并将其职业生涯投入社会科学研究和实践中去，在经历了1879年到1882年在巴黎高等师范学院的教育职业生涯后，他已经从各种各样的内战失败中确立了自己的学术信心，这就是励志为法国社会危机探寻一条超越冲突的现实道路而努力的决心，并以此实现社会团结，促进社会化进程的理想。面对法国当时这些深层次的社会危机，虽然自1875年开始便对这些问题在第三共和国共和党人与保皇派之间发生了数次激烈的斗争，但随着工业资本主义经济的兴起，工人阶级中一部分人越来越多地受到了社会主义理论和马克思主义影响，逐渐产生了"世俗"精神的社会价值观，开始了反对教会的斗争，这使得涂尔干的教育理想及其改革实践获得了最为坚实的发展基础。与此同时，伴随着物理学等自然科学的发展，也对当时的社会化进程做出了巨大的贡献，这无形中加强了人们对现代社会化进程的信心，为探寻社会化进程的科学方法提供了条件。有学者认为："19世纪末20世纪初是涂尔干在教育社会学领域开拓最勤的一段岁月，内容主要包括从历史社会变迁的角度考察中学教育制度与课程变革，以及从社会变迁与其道德社会理想出发思考学校的道德教育使命。他希望这些努力可以启发教师察古知今，避免被当时'流行的激情与偏见'牵着鼻子走，冷静思

---

① 有学者对这一时期的社会危机进行了细致的描写，认为："19世纪中叶，随着工业社会的来临，欧洲换了一幅景象。机器运转的速度加快了，城乡间的流动加快了，雇佣阶级的集聚加快了，资本的再生产加快了，生活节奏加快了，不满情绪的累积加快了，心理上的压抑加快了，竞争加快了，冲突的频率加快了……政治斗争也前所未有地错综复杂起来。"引自：渠敬东，《追寻神圣社会纪念爱弥尔·涂尔干逝世一百周年》，《社会》2017年6月，第37卷，第4页。

考日益混乱的人心与社会到底需要什么样的教育。"①当时,越来越多的教育社会学家感受到了涂尔干教育功能理论与教育实践对社会现代化进程发展的所起到的进步作用,并开始支持通过学校教育促进与实现这一进程的主张。这样的一个转变,似乎预示着一个影响深远的教育改革即将展开,针对社会化进程的科学调查随即展开,他们对涂尔干所反映的关键问题进行了细致深入的调查分析,将社会个体和社会群体之间的发展关系阐释得更为清晰准确,甚至是超越了政治和社会意识形态的思考,在社会化进程研究基础上构建起了一门科学教育社会学研究的理论体系。这些方面所取得的进步与发展,也彻底解决了多年来存在于社会化进程与教育改革之间的矛盾,制订了准确、详细的行动计划,将社会发展与教育改革用社会科学理论密切地关联在了一起,成为指引社会变革过程重要理论依据。

1882年,涂尔干下定决心,开始了优化学校教学与社会化进程之间相互关系及其路径的工作。这个问题是涂尔干的教育社会学研究的一个根本出发,也同时被政治学家和社会教育家所共同关注,其问题的根本在于社会利益与个人利益的协调问题。按照涂尔干教育社会学"个人主义"的理论思想,他主张采用自由主义经济学家的观点,试图在现代社会化进程缘起于资本主义的基础上,重新定义个人主义在社会化进程中的作用与价值,并为这一社会化进程提供社会科学依据。经过几年的学校教育改革理论发展及其实践尝试,尤其是1887年涂尔干在中学担任讲师职位期间的教育实践经验,为其后来在波尔多大学形成科学教育学的社会研究理论提供了的宝贵的科学证据,并最终在1902年任教于巴黎索邦神学院期间创建了"科学教育"这一门社会学研究科学,即后来改名为"科学教育和社会学"的社会科学课程,成为涂尔干教育社会学研究制度化后的正式定义。在1882年至1886年之间,这一教育科学理论为法国世俗、义务的和平等的教育系统建立奠定了坚实的科学理论基础,涂尔干本人及其这一教育社会学研究理论与实践在法国社会化进程中成功地扮演一个重要的社会学角色。可见,涂尔干的教育社会学研究理论与实践,是基于对法国社会化进程这样一

---

① 周勇:《忧伤与愤怒:教育社会学的情感动力——以涂尔干、麦克拉伦为例》,《教育学术月刊》2014年第9期,第6页。

个社会事实的科学理论分析基础上构建和创新出来的,从这一社会化进程的性质和发展的角度来看,涂尔干的教育改革实践就是对法国社会及其发展模式的一次科学阐释。

涂尔干作为早期的"教育社会学家",将社会化进程类比为一个活的有机体进化过程,这使得人们更加直观与方便地对社会事实进行深刻地理解。涂尔干这一理论观点的创意在于,一方面能够从社会结构方面分析社会化进程的系统性与完整性,另一方面能够从社会制度方面对社会进化过程中的各项子系统响应社会需求的过程进行深刻阐释,从社会进化的系统角度来分析社会各子系统之间的相互作用与影响。必须强调,涂尔干的这一社会进化与教育改革的理论,可以清晰地用来描述社会进化过程中各社会子系统与教育改革之间的相互因果关系,是一种对社会进化过程的系统性表达。因此,当我们彻底了解涂尔干教育社会学基本理论后,便可以对法国当时的教育系统与社会结构之间的相互关系有更进一步的深刻认识,或者说会对法国当时的教育改革与社会事实变化之间的因果关系有更全面的理解。

1911年,涂尔干发表了一篇题为《教育性质及其作用》的研究文章。在这篇研究文章中,涂尔干断言教育研究就是在社会学视角基础上的一种历史考察,不同的社会发展阶段,都会存在一个特定的历史时刻可以让教育系统对个人的社会性发展产生巨大影响。因为,无论是什么样的社会环境,生活在这一社会环境中的个人都具有特定的人类理想,而这一人生理想通常情况下是从其知识、身体和道德的观念基础上通过教育活动确立起来的,教育便成了个人实现这一社会化进程的关键。并且,这种教育活动的不断延续,也会不断强化受教育者个人的社会化进程思维。最终,通过教育活动,"个人"变成了"社会人",并在很大程度上实现了社会团结。因此,我们可以得到对社会化进程与教育改革之间相互关系与作用的以下判断:教育活动的宗旨是为社会个人的未来社会生活做好充足的准备,这一过程能够激发和培养个人在身体、智力和道德等多方面的社会化特征,实现他们最终融入社会整体的基本能力需求,完成系统的社会化过程。这种的教育社会化观点,通常被称为是"有条不紊的社会化"过程,这一过程从一开始就具有天然的耐久性与普遍性,无论是在学校教育系统内,还是在家庭教育环境下,其共同的教育目标是将社会教育中的基本标准、知识和价值连续性的传播给受教育者，使其能够在社会化进程的大系统中实现个人的社会化塑造。

然而，就以上涂尔干所提出的教育社会化进程的定义来看，因其教育社会学理论尤其注重社会"事实"的描述，以致其观点着重强调在给定历史时期的教育改革，这一观点的本质显然是从一个静态的角度对社会化进程进行的思考。所以，可以这么说，涂尔干所提倡的社会化教育改革，虽然符合社会化进程发展的基本需求，但却仅是强调实现社会的"改变"，缺乏对社会历史发展的足够重视，这使得社会化进程中的教育系统制度化的建设，必须首先对社会现实的进化阶段有清晰的划分与把握，将社会化进程系统中最一般动态事实转化为静态的社会事实加以分析，这便是涂尔干"教育科学"研究理论对社会化进程的特殊理解。为此，涂尔干也曾试图对此观点进行校正与完善，他尤其集中精力对学校教育在促进"青年人社会化"过程中的作用与影响进行了研究与讨论，将学校教育作为社会化"子系统"依赖于社会整体系统的事实与特点进行了深入剖析，论证了学校教育在这一社会化过程中所具有的永久性力量和这一力量的变化趋势，认为学校教育是实现社会化整体进程最为重要的子系统，它对动态与持久的社会化进程具有强大的动力，尤其是在培养与构建社会集体意识方面具有明显的"连贯性"特征，对形成社会化进程中共同的价值观和社会规则具有积极的作用。涂尔干明确表示社会集体意识是社会化进程的一个重要表征，在任何的社会化阶段，学校教育改革与社会化进程之间都存在一定的双向因果关系，这种社会化的表征正是对应于新的教育改革需求的一种意识形态，它预示着社会化进程中教育改革与社会变革力量之间的冲突与协调。

根据涂尔干社会化进程与教育改革的理论观点，教育社会学家能够辨别教育在社会化进程中各阶段的作用与影响，以及教育改革如何响应特定历史时期的社会化进程需要。任何学校教育系统都具有一系列固定的、稳定的潜在工作原则，对知识、身体和道德的社会化需求给予满足，虽然有时这一作用不太明显，但其绝非无关紧要的社会化因素。在法国，涂尔干采用教育社会学实证分析的方法，显示了中等和高等教育自中世纪以来的这一社会化"历史"演进过程。其中，一系列的社会化变化强烈地证明了学校教育系统是如何满足社会化进程中的各项自主教学愿望。所以说，涂尔干所提出来的教育社会化概念，清楚地表明了教育改革是反映学校教育对社会作为一个整体所肩负的社会化责任以及需求,这解释了学校教育对社会发展集体交涉过程中的作用与意义。

如果我们了解涂尔干教育社会学的教育实践理论与原则,就一定会发现科学教育研究在现代性的社会学中所产生的影响与价值,这不仅局限于对教育体制的分析,更多的是对教育学中实践改革与社会系统之间相互关系的分析。由于涂尔干所强调的现代社会是基于工业化发展和分工劳动增加的社会环境,所以教育改革在实现一个更广泛的社会角色分工方面与专业化社会功能方面,都迫使他更加重视"社会团结"在社会化进程中所面临的风险与机遇。为此,涂尔干一再强调教育改革中的"现代主义",即塑造与培养人作为社会价值与现代工业社会凝聚力的重要有机体的重要性。涂尔干断言,人类的教育改革,就是要尊重人类作为社会性产物的这样一个社会事实,并为建立密切的社会联系而努力,认为这是"人性"的一种新形式的神圣属性,是现代社会环境中对个人主义的全新定义,必然能够满足当代的社会化进程需求。涂尔干的这一结论,是从对现代社会化进程中经济和政治发展满足现代工业社会的个人主义的价值观基础上产生的一种社会共识,他详细地描述了一个"新兴"社会环境中教育改革注重社会价值观和集体意识的一面,甚至将教育改革中的"个人主义"视为社会化进程中的优越性的体现。

当涂尔干试图辨析教育改革对社会化进程的影响时,他不得不首先解决三个主要问题,即:阐释学校教育系统如何实现"保存"社会化进程所带来的"改变"?如何实现各社会环境中学校教育改革实践与全球社会化进程相融合?以及该使用什么教育改革模式实现社会化知识与意识的整体性有机构建?当时,涂尔干已在索邦神学院担任教职,积累了约15年的教育教学改革经验,这些问题的思考最终促使他积极开展了1894年和1905年间法国中等教育体系的改革与演变。对此,有学者指出:"在波尔多大学,涂尔干最初是一位教育学教授,后来他进入索邦为社会学正名,教育问题仍是他的思考自始至终的着眼点。"[1]可见,涂尔干认为作为一名教育社会学研究的开拓者,积极解决困扰教育改革与社会

---

[1] 渠敬东:《追寻神圣社会纪念爱弥尔·涂尔干逝世一百周年》,《社会》2017年6月,第37卷,第24页。

化进程中那些模棱两可的难题,对引导社会化进程有着重要的实践价值。于是,他随后在许多各类场合多次针对以上三个主要问题进行了讨论与分析,指出社会化进程从本质上来说其实是一个非常理性的过程,学校教育不仅是"社会知识"的教育,还必须是社会意识的教育,他确信唯有教育改革中所倡导的理性主义才能较好地解决以上这三个问题。为了能够较好地解决以上这三个问题,涂尔干强调在理性主义的基础上,必须首先明确教育改革最根本的社会性目的,分析教育功能在实现社会有机团结、形成社会集成意识方面的主要作用与影响。其次,要系统性地对现代工业社会的社会化进程中的"道德元素"进行研究,避免出现反社会的教育现象,并积极地刺激个人社会生活意义构建,形成教育改革目的与内容的相互统一,通过教育改革实践来建立个人的社会纪律与规则,帮助个人克服"社会失范"的行为与困惑的产生,节制个人非社会性欲望膨胀,完成个人社会性格与人格的塑造。事实上,因为传统社会中所存在壁垒,教育改革在"保存"社会化进程所带来的"改变"面临的挑战远超乎人们的想象,但"适度"的保存毕竟是有一定可能性的,只有当受教育者掌握了一定的社会化知识与意识后,社会化进程过程本身才能够达到一个自我实现与社会统一的境界,探寻融入全球范围内社会化进程的教育改革模式才能够实现。

不难发现,涂尔干意识到了教育改革所面临的困境,为了顺利实现教育的社会功能,促进社会化进程的发展,必须要改革学校的教育体系,以便能使其在社会化进程发展中起到应有的引导作用。涂尔干的这一观点,直接引发了法国基础教育的社会改革运动,截至1920年学校教育系统内的课程建设几乎都是面向社会化进程的设计,涂尔干和他教育改革实践的追随者们,积极地为这次教育改革做出了不懈的努力和奋斗,他们甚至为学校教育的管理系统共同设计了教学大纲,目的是将其教育改革的基本理念应用于社会化进程之中。至此,教育社会学所传达给教师的有关教育改革与社会化进程的基本原则,逐渐通过教科书中这些"新"课程知识被很好地接受了。据此,涂尔干有关教育改革与社会化进程的理论研究,通过"教育"与"社会科学"的研究方法催生的教育社会功能在处理与协调社会关系方面表现出了独特的作用,这也使得学校教育和社会发展之间的不平等现象逐渐减小,学校教育的社会功能成为社会系统里具有强大"再生产"能力的实践力量。

为了能够应对这样的"教学方法"改革,涂尔干将教师看作至关重要社会因素,认为任何教育体系的"变革"都主要是由教师来具体实践的,所以必须培养大量能够应对新的社会需求和社会系统建构能力的教师。对此,涂尔干认为最为理想的状态是,对所有那些实现这一教育改革目的能够承担责任教师来说,能够集中力量开展"重建教育"的具体实践工作,必要时还必须能够根据社会需求的变化不断重塑和重组学校教育的改革实践措施。从某种意义上说,这是一个持续不断的教育改革与演变过程,这一过程最终是否能够取得成功,除了教学过程的顺利实施以外,还取决于教师对这一教育改革的认知态度和学生的学习效果。因此,教师的社会化教学"使命",就必须要求他们能够根据受教育者对象的特征自然而然地引导他们进入社会交往的现实世界中去,并由此启发与发展他们的集体意识,让这种特定的"学校环境"能够发挥出社会教育的积极作用,在教师和学生之间建立起一种相互"协调"与"信任"的紧密关系,甚至比家庭教育更能广泛和抽象化地对受教育者产生社会化教育效应。虽然在涂尔干看来,这样的学校教育并不能保证让所有的学生在学校教育环境中建立起社会性的生活习惯,但这类的学校教育确实能够保障一部分的受教育者可以形成社会性心理,构建集体意识,开展集体生活,获得有意义的社会发展,并最终参与到社会化的整体进程中去。涂尔干相信,这样的教育社会功能,是其他任何教育形式所无法能够取代的,这绝不是一个简单化的社会化过程,必须在受教育者快乐的学习体验下来实现这一过程。

为了实现这一目的,首先就必须将教师真正作为一个社会群体来看待,无论什么样的学校教育,或无论什么样的学生群体,只要具有预期的社会教育期望,就必须通过相应的教育改革积极促进受教育者的集体意识,并形成自发形成的社会生活,建立共同的精神思想和情感,加强个人的社会性教育,阻止那些不良社会情绪的表达。一句话,教师必须尽可能地寻找导致受教育者进入社会化环境与过程的一切有意义的因素与动力,能够将"个人主义"的社会理想和"教育改革"的基本原则依据不同的社会需求结合起来,有效地解决学校教育与社会化进程中的矛盾与冲突,将个人的社会性发展通过老师与学生之间的社会调控与知识传递表现出来,提升受教育者群体的社会凝聚力。对此,涂尔干反复强调,在他看来,教育社会学研究应该帮助教师在解决这一问题时获得更清晰的思路,理解教育的社会功能,鼓励从事教育改革的教师群体更好地把握教学改革与社会化进程的本质意义,做到超越常规,成为真正的"教育社会学"研究的实践者。

可以肯定的是,涂尔干没有完全阐释与解决社会化进程发展与教育改革实践之间的内在关系,但他在当时应对法国社会危机的情况下提出这样一个新的理论与想法,对改变教育实践产生了巨大的影响与作用。此外,涂尔干不断强调社会化进程中社会的决定性因素,也似乎说明在特定的社会历史环境中,通过教育制度的社会化建设过程,来创建符合社会化进程的教育教学改革模式,是教育社会学研究运用理性主义揭露复杂的社会演进过程的重要手段之一。

第三节 社会结构与教育功能

在教育社会学研究理论中,社会文化与知识的传播与转化被看作一项重要的教育社会功能,它为我们理解与掌握社会文化价值提供了一个很好的研究框架。然而,究竟什么是教育的社会化概念?教育的社会功能有哪些?如何实现教育的社会功能?在涂尔干看来,思考与回答这些问题,是弄清楚社会结构与教育功能之间相互关系的关键所在。

涂尔干是一位教育研究的"功能主义"者,他主张运用功能主义的理论与观点对当时法国的公共教育系统进行全面的改革与创新。然而,虽然涂尔干十分推崇功能主义理论在法国教育改革实践中的运用,但功能主义理论的局限性与缺点还是让人们注意到在具体的教育改革实践过程中学校与社会之间所表现出来的冲突与问题。毫无疑问,就涂尔干的教育社会研究理论来看,功能主义理论是一种较为理想的教育改革思想,它为解决教育如何满足社会需求这一问题提供了有效的解决方案,同时能够调节教育活动以便适应不断变化的社会环境。[1]因此,早在100多年前,涂尔干就认为教育活动的基本功能就是能够确保受教育者成为适应社会发展的合格公民或劳动者,并能够获得适应社会发展的持久适应性能力。为此,有学者评价道:"教育的目的是要使人具体地回到社会,而并非用普遍的自我假设或一般人类命题将人们拔离社会。"[2]可见,关于涂尔干教育功能理论核心内容便是通过教育活动来构建一种能够保持社会稳定的社会角色分工机制。在工业化进程与现代社会发展过程中,这种从教育活动中所获取的社会教育分工机制其实是由多种多样的社会角色共同构建起来的一种社会发展机制,但各个社会角色之间并不具有相同的社会价值和意义,也并不需要从教育活

---

[1] Jones, R. A., *The Development of Durkheim's Social Realism*(CambridgeUniversity Press.1999),p.26.
[2] 渠敬东:《追寻神圣社会纪念爱弥尔·涂尔干逝世一百周年》,《社会》2017年6月,第37卷,第24页。

动中获得相同的社会知识、技能和意识。因此，教育系统中的一个最基本的功能便是确保人们能够通过接受教育获得不同的社会角色，承担不同的社会发展责任。由此一来，现代社会的稳定性也就具有了合理的社会稳定机制保障，并能够通过这些不同的社会角色实现社会结构的优化与协调。

然而，涂尔干这一教育功能理论的唯一不足与缺陷也十分明显，即由于承担不同社会责任的社会角色的存在，导致一些社会角色占有了较高的社会地位，另外一些社会角色则极有可能仅处于较低的社会地位。其中，那些占有较高社会地位的社会角色，也往往是承担较多或较为重要的社会发展责任的人群，而那些仅占有较低社会地位的社会角色，则通常可能仅是承担较少或并不是十分重要的社会责任的人群。对此，涂尔干坚信，由于教育功能的持续与长期性的客观存在，社会及其结构将长期存在，因此它的发展就急需要有足够程度的社会角色分工机制的存在，能够为当时的现代化工业社会发展提供充足的劳动力。可以说，唯有确保一定程度与水平社会稳定机制的存在与发展，才可以维护社会结构的良好运转，实现社会系统的整体性团结与发展。因此，在涂尔干看来，为了能够帮助法国现代社会发展具有应对这一挑战与困难的能力，确保社会发展的进步与优化，就必须在法国构建与实施一种义务的公共教育系统，以便能够为现代社会发展提供受过良好技能与知识教育的劳动力。

事实上，马克思的冲突功能理论也从另一方面为涂尔干的教育功能理论的实践改革提供的一定的理论依据，将社会结构看作一个有机整体的核心内容与要素，能够使教育的社会性改革获得优先发展的机会与权力。涂尔干认为，社会结构中因为社会角色的分工不同，充满着多元与差异性的社会权力结构，并且这一现象根植于社会阶层的分化与知识的再生产过程中，每一个特殊的社会阶层都会因为教育功能的差异而具有不同的社会关系。在资本主义工业化社会进程中，教育功能的社会化使得社会分层的过程变得愈加复杂，在不同的社会阶层中逐渐出现巨大的社会教育差异，这也导致了明显的家庭教育的差异。在这一社会背景下，富有的家庭将有更多的受教育机会和权力，而相对贫穷的家庭来说，受教育的机会将大大减少，这最终造成了社会结构协调过程中的冲突与矛盾。由此一来，这些生活在不同社会阶层中的个人便很容易因为教育差异而产生不同的社会观念与价值信仰，并由此通常最终形成不同的社会生活意识。

严格来说,这种生活意识,其实也就是一种社会阶层的集体意识。对此,涂尔干教育功能主义者认为,学校的公共教育系统最为基本的社会功能就是通过改善社会个人的社会知识认知能力来实现社会结构的优化,满足社会发展的整体需求。可以说,教育功能主义者对待教育活动与社会结构的观点多少是充满理性思考的,因为这一观点强调教育的社会功能旨在为受教育者未来的职业发展与社会生活提供准备,以此来实现社会结构的有机协调与文化再生产。

然而,社会结构调整中的具体教育行为是什么?涂尔干的教育社会学理论为我们提供了一个富含深刻思想性的分析结论,它使得这一十分复杂的教育社会学问题在上百年前就已经得到了很好的解释。正如我们所理解的那样,涂尔干时期的教育改革对社会的发展进程产生过十分重要的影响。通过对涂尔干教育功能论下教育实践的长期观察与分析发现,教育活动与社会结构之间的相互作用关系与影响会因为社会阶层的不同而有所不同,甚至是不同年龄段的教育活动对社会结构所产生的作用都是具有明显差异性。因此,在社会结构的调整过程中,成人教育与儿童教育之间的社会功能也由此需要及时做出相应的调整。其中,通常情况下,由于成人教育的社会功能更为明显与强烈,在一定程度上影响了儿童教育功能的发挥。然而,无论是儿童教育的社会功能还是成人教育的社会功能,最主要的教育目标是确保所有受教育者能够清楚地明白教育功能在社会结构中的本质作用,也就是教育过程对个人社会化过程的影响在社会环境中的反应。

对于涂尔干来说,他所关注的主要教育功能是教育活动在社会环境下为儿童未来社会化生活或职业生活方面所提供的准备。其中,涂尔干对"自然个体"与"社会个体"这两个概念进行了系统深入的辨析,按照他的观点,教育的目的就是塑造"社会个体"[1],为社会结构的调整与发展提供人力资源,所展现出来的教育活动是社会性的,而非个性化的。后来,涂尔干的这一观点,逐步发展成为系统性的教育功能理论。这一理论,强调道德信仰和社会实践,注重职业传统和集体意识在社会结构中的作用,它的整体性特征便是社会个体在社会结构中的

---

[1] 有学者指出:"教育的核心议题就是,在每个具体的历史时期,究竟要塑造什么样的人。涂尔干《教育思想的演进》一书,目的就是要追察这一历史过程。"引自:渠敬东:《追寻神圣社会纪念爱弥尔·涂尔干逝世一百周年》,《社会》2017年6月,第37卷,第24页。

现实反应。虽然涂尔干也相信"自然个体"的发展在教育活动中也十分重要,但是儿童的社会化过程必须远离家庭教育,在良好的社会结构环境中逐渐培养起来,这是教育功能主义所坚持的核心观念之一。所以,对于涂尔干的教育社会学理论来说,教育不仅是为儿童未来所做的社会化准备,还能够为社会结构的协调发展提供了良好的社会环境。为了能够确保儿童在社会教育过程中获得足够多元化的社会角色,教育活动必须为儿童能够获得不同的社会生活技能与价值观等提供必要的保障,借此来保证社会结构发展的稳定性。此外,对于涂尔干教育功能主义者来说,教师的主要社会职责是传播社会道德权威,教师应该坚信社会教育的重要性是消除与转变受教育儿童的非社会性行为与观念,这便是教师在实施社会教育过程中对儿童所产生的特殊影响作用。

基于此,可以看出,社会结构的协调与发展无疑是通过教育活动来实现的。涂尔干认为,社会性教育活动必须对教师实施儿童教育过程中的社会观念与情感具有一定的管理作用,能够有效地对那些教师所带有的偏见性社会观念给予及时的校正与纠正,这是教育功能的基本原则之一,否则社会结构的构建在集体意识层面就是不稳定的,必然会面临着风险与挑战。为了能够在学校教育环境中顺利地开展这一教育活动,必须首先激发起大多数学生对这一教育活动的兴趣,使他们真正明白这一教育过程的真正社会意义与价值。当这一教育活动顺利实施后,学校教育便与社会发展真正密切地联系在了一起,教育活动不仅能够满足社会发展的各方面需求,还能够为社会结构的协调有序发展提供必要的保障,教育由此真正成了能够影响个人与社会发展的关键因素,在最大限度上促进人的社会化转变。事实上,大多数学者都能够接受这一观点,认为教育的直接影响就是促进人的社会化性格的形成,使其自身的社会发展能够具有一定的独立性,尽量避免受到诸如天气、生活环境等社会意识之外的其他因素影响。但是,需要注意的是,社会化的教育过程并不是绝对孤立开展的,它将受到原有社会结构的影响,不同的社会环境对每个人所产生的教育社会功能是不同的。

为了能够深入研究涂尔干社会结构与教育功能之间的关系,一些学者还经常提出要从社会公正的角度来对其过程进行分析的观点,尤其是对社会化教育所产生的公平权利及其社会地位的问题进行讨论。教育功能主义者认为,有时这样的分析会引发对社会结构公平性作用的争论。然而,考虑到涂尔干当时所处的工业化社会存在过分不平等的社会事实,因此不得不对当时的社会结构公平性作用做更多的思考,将社会正义理论的标准放置在社会化进程的整个环境中来进行衡量,去探索教育功能理论在促进社会正义过程中的基本作用。当时,支持涂尔干教育功能理论的教育社会科学家们认为,一个有着良好公平与正义教育精神的社会,往往也会具有较为协调的社会发展结构,正常情况下也不会存在太多的社会集体意识分歧与冲突,因为只有显著的不公平的教育活动才会破坏社会结构的稳定性,使社会价值观与基本原则失去原有的效用。基于此,涂尔干认为教育功能的社会性贡献便是产生一种社会凝聚力,并将这一凝聚力作用于维护社会结构的和谐与平衡,以此来保持社会发展的长期稳定与社会团结,这便是教育功能在社会化进程中的积极表现。可见,教育的社会功能除具有社会层次的基本作用以外,还能够将社会公平与正义的基本原则付诸实践。因此,当我们细致考察涂尔干教育功能理论的时候,必须深刻理解他对教育改革与社会结构之间有关公平公正原则的理解与阐释,这对理解教育社会化过程的基本特点有重要的意义。

简言之,涂尔干认为现代社会需要通过发挥教育的社会功能来实现"社会有机团结",这是一种基于社会个体差异化的团结,并不是社会结构中集体意识的同质性表现。事实上,即便在今天的社会,因为社会性别、种族或宗教存在的差异,也很难在社会结构中产生绝对的同质性社会有机团结。因此,有机团结时常产生分裂,只有当社会结构能够"自发地为实现社会公平与正义这一目标"而进行自我修复与改善时,社会有机团结才具有了发展的可能性,在教育过程中才会实现社会公平的目标、消除社会结构中的不稳定因素,否则便无法产生足够的社会集体意识来促进与维护社会有机团结。为此,涂尔干指出:"所以,教育的目标必然是以一种特定的方式加以组织,使其有能力产生符合该目标要求的深刻而持久的效应。"[①]所以说,涂尔干有关社会结构与教育功能的论点,是阐释社会分配正义的基本观点,强调在社会资源和教育活动中全面实现分配公平的教育目的,确保通过教育过程实现社会结构的正义价值,维护社会发展的有机团结。

---

① (法)埃米尔·涂尔干:《教育思想的演进》,李康译,商务印书馆,2016,第49页。

今天来看,涂尔干对社会结构与教育功能的论述,在我们探索与讨论社会结构及其作用方面,仍具有极大的实践价值与现实意义,我们如何利用涂尔干的这一理论改善当今教育活动中日益加剧的社会不平等和两极分化,需要对教育的社会性功能做进一步的深入研究与探讨,尤其是弄清楚社会教育过程中各种规范的、功能主义的和经验主义的观点。事实证明,涂尔干的教育功能理论对构建现代社会平等机会和正义的社会环境有巨大的积极作用,能够在社会结构中激发出强大的社会凝聚力,削弱社会不公的失望与冲突。因此,尽管涂尔干在论证教育功能的概念层面上仍然存在许多被人质疑的地方,但他所提出的关于社会机会平等的观点却能够将扭曲的社会结构问题给予解决。也就是说,涂尔干通过教育功能实现社会正义的观点,是他对社会有机团结变化的深刻思考。在早期,社会结构是建立在相似的社会环境基础上的,没有多少空间留给教育活动发挥社会公平公正的教育功能,在那各特定的历史时期,社会有机团结难以从"个人主义"中挣脱出来,个人主义成为那一特殊历史时期的一种核心社会价值观。

虽然涂尔干的这一教育功能理论取得了一定的成功,但也遭受了有很多的批评[1],并经常被使用来指称教育功能主义思想。尽管社会结构的概念并不是涂尔干教育功能理论研究的重点,但通过他的这一理论向人们所展示出的社会化进程分析,直观地说明了社会结构权力取决于教育功能的主观概念,从而驳斥了"非教育功能主义者"对教育功能的指控与质疑。可以说,涂尔干的教育功能理论,进一步突显了这一观点的理论优势,尤其是在对社会结构主观维度的解释方面,它为社会分层与社会公正提供了一个社会性的解释维度。虽然在社会化进程中并没有明确的社会结构概念,但在教育活动的现实世界中,却可以找到有力证据来论证社会结构与教育功能之间的利益关系。为了分析教育活动的社会性功能,涂尔干对社会化进程中的客观社会现实与主观社会现实之间的关系进行了辨析,从理论上区别了"社会事实"的概念,强调"社会事物"客观事实才有可能导致社会结构的真实性变化。与此相反,教育的社会化过程仅是用来表达

---

[1] 对此,有学者指出:"对于涂尔干的理论努力,当代学者常认为其有所社会见识,但未曾深入考察现实社会中的'政治文化冲突及其演变'。这是从纯理论的角度展开的评论,可以引述来探讨涂尔干教育社会学想象力的不足之处。"引自:周勇:《忧伤与愤怒:教育社会学的情感动力——以涂尔干、麦克拉伦为例》,《教育学术月刊》2014年第9期,第6页。

主观意义的活动,社会结构中所隐藏的矛盾难以被人们真实感知。按照涂尔干的观点,这便是指社会化进程的二重性,即客观真实性和主观意义上都可能存在社会结构,对社会"自成一体的现实"都会产生一定的构建作用,这才是真正的社会结构与教育功能的相互关系。

教育功能是涂尔干的个人主义方法论观点在教育社会学研究中的一项系统性理论,它通常被认为是社会结构在社会化进程中进行自我调节与变化的动力。因此,教育的社会功能是社会化进程中一个最为普遍的因素,它存在于这一过程中最为复杂的社会关系中。以教育功能为基础的社会结构,有的时候在现实的社会化进程中能够起着决定性的作用,因为教育功能的发挥总是与社会结构之间相互密切联系的,并最终将教育功能转化为客观的社会事实,从而决定了社会结构的构成过程。在涂尔干看来,这种系统的相互联系具有特殊的"辩证关系",教育功能其实也因此是由个体行动者在社会化进程的客观现实基础上发挥其影响作用的,而社会个体又与社会结构及其客观事实产生着密切的交互作用。就社会结构而言,它恰恰是社会化进程的重点所在,因为社会结构和社会阶层结构被看作社会化进程的两个重要条件,它是支持社会分层实现的结构性要素,是能够被社会化进程中的所有个体感知到的社会化客观性存在。涂尔干认为,社会结构是在社会个体出生之前就客观存在社会事物,是现存社会制度的传统延续的基本保障,具有强烈的社会客观性的属性,并最终成为社会化进程中的制度化的产物。在这一基础上,教育功能的实施者与参与者所表现出来的习惯性行为,也逐渐成了社会结构变化中的制度性产物,代表着社会性和社会控制性。也就是说,教育功能是社会化进程的一部分,在其运作中只能依据社会结构的这个制度化的概念来给予理解。当稳定的社会结构出现后,教育功能便可以通过建立特定的教育行为模式来控制人类的社会行为,以此确保社会化进程能够按照事先预定好的个人社会行为展开。

这种社会结构的变化过程可以被认为是教育功能在社会化进程中的基本形式。在这样的社会环境中,社会结构成为唯一用来行使支配社会群体成员行为的社会力量,当个别社会成员不能完全履行社会结构的基本要求时,社会化进程便会受到一定的影响。为了能够约束社会结构中某种独立于个体的社会行为,教育功能的实施就必须坚持一代又一代的承继下去,以此来抵抗那些企图改变社会结构的做法。可见,在社会化进程中,社会结构对人类有强制性的社会权力,这种权力是一种来自教育功能的控制力量。基于此观点,即使教育功能超越了个体的社会意识,通过社会结构与教育功能的互动过程,也能够逐渐将社会个人的意识创造加工成为具有客观性外化事物,即所谓的"物化"过程,此时人类的社会世界便成了人类所经历的客观世界,但这并不意味着教育功能因此获得了独立于社会化进程之外的地位。其中,实现这一过程的基础,便是社会结构与教育功能之间的辩证关系,它能够促使社会化进程最终回归进入社会结构中的个体主观意识之中,这本身也正是社会化的过程。

从根本上说,无论是教育功能还是社会结构,彼此都能够体现出社会化进程的基本特征。随着工业社会的不断发展,社会是人类的产物这一客观现实变得越来越清晰,而人是社会结构中的产物这一观点也逐渐能够被理解。因此,关于教育的社会功能,涂尔干认为正是社会结构和社会化进程中的社会群体差异使得教育功能具有了社会影响的可能性,因为社会结构是在人类的教育活动中建立起来的,教育功能作为社会化客观世界的一部分出现,并被视为人类社会化进程中的决定因素,无疑证明了社会结构与教育功能在理论意义层面的特殊存在。可见,涂尔干的社会结构理论,并不是强调片面"教育功能决定论",是从根本上强调教育功能在社会结构构建过程中所具有的特定影响与作用,是关于对教育功能与社会化进程中主要社会关系总和的认识。涂尔干指出他主要是从实践、意识、过程三个维度出发对社会结构进行分析,这三个维度分别对应于教育功能、有机团结和社会进化三个方面。所以说,涂尔干以教育活动为根本手段研究社会结构,坚持社会化进程的本质是教育活动的观点,把社会结构划分为了教育结构、精神结构和社会关系三个维度,这种对社会结构微观考察与分析,便于对不同时期的教育功能、集体意识、社会团结及社会化形式等因素之间的相互关系进行分析,归纳出工业化社会进程中社会结构的演进过程。

从关于社会结构与教育功能的理论体系内在逻辑上来说,社会结构的演变过程具有实体性、社会性和实践性等特征,是"现实的社会制度"的产物,这也是涂尔干分析社会结构的逻辑起点。教育功能与生产关系的矛盾成为决定社会结构运动与发展的动力,凸显出了社会结构演变过程中的整体性与个体性、系统性与层次性、稳定性与动态性相结合的基本特征,这在涂尔干的社会结构理论中,再次强调了实证主义社会结构理论研究范式。涂尔干强调,"只有从社会事实出发才能对社会结构展开理性分析"①。他认为,对法国社会各种危机的产生原因和解决办法的探讨,只有通过"实证科学"的方法对社会结构进行客观、深入的研究才能得到解决。②此外,涂尔干还以社会团结为纽带建构了机械团结和有机团结两种理想的社会结构类型,他通过对教育功能的分析来认识社会结构的阐述与发挥,使他成了功能主义的先驱者。可见,教育功能不仅是涂尔干社会结构理论的一个最为基本的概念,而且也是他研究社会结构的主要方法。涂尔干强调,社会个体的行为在很大程度上是考察社会结构的重要内容,因为社会个体的行为通常是以社会结构目标为意旨的。在涂尔干看来,包含教育功能成了社会结构演变的主要因素,也同时是社会化进程的重要内驱力。

基于此,涂尔干的社会结构理论,通常也被认为是结构功能主义理论,并对当时的教育改革实践产生了一定的影响。涂尔干指出,社会结构是社会化系统中的一个重要环节,虽然社会化系统及其进程具有抽象性的特征,但以教育功能为起点来分析社会结构,并对教育功能的社会化影响进一步分析,能够深刻地理解工业化时代社会结构产生的根源,以及隐藏在社会结构深层社会现象与教育活动之间的相互关系,这就为社会结构研究找到了新的方法论指导。此外,涂尔干强调,社会结构是在社会化进程中教育功能的社会化推动下得以发展起来的社会产物,教育功能中所传播的社会意识通常能够起到维系社会结构纽带的作用。

可以说,涂尔干的社会结构理论是在全面整合以往各种不同结构理论的基础上发展起来的一种理论体系,它通过教育功能的社会影响对法国工业化时代的社会结构进行了重构与分析。其中,涂尔干所提出和阐释了著名的"实证主义结构理论",是他从具有明确的教育功能理论基础上对社会结构的研究与深刻思考,这一理论既植根于人类的教育实践活动之中,又相互渗透在社会化进程

---

① 杜玉华:《西方社会结构理论:在反思中不断重构》,《社会科学报》总第 1653 期,第 5 版。
② Pudal, R., "Durkheim and the Reception of Pragmatism in France," *Durkheimian Studies*, 2005, p.103.

与教育改革实践的统一过程中。在涂尔干看来,社会化进程中具有"结构性"的教育模式是社会结构演变最为基础的动力,它通过对"社会事实"的客观存在来给予社会结构不断重建和更新的动力。因此,涂尔干对社会结构与教育功能相互关系的论述,是以社会化进程中为起点与主线的实证分析,尤其强调社会结构中人的主体性作用,彰显了教育社会学视角下对社会结构与教育功能相互关系的深刻思考。

第四节 社会运动与教育思想

在涂尔干的教育社会学理论中，将社会运动与教育思想的联系起来论述的观点与文献司空见惯。显然，在涂尔干看来，社会运动与教育思想之间存在着密切的联系，这一理论几乎成了涂尔干教育社会学研究的核心内容之一。

面对法国现代化进程中纷繁复杂的社会混乱与危机，涂尔干在开展长期的教育实践与考察后，首先对社会的"失范理论"进行了深刻的阐释[①]，以此来关注社会个人参与社会集体活动过程中的各类社会问题。他认为社会调节过程中之所以会突然发生社会变化，通常情况下是由一些"社会失范"行为所造成的，并指出"工业社会的病灶就是失范"[②]。之所以这样说，是当这些有着"社会失范"行为的人在参与社会集体生活过程中，发生了被逐渐"边缘"的社会现象，以至于其参与社会运动的过程出现了失调。即便是从社会现象的表征来看，发生这一现象的原因也是多方面且深层次的，因此涂尔干的教育社会学思想主张社会变革，以便能够最快地调整这些具有"失范"社会行为的人参与到社会生活中去，避免不必要的社会冲突与抗议。通过涂尔干这一教育社会学思想的广泛传播，越来越多的人也发现潜在教育思想与社会现实之下的矛盾与冲突，正是加速催生"社会失范"行为的罪魁祸首。针对于此，进行积极的引导，才能够使每个参与到社会生活中的人尽快适应快速发展的工业社会，做出最为理性的社会改变。在

[①] 按照涂尔干"失范理论"的基本概念，有学者对其做了进一步的阐释，认为："失范意味着社会控制机制出现问题：一是集体意识丧失原有的支配力，它在日常生活中变得隐晦不显；二是个体意识缺乏管制，欲望在日常生活中变得张扬。涂尔干把其生活时代出现的贪欲横流、冲突高涨和战争肆虐等现象看作是失范的表现。"引自：郭忠华，《劳动分工与个人自由——对马克思、涂尔干、韦伯思想的比较》，《中山大学学报》（社会科学版）2012年第5期，第172页。

[②] 渠敬东：《追寻神圣社会纪念爱弥尔·涂尔干逝世一百周年》，《社会》2017年6月，第37卷，第5页。

这样一个变化过程中,通常社会认可度较低的人对参与社会生活的程度也较低,这是由教育思想在社会变革中的作用所决定的。涂尔干确实经常提及这些理论,部分原因可能是为了应对法国社会危机,获得更多来自教育活动的社会力量,另一原因则可能是涂尔干对社会反常行为有着深刻的社会考察,至少在他看来教育思想是拯救法国社会危机的一股重要力量。因此,涂尔干将参与社会运动的问题视作是教育思想的社会实践结果就不再令人感到惊讶,涂尔干认为对"社会失范"行为的批判与校正,应该是社会教育思想融入社会化进程最为重要的内容,除了可以直接改变社会个人参与社会运动的目的之外,还可以成为社会个人参与社会运动的动力来源。当时,涂尔干对社会运动与教育思想的这一理论阐述,几乎成为人们理解"社会失范"行为的一个全新假设。

毋庸置疑,涂尔干的这个假设,尽管试图解决教育思想在引导与校正社会个人参与社会生活方面的种种社会问题,但其教育实践的具体理论及其过程仍然存在许多争议的地方。可以说,由于涂尔干这一理论的研究对象的特殊性的原因,其理论的教育实践过程从一开始就具有明显的局限性,并十分容易引起人们对这一理论产生误解。事实上,涂尔干认为教育思想的正当性能够较好地指导社会个人参与社会生活,而缺乏这一教育思想指导社会行为时,由于"社会失范"行为存在的可能性而极有可能引发社会运动,当社会运动偏离了教育思想的指引后,便产生了社会危机。[1]涂尔干的这一理论意图,并不是社会危机理论的流行观点,但从教育社会学的视角下对社会危机产生的根源进行了阐释,对"社会失范"行为在参与社会运动过程中的负面影响做出了深刻的理解。当涂尔干这一理论经过实证检验后,他所预想的结论再一次被证明与社会现实存在高度的一致性,这说明涂尔干这一理论所表达的主旨,很可能便是一次对社会运动与教育思想之间相互关系在社会事实层面的理论复原,这成了涂尔干教育社会学研究中最有价值的理论之一,这一研究领域也逐渐成为涂尔干教育社会学的重要研究内容。

为了能够清晰地揭示出社会运动与教育思想之间的密切关系,涂尔干将其

---

[1] Durkheim, E., *The Evolution of Educational Thought*, trans. P. Collins from Durkheim, 1938 (London and Boston, MA: Routledge & Kegan Paul, 1977), p.142.

教育思想划分为了三个阶段进行教育实践改革。首先，他提出了具体的论证社会运动的教育实证研究方法。其次，试图辨析教育功能理论与社会运动所存在的一致性社会现象。这一教育实践的检验结果显示，涂尔干对社会个人参与集体行动"主流"理论的批评是正确的，社会个人在参与社会生活过程中，对教育思想的依赖程度及其影响表现出了强烈的显著性。这一教育实践的合理之处就在于假设教育思想代表了某一种参与社会生活的合理行为，并受到教育思想的社会性影响，其所表现出来的社会集体行为如果没有出现疯狂和恐慌的社会现象，这就说明教育思想避免了社会危机产生。当然，人们更加倾向于把涂尔干教育思想对社会运动所产生的这些积极影响与作用比拟为"教育功能现象"，且认为教育思想所具有的社会性功能具有广泛的集体意识影响作用，在这一过程中教育思想似乎赋予社会个人内在性的约束机制。一般来说，社会集体行为可以根据教育功能的理性分析来判断，从集体意识的角度来看，社会个人意识如果表现出理性参与行为，那么通过教育活动所传播的教育思想在实现社会秩序方面便具有积极的作用。因此，涂尔干相信，社会运动，甚至是社会危机的产生，多数情况下是教育思想缺少了对现实社会秩序的控制与管理，并最后通过社会个体的意识行为所表现出来的社会现象。

多数教育社会学家继承了涂尔干关于社会运动与教育思想的这一观点，并引用涂尔干对社会运动与教育思想之间的联系来说明社会危机中缺乏教育集体意识的弊病。按照涂尔干的教育社会学理论，需要一个具有相当大影响力的教育思想体系来校正与维系社会参与行为，于是他倡导融合教育活动的社会功能时也需要对反常的社会行为给予一定的教育补救措施。一方面在社会个体参与社会生活的过程中与教育思想的社会性影响积极地建立联系，另一方面通过教育功能在社会集体行为中实现同质性社会意识，其中包括校正被认为是社会行为错位的"犯罪、变态、疯狂"等"社会失范"行为。基于对涂尔干这一理论的认识，我们可以更为直观与容易地理解那些从社会个体中所反映出来的各种社会运动的症状，其后果都是社会冲突在个社会行为与意识迷失后的表现。虽然涂尔干没有进一步说明社会运动产生的深层次原因，但涂尔干所使用的"社会反常"这一术语，已能够充分说明在教育活动过程中，教育思想是如何成为社会个体用来参与社会行为的潜在意识，并解释了学校教育成为个人参与社会生活起点的重要原因。此外，涂尔干之所以认为教育思想可以避免个体社会心理的致命缺陷，主要是因为在个体层面上，教育思想是可以用来构思社会集体意识的变量，并解释社会集体意识与行动之间的因果关系，这恰恰是一种还原涂尔干教育功能理论的合法化教育实践尝试，成了教育社会学分析社会集体意识与行为的一个独立的学科视角。

虽然涂尔干的这一理论也面对许多批评，但这些批评者很少努力去理解涂尔干教育功能与社会运动之间的逻辑关系，他们通常仅会简单地将涂尔干这一理论理解为对社会危机的断言，没有找到教育思想与社会运动之间的真实联系，甚至没有忠实地呈现社会个人参与社会生活的过程。然而，当涂尔干选择对教育思想与社会运动生成关系做社会性考察时，便已对教育思想和社会运动之间的关系构建了自己的理论体系，有了自己的论述与考察方式，那些批评者及其意见始终没有对涂尔干这一理论产生"决定性驳斥"。此处，必须强调，涂尔干在对教育思想与社会运动的相互关系进行研究时，尤其注重对激增的社会冲突进行考察，或者是对社会个人叛逆行为进行分析，这拓宽了涂尔干教育思想与社会运动的研究理论视野，取得了许多具有创新性的解释，甚至被纳入了教育社会学研究理论的核心体系之中。事实上，涂尔干对自身的教育思想建构，并非没有将其置于一个社会运动的语境中考察，以至于多数学者在判断涂尔干教育思想立场的时候，还存在某些混淆情况，认为涂尔干的教育思想是潜在的保守主义思想，在引导与校正社会个人参与社会生活方面不具有明显的教育功能。然而，事实上，涂尔干的教育思想，是在一个动态的、现代的社会关系状态下对社会个人参与社会运动思想的引导，能够同时考虑社会危机和教育功能两个方面在这一过程中所产生的不同影响。事实证明，对于当时的法国社会危机来说，涂尔干的教育思想在校正与引导社会个人参与社会生活方面具有明显的活力，即便这一作用与影响是相对含蓄的，但对避免社会失范行为的产生有着积极的作用，更容易被人们认可。为此，围绕涂尔干教育思想的社会实践改革也逐渐兴起，这或许可以从涂尔干所发表的一部开创性著作《道德教育》中得到更好的理解。该作品采用道德教育的解释原则，对社会生活提出了一种和谐的观点，将充满了冲突和犹豫不决的社会个人行为转变为了与社会集体意识与社会发展相协调的社会集体行为。因此，涂尔干的教育思想本质上属于社会生活本身，并能够积极消除当时法国工业社会危机所带来的社会紧张关系，而这一切的社会结果都归因于教育思想这样一个激励因素，即随着社会进程的发展，教育思想的社会功能也必将发挥越来越大的作用。

然而,为什么涂尔干的教育思想具有这样的社会影响效果呢?对这个问题的探讨,必须基于《教育思想的演进》和《道德教育》这两本著作的解读与分析。起初,这两本著作是20世纪初涂尔干在索邦大学开设的两门课程,所面向的教育与社会影响对象是学校里的学生。在这两门课程的讲解过程中,涂尔干对其教育思想与社会关系的阐释成了法国处理社会危机的一种理想的教育模式,或者可以说,这两门课程逐渐成为关于讨论法国社会中复杂社会运动的讲授,并指出教育社会影响力能够为改善社会危机中的紧张关系提供理论力量,这似乎使得涂尔干教育思想中有关道德问题的理论与社会运动的客观现实从此普遍联系在了一起,反而使得涂尔干的这两门蕴含教育思想的课程彰显出了强烈的社会教育实践意义。在涂尔干看来,道德教育的观点及其社会实践的方法论目标,是实现社会个人参与社会生活最理想的理论方法,能够为缓解法国当时的社会危机提供理论指导与实践路径。为此,涂尔干在这两门课程里说道,如果不把教育作为一个本质上的社会道德事实来对待,那么很可能对社会行为的影响也就难有成效了。所以说,从涂尔干的角度看,道德教育是有积极的社会实践价值的,它可以是鼓舞人心的教育思想,能够在社会个体参与社会生活过程中协调好个人意识与社会行为之间的关系。与此同时,涂尔干也强调了道德教育的社会约束力,指出正是由于道德教育所拥有的社会约束力,才使得个人的社会行为具有尊重社会规则与原则的恐惧与敬畏,也同时能够激发社会个人对参与社会生活的欲望和寻找自我完善的决心。这样看来,虽然涂尔干道德教育思想并非具有神圣的特质,但重要的是,因为涂尔干教育思想中关于道德生活的指引与约束,才使得所有参与社会生活的社会个体能够做到密切配合、相互协调,不再为社会集体意识感到困惑。即便是在今天,我们也必须注意到,涂尔干的道德教育思想对形成同质性的社会集体意识,促进积极的社会生活参与过程具有重要的意义。

涂尔干在处理其教育思想与社会运动的教学过程中,在概念的阐释上始终保持与社会世俗世界的一致性,这便是涂尔干教育思想在参与社会运动过程中的价值核心,他将教育活动所具有的社会功能和特性清楚的表现了出来。同样,当涂尔干把道德教育当作校正社会运动的重要力量来看待时,道德教育就像是一种摆脱了强迫、限制的规范性社会性力量,能够从社会集体意识方面消除侵害个人社会性的特殊力量。[①]事实上,涂尔干教育思想参与社会运动的过程,同时也创造了社会个体独特的社会生存条件。从这个意义上说,学校的道德教育可以被认为是具有社会功能的教育思想,并能够负责在社会个人与社会生活之间搭建与维持一个和谐的社会环境。因此,涂尔干教育思想的社会性功能,并不是试图保护自己免受世俗的干扰,而是雄心勃勃地维护与改善社会秩序的有序与协调发展。可以看得出来,涂尔干的教育思想与社会运动之间的理论观点颇具创造性,这也使得其教育思想有别于传统的教育理念,这使得我们对涂尔干有关教育功能的论述的各种努力更加充满敬意,也是涂尔干教育思想"现代性"的重要体现。可以说,涂尔干的道德教育思想,重新唤起了人们对社会个人意识参与社会生活的重要性的认知,这种理论的影响力在一定程度上表明了涂尔干教育功能理论的实践价值,它不仅起到了刺激社会个人积极参与社会变革的作用,还让法国的公共教育系统认识到道德教育对世俗社会的影响力。涂尔干强调要进一步对道德教育思想展开讨论,尤其是对社会个人的道德教育背景展开分析,以便能够通过道德教育呈现对社会个人参与社会运动根源进行深刻的社会性思考,尤其是要对社会个人道德教育社会化过程进行社会事实的论证与考察。在这个意义上可以看出,道德教育中通过学校教育活动所传播的道德思想对社会世俗化建设是有一定效果的,道德教育也因此可以被理解为是涂尔干教育社会学研究背景下参与复杂的现代化社会运动的思想表达,具有一种神圣的世俗价值,即道德教育的世俗化形式与个人的社会生活密切相联系。涂尔干道德教育思想之所以具有这样的世俗影响力,主要是因为涂尔干能够借用道德教育来维持构成社会集体意识的思想,并由此产生出和谐社会所需要美德。涂尔干指出,他使用教育思想与社会运动来定义教育的社会化功能,是一个探索社会危机与教育功能之间张力的过程,引入教育思想作为校正"社会失范"行为的一种战略形式,是从教育社会学这一学科维度来探讨社会生活现实的逻辑过程。当教育思想本身被嵌入社会运动或社会危机的社会现实中时,这种由强烈的道德维度构成的社会运动就会变得更加清晰起来。因此,道德作为涂尔干教

[①] 有学者指出:"很显然,社会存在的本质在规范之中,但规范又有着社会物理学的分布形态,需要用社会学的实证方法来捕捉。涂尔干把这样的学问叫作'道德统计学'(亦为民情统计学),这里面,若无道德的规定,统计学便无法研究社会。社会秩序和法则来自道德性(即规范性)。"引自:渠敬东:《追寻神圣社会纪念爱弥尔·涂尔干逝世一百周年》,《社会》2017年6月,第37卷,第12页。

育思想的核心内容之一,是发挥其社会性功能、构建社会团结的一个重要手段。尽管道德一词并不意味着把人与社会生活能够直接联合起来的东西,但道德却能够促使这两者事物之间建立起一种相互有益的关联,因为道德和社会生活的结合可以被理解为一种基本的社会运动形式,这种运动形式不仅定义了社会生活本身,而且还定义了与利益和习俗相关的道德教育这一概念,是共同构筑与维护社会秩序协调的重要因素。

然而,教育思想并不意味着就一定会对社会生活产生绝对性的影响,社会个人的思想观念通常以集体互惠的方式表现,只有当社会集体具有了共同的价值观,教育思想才能具有转化为具有现实教育功能的可能性,进而对社会个人参与社会生活的过程产生实质性的影响。涂尔干在《道德教育》一书中,详细论述了道德教育的社会性功能,这个理论观点在当时起初还不曾被广泛地接受,但涂尔干有关道德教育思想的社会性影响又在后来的三十年时间里逐渐发展成为一个系统性的教育社会学理论,使越来越多的人能够接受教育思想对社会运动影响的事实。对于涂尔干来说,明确地把教育思想对社会运动的反应联系起来,是对社会危机中有关"焦虑、敌意和幻想"等集体意识反应的一次教育思考。他认为这些各种各样的社会危机形式,都应尽量采用教育活动"功能分析"理论对其进行深入探讨,指出社会个人参与社会生活的基本形式在公共仪式、集会和生活仪式方面都会受到教育思想的深刻影响。这一观点试图对教育思想的社会化功能实践过程中对参与社会运动集体行动进行解释。对此,涂尔干也承认他的这一解释有时候仅是从教育社会学的基本理论中进行"草率的推断"而已。总的来说,涂尔干判定教育思想在经典模式下对社会运动所产生的巨大影响作用,是在教育的社会功能理论基础上做出的判断,但这一观点却非常完美地阐释了教育思想与社会运动之间关联互动的过程。

因此,为了证明教育思想与社会运动之间关联互动的这一过程,涂尔干开展了不少的教育实践与理论思考并得出结论,认为至少首先应该从社会化进程和教育社会学基本理论中对法国当时所呈现出来的社会危机进行现实情况的描述与分析。客观来说,社会生活并不缺少对教育思想的理解与认同,也就是说社会个人参与社会生活的过程必然或多或少地受制于已确立的教育思想,因此学校教育环境也就成了不断上演教育活动发挥社会功能的一个微观社会环境。其中，如果道德教育的教师都受到了他们那个时代社会运动思想潮流的影响，那就无疑会削弱教育功能的强制力量。对此，涂尔干在考察了无数教育思想与社会生活的相关问题后，认为在神圣的、浓缩了共同价值观基础上开展的道德教育，才能够使社会个人参与社会生活的价值观与社会世俗传统取得平衡，以确保社会集体意识中的道德品质统一性，实现社会团结。

从教育社会学的角度看，教育思想可以理解为影响社会集体意识的教育活动。对此，涂尔干从一开始就明白，道德教育的使命中存在着改善社会生活的成分。因此，道德教育允许学校教育在传播道德教育的过程中积极发挥其社会性功能，而不是简单地将社会道德知识传递给受教育者，或者更多的学校教育并没有认清道德教育的这一神圣职责，以至于道德教育没有能够成功地在学校教育环境中展开一场影响社会运动的教育实践。因此，关于道德教育过程中什么应该教授和怎样教授的问题，涂尔干认为必须在尽可能不破坏其社会目标的情况下，将道德教育活动逐步地演变成为改造社会生活的一场教育实践。毕竟，教育思想或是道德教育的传播，不是将教育思想知识或道德知识简单地在受教育群体中进行转化的过程。这里要强调的重点是，教育思想参与社会运动过程中所体现出来的协调与引导能力，对传播教育思想具有重要的作用，是通过教育思想的传播和内化来改善社会集体意识的必要手段。事实上，涂尔干也注意到，教育思想与社会运动之间的紧张关系暗示了学校教育中社会性功能的紧迫性与重要性，因为归根结底教育思想能够为社会个人参与社会生活的过程提供最为必要的指导，是避免出现社会危机的重要手段。

在实践中，涂尔干的这一理论逐渐变得更加系统，其他教育社会学家也承认缺少了教育思想的社会化进程，非常容易使社会个人迷失方向，甚至是破坏原有的社会生活，产生广泛的社会冲突。在一定意义上，这证明了涂尔干教育思想与社会变革的基本理论观点，也证实了涂尔干关于社会集体意识及其社会行为的理论体系。虽然涂尔干对于教育思想与社会运动的基本概念与观点还存在许多不成熟的地方，但从其长期教育实践过程中可以看出，社会个人在参与社会生活过程中的集体行为，是社会秩序在特定教育思想下的一种社会表达，教育思想对改善社会秩序具有特定的战略意义。它使人们更加期待涂尔干对社会反常和恢复社会秩序所做出的理论研究，并引导着人们期待发现新形式的教育思想社会化功能,改善法国社会危机中所出现的自杀、暴力等非常规集体现象的产生。然而,事实上,这一套理论及其推论并不是涂尔干教育思想有意建构的结果,只是他始终强调教育思想在形成集体意识与实现社会团结过程中的重要性。因此,我们不能断章取义地说是涂尔干使得教育思想的社会性功能获得了产生社会集体意识与行动的绝对性正当理由,更不用说是涂尔干的教育功能理论全盘否定了社会个人意识对社会运动的影响与作用。当然,也从来没有任何一位教育社会学家,能够像涂尔干一样从教育思想方面论证教育功能主义在社会化进程中的影响与作用。因此,无论是教育思想还是个人的社会生活,贯穿于社会化进程整个过程的教育功能及其演变,都包含了在特定的社会背景下对社会危机的解决方案。这样的解决方案或许是相对科学的,又或许是对当时社会不稳定影响的教育约束,但由于法国社会危机的复杂性,涂尔干教育思想的社会性功能在历史上的表现仍具有明显的进步性。

所以说,涂尔干的教育思想并非一无是处。相反,它的一些元素在改善社会化进程方面具有明显的进步意义,尤其是对社会运动的分析具有相当的启发价值,能够让人们更加准确地把握社会变革与教育活动之间的密切关系,并进而深刻理解涂尔干教育思想与社会世俗生活之间的内在关联,阐明了教育思想在维护与保障社会团结方面的积极作用。可以说,涂尔干对社会个人参与社会运动的分析,强调了社会个人意识对抗社会集体意识的过程,解释了学校教育环境下教育思想所具有的社会控制功能,为社会团结提供了教育改革实践的基本策略与现实路径。在涂尔干看来,教育思想所带有的神圣的社会性权威,就像它在学校教学环境中所保持的光环一样,能够作为一种强有力的教育力量,使教育具有了它特有的社会实用性,能够将社会个人参与社会生活的过程变成是一种充满美德社会化的进程,将教育过程中内在的神圣与社会运动过程中世俗的原则相统一,实现教育社会功能对个体的社会化影响,构建出一个承载着教育思想的社会体系。

第五节　社会变革与教育演进

涂尔干认为,社会变革是教育思想演进的源泉。因此,涂尔干相信可以通过社会变革引发教育改革。在社会变革过程中,教育改革也通常会成为社会变革的动力,而社会变革则可以为教育改革提供社会支持,这成了涂尔干教育社会学研究的独特理论之一。

教育与社会变革的相关问题是人们在探讨教育的过程中无法回避的,它关系到如何看待教育在社会发展的整体框架中的地位与作用。涂尔干的教育社会学理论对法国工业化社会变革产生了深刻的影响,对这一问题的认识有助于我们辩证地理解涂尔干教育与社会变革的社会实践及其过程,并且会给我们当今的教育改革带来重要的启示。在涂尔干看来,社会中的教育活动并不是孤立存在的,他认为世界上根本不存在孤立的教育活动,教育要么充当使年轻一代融入社会生活的必要准备,要么就是帮助释放社会个体的自由精神,涂尔干批判性地和创造性地将教育的社会性功能看作社会个体参与改造社会生活的必要途径,即教育活动具有社会性。此外,涂尔干进一步从学校教育的功能、教师的作用、教学过程三方面论述了为什么教育具有社会性,明确提出"教育即社会"的观点,认为"教育的全部活动在本质上都是社会性的"。

可以说,在涂尔干教育社会学研究理论中,关于"教育是不是社会变革的工具"这个问题最初也并不十分清楚与确定,涂尔干甚至承认他似乎"把教育的力量看得太大了""认为教育的力量是巨大的,民众可以通过教育来改变自己的一切"。然而,在解决法国当时工业化进程中各类社会危机时,涂尔干清醒地认识到教育在社会变革中具有的局限性。为此,涂尔干指出"尽管教育十分重要,但教育并不能真正成为社会变革的杠杆""不要奢望教育能使社会发生巨大的变革"。当然,涂尔干在特定时期对教育活动的社会功能存在看似悲观的论点是有其客观的理由的。就涂尔干所处历史时代来看,主要社会矛盾是压迫者与被压迫者之间的矛盾,作为压迫者的统治阶级为了维持其压迫现状,绝不会放弃其在社会中的任何统治权,这其中当然包括对教育的控制权,他们希望通过教育对被压迫者产生持续的压迫意识,以此实现维持原有社会秩序的目的。当时,法国的公共教育系统掌握在社会统治者的手中,这一社会现实使得社会秩序成为教育活动决定力量。也就是说,是社会根据社会统治者的意志和利益来决定教育活动。在一定程度上,教育活动甚至变成了社会统治阶级维持社会秩序的工具和杠杆。因此,在这一问题上,涂尔干认为教育活动的社会性功能并非十分乐观,但即便如此,涂尔干对教育活动的社会性功能还是持有更多的肯定态度。他明确认为,经过调整的教育可以变成社会进步与社会改革的基本手段,因为教育活动在传播社会集体意识方面具有强大的力量与优越性,以社会集体意识为基础的个人活动是实现社会团结最有效的方法与途径,并以此最终可以实现改造社会的目的。在涂尔干看来,无论是怎么样的社会环境,社会生活本身都可以通过教育活动来表达和实现自己的社会性目的,教育活动便成了社会变革的方法与手段,个人可以明确有效地在教育活动的指引下按照社会集体意识所期望的目标塑造自身,构建特定的社会秩序。因此,教育活动便成了维持和发展社会变革的工具。虽然在教育活动与社会变革的这一交互过程中,教育活动并不是唯一的改造性工具,但它却应该是最为重要的工具,是首要的工具,是改造社会最为审慎的手段。

通过对涂尔干教育社会学理论及其教育实践的深刻思考、观察与判断,越来越多的学者对"教育在社会变革中完全无用"的观点进行了深刻的批判,并一致认为涂尔干这一教育社会学研究理论观点背后的思想实质是将教育活动视作一个"系统的社会集体意识传播与转化的手段"。也就是说,通过社会集体意识通过教育活动,多数情况下可以在学校教育环境下将预期的社会思想与意识传播给学生,并使这一思想在社会集体意识的强化下对社会秩序起到重塑的作用,只有这样教育活动才能在社会变革中有所作为,成为改善社会生活、顺利实现社会变革的目的。对此,涂尔干进一步指出,教育活动在社会变革中所体现出来的社会性贡献,是一种影响范围比较广泛的、能够包容一切观点的社会集体意识形成过程,这一过程对特定的社会秩序的产生具有无法替代的作用。在这一过程中,教育活动并不是根据个人利益来进行社会改造,而是根据社会集体意识的利益来引发社会变革。可以看出,涂尔干相信教育活动在实现社会变革方面的作用虽然有限,但也十分有效,因为教育活动在引发社会改革方面具有特殊的地位。当然,涂尔干所说的教育活动的社会性功能,是指教育活动通过一种和平的、潜移默化的社会改造手段和方法来实现社会变革的目的,而不是通过暴力的手段和方法来实现社会变革,并认为教育活动在实现这种社会改造过程中所具有的社会性功能是十分巨大的。很显然,涂尔干在教育活动与社会变革的关系认识上,始终坚信社会问题在本质上是源于教育的,因此教育活动不得不为社会变革做出应有的贡献,而在教育活动应该"朝什么方向去影响和怎样影响"社会变革的问题上,尤其是教育活动可以用何种方式来影响社会变革的问题上,涂尔干又表现出并非全盘接受教育活动所产生的社会力量,而是强调要对教育活动中所蕴含的这些社会力量进行识别、选择、组织,以便使其能够成为构建社会新秩序的动力和要素。作为教育活动的主体,教师能够在特定的教育环境中培养青年的洞察力和理解力,使他们离校后能参加将来必须完成的伟大的社会建设和组织工作。

涂尔干曾说:"一个有组织的大型社会就需要更强的自觉意识和更多的反思,从而也就需要更多的教育与知识。"[①]因为只有这样教育活动才能实现其在社会变革中所能发挥的作用。也就是说,学校环境中的教育活动必须通过培养社会个体对社会化进程的反思能力和行动能力来实现,并要通过具体的教育改革实践来为其提供发挥社会变革的条件。当这些社会个人能够通过自身的社会性反思来培养社会集体意识时,他们也就能够在特定的社会环境下建立起具有共同认识的社会生活秩序,实现在现实世界中的社会团结,这样的社会行动能力可以说是他们改造现实世界的最为重要的社会能力,而这一能力的来源正是他们所参与的教育活动的本身。所以说,教育活动是通过使社会个体具有参与社会变革的能力来影响社会变革的,只有当教育活动培养了社会个体对社会生活的反思能力和实践能力后,才能具有构建社会新秩序的能力。因此,涂尔干实际上是把教育活动的社会性功能作为社会变革的出发点和思想源泉来看待的,认为教育活动能够给予社会变革一定的行动力量,并构建了一种共同生活秩序,

---

[①](法)埃米尔·涂尔干:《教育思想的演进》,李康译,商务印书馆,2016,第63页。

实现了人与社会之间的自由协调与合作。

基于上述的论述我们可以看出，涂尔干虽然已经意识到教育活动在社会变革中的局限性，但他并没有对教育活动表现出过多的悲观失望[1]，而是坚定地认为教育活动在学校教育中能够为社会变革做出最重要的准备[2]。涂尔干之所以这样说，是因为他能辩证而是非机械地看待教育活动与社会子系统之间的关系，相信教育活动实际上是重塑社会集体意识形态的重要工具，并批判性地对社会个人意识形态的再生产过程进行了思考。实际上，面对法国深层次的社会危机，涂尔干始终渴望重建或再创法国社会中社会秩序与教育活动的相互关系，并希望借此来实现与完成法国社会变革的过程，构建一个充满社会团结的新秩序。为此，涂尔干坚信实现这一社会变革目的的关键在于教师和学生，这一过程需要教师和学生一起为产生具有同质性的社会集体意识而努力，并为解决包括种种矛盾、冲突的社会危机而努力，为这些学生的未来社会生活能够"更积极地投入社会变革的过程中去"而努力，这就是教育活动在学校所能为社会变革做出的最重要贡献。

简言之，涂尔干认识到了实现社会变革的挑战与困难，并开始深刻反思能够引发这种社会变革的社会根源，也就是教育活动应该发挥其社会性的作用，培养社会个人在构建集体意识方面的能力。涂尔干知道，要培养社会个人具有构建社会集体意识的能力，必须通过学校教育的方法才能实现，因为学校教育是个人意识与社会意思之间相互接触的桥梁，以学校教育为中介，旨在实现个人的社会化发展过程的精髓就在于"社会意识"，而"社会意识"的基本要素包括了反思和行动，也就是社会实践，只有在社会实践中才能改造个人意识，实现社会新秩序的重塑。也就是说，涂尔干认为可以通过学校教育实现培养社会个人的集体意识，使人具有参与社会变革的反思和行动能力，教育活动正是通过这种

---

[1] 对此，有学者评价："涂尔干虽然忧伤，但却坚信他的教育社会学努力可以改良让其感到忧伤的社会现实，他也因此没有陷入韦伯式的绝望，而总是给人以美好的希望。"引自：周勇：《忧伤与愤怒：教育社会学的情感动力——以涂尔干、麦克拉伦为例》，《教育学术月刊》2014年第9期，第6页。

[2] 因此，有学者认为："只要看看涂尔干的教育社会学代表作，便可发现，他所做的其实是从自己的社会哲学(理想)出发，探讨如何改革学校教育。"引自：周勇：《忧伤与愤怒：教育社会学的情感动力——以涂尔干、麦克拉伦为例》，《教育学术月刊》2014年第9期，第5页。

环境与方式在社会变革中发挥自身作用的。所以说，教育活动绝对不是孤立存在的,虽然仍有许多学者都不赞成教育活动孤立存在的观点,但他们的出发点还是有所不同的。对此，涂尔干所强调的是，教育活动是重塑社会秩序的重要手段,正因为如此,学校教育活动所产生的社会效果,正是"教育即社会"这一观点确立的根源,所以涂尔干明确反对教育活动孤立于社会变革的观点。

从表面上看,涂尔干在"教育活动是社会变革的工具"这个问题上仅做了理论探讨,但其实他是从自身教育改革的实践经验中给出的判断。在涂尔干的教育改革实践过程中,他注意到社会秩序对传统社会意识的影响力,并强调在这种情况下想要仅仅是通过教育活动来推翻传统社会意识的做法显然是有一定困难的。所以,涂尔干指出教育活动在社会变革方面具有局限性的,这一观点促使人们对放大教育活动的社会性功能方面具有一定的警惕性，也就是说不要对教育活动过于盲目乐观。然而,若想要彻底摆脱传统的社会意识,构建起新的社会秩序,就必须要尽早形成新的社会集体意识,这就要求学校教育必须能够为社会变革培养社会成员,而不是简单的知识传播。这就是要进行教育改革,必须促使这样的改革能够作为一种社会集体意识的培养的产物而使其过程具有社会性教育的品质。这在一定程度上说明了涂尔干并没有否定教育活动在社会变革中的作用,只是为教育活动作为社会变革的工具做出了更为细致的分析,这一分析是基于教育活动能够形成社会集体意识、重塑社会秩序的基础上的一种认识。其中,涂尔干所指的社会集体意识,也绝非社会个人意识的总和,而是一种更加广泛、更具包容性的社会性集体意识。由此可见,涂尔干更倾向于使教育活动改造社会的方式通过一种潜移默化的形式表现出来,他也因此反对教育活动具有暴力革命的倾向性,并认为教育活动在社会变革中之所以能够发挥更大的作用,主要是因为在教育活动的社会功能在这一问题上,其方法与过程并非那么的激进,便于将教育活动与社会生活密切的联系起来,逐渐实现社会变革的目的。

虽然涂尔干在"教育作为社会变革的工具"这一问题上仍有许多没有深入讨论的内容,但他承认教育活动能够对社会变革有所贡献,并且对"教育活动怎样在社会变革中发挥作用"这一问题进行了深入的阐释。涂尔干强调通过学校教育活动来培养学生对社会生活的反思能力和行动能力，这可以促使学生具有改造社会的实践能力,这样教育活动就发挥了其在社会变革方面的作用。对于这一观点,涂尔干将教育活动的社会性功能看作实现社会个人参与社会生活的基本出发点,它应该贯穿于教育活动的始终,以此来构建社会个人的集体意识,实现重塑社会秩序的目的,这被涂尔干视为教育促进社会变革的关键所在。此外,涂尔干认为,从教育活动的历史作用来看,教育活动的社会变革力量从来不是源自教育内部,而是源自教育活动的外部社会需求,这是教育活动激发社会变革主要动力来源。①事实上,在面对社会危机的时候,无论是社会本身还是个人,在本质上都会产生社会对教育活动的一个全新的期待,也就是希望扎根于社会危机中的教育活动能够在改变社会环境、社会机制方面产生一定的影响。所以,教育活动对社会变革的影响是真实存在的,这一过程本身不仅会获得社会的支持,也会因为能够从根本上解决教育活动自身的问题而受到欢迎。可以认为,扎根于社会危机的教育活动,能够从根源上解决社会危机的问题,这绝非偶然存在的现象。

通常情况下,教育活动在重塑社会秩序方面,也并不是一个自生自发的过程,这一过程会受到社会生活环境的影响,以至于有的时候并不会按照人为预先设计好的思路去发展。当这种情况出现的时候,用什么样的方式来扭转这种局面呢?涂尔干强调,利用教育活动的社会性功能来进行循序渐进的社会改造。这一过程并不是系统性的大刀阔斧的改革,尽管很多时候这一过程也并没有我们预想的那么好,但这是由于教育活动所激发的社会变革这一过程必须遵循一定的原则所导致的。其中,尤其是利用教育活动来解决社会危机的时候,我们不能对预设的社会秩序表现出无知的状态,而是必须借助于传统的社会生活经验在某种程度上对社会集体意识提前做出判断,这一过程就是社会性的心理准备过程。所以说,要想充分地发挥教育活动在社会变革中的作用,所遵循的基本原则就是在保持社会秩序连续性的情况下对其做出改变,这也就是人们长时间稳定地遵守有利于社会生活的社会秩序的主要原因之一。并且,在很多时候,人们都能够很虔诚地遵循这些社会秩序的基本规则,至于教育活动的社会性功能引发

---

① Durkheim, E., *Sociology and Philosophy*, trans. D. F. Pocock from Durkheim, 1924(New York: Free Press Macmillan.1974), p.63.

什么样的影响、发挥什么样的作用，这便需要从教育活动对社会集体意识的重塑过程中寻找答案。

在这样的情况下，重塑教育秩序的驱动力实质上是社会集体意识的构建，社会集体意识越强烈，则说明教育活动的社会性功能越明显，社会集体意识的构建成了社会新秩序重建的重要一部分。毫无疑问，在涂尔干看来，教育活动的社会性功能已经成为社会秩序重塑的重要理论，而随着社会生活的变化与发展，人们构建社会集体意识的需求也变得更为强烈，社会个人作为社会生活的主体，只有不断地参与进社会变革的过程中，才能适应社会新秩序的发展和要求，这是教育活动社会功能对社会变革影响过程中自然而然的结果，这也在一定程度上说明了教育活动的社会性功能在社会变革过程中的主体性地位。所以说，教育活动的社会功能的强大影响力，是确保社会秩序重塑的关键，只有当社会集体意识顺利构建起来，教育活动的社会性功能所具有非凡的社会影响力量才能彻底地显现出来。因此，就社会集体性意识来讲，关键在于要敢于对传统社会集体意识进行改造，善于创新性地构建不囿于传统社会生活的社会新秩序，打破固有的社会生活定势和模式。如此一来，教育活动便具有了社会变革无限的创造力，为社会变革的顺利实施提供了极大的发展空间和可能性。可以说，正是教育活动社会性功能对社会个人的意识影响，才开辟了社会秩序构建与发展的新空间，提升了教育活动参与社会变革的影响力，从而构建出新的社会秩序。没有教育活动的社会性功能，社会生活就成了无源之水、无本之木，难以在面对社会危机的历史环境下，形成共同的社会集体意识，构建社会新秩序，实现社会团结。正如涂尔干所说，教育活动在有机社会环境下，就像血液在有机生命体中一样，成了改善社会环境、激发社会变革的重要动力，它不但具有发挥自身教育优势、实现社会集体意识的社会功能，而且还具有构建社会秩序、实现社会团结的作用。

正因为如此，在面对法国社会危机的特殊历史时期，教育活动才被涂尔干用作改造社会生活的重要工具，并渗透到经济、政治、文化、艺术等一切社会领域来重塑社会集体意识，为新构建的社会秩序深深地打上教育活动的烙印，这对社会变革产生了巨大影响与作用。今天，许多教育社会学研究者把涂尔干看作

"教育功能主义者",这在一定程度上也说明了涂尔干对教育活动所充满的热情,涂尔干通过自己的教育社会学理论探寻解决法国社会危机,构建法国社会团结的努力,为他赢得了一定的名誉和认可,这又反过来极大地刺激了其他教育社会学研究者对"教育功能主义"理论的深入探讨与分析。随着社会化进程的深入,教育活动逐渐被视为改造社会的第一动力和要素,其科学理论也不断地得到完善。在这一理论基础上,实施的教育改革实践直接成为激发社会变革的决定性和推动力量。

事实上,涂尔干毕生有关教育活动与社会变革的学术研究工作主题都源自他早期对法国社会危机的实证调查,他始终关注法国工业化进程中的各种社会危机与问题,对当时法国所面临的种种社会难题,进行了超越其时代的教育社会学研究与思考。[①]虽然涂尔干的这些有关法国社会危机的教育社会学研究与思考,在当时存在很多的研究局限,但他认为这一切都是他整个教育社会学研究中的插曲,他始终没有对教育活动的社会性功能在激发与引导社会变革的过程中所表现出来的社会影响而感到失望。从纯学术研究的角度来看,涂尔干的这一观点无疑让人感到充满信心,也正因为如此,涂尔干在分析教育活动的社会性功能方面也从不回避现实矛盾,这使得他对这一研究的探究成了真实反映社会变革的具体体现,体现出了涂尔干对教育与社会之间相互关系研究的超乎寻常的创造力与洞察力,这也促使他对社会秩序与社会生活的价值起源问题进行了持续性的深入研究。总体来看,涂尔干关于教育功能的学术思想具有一个统一的研究主题,即实证主义的传统,涂尔干对这一研究传统的继承贯穿于他所倡导的社会变革及教育实践的始终。在这一过程中,涂尔干借助社会集体意识的思考描绘了社会秩序重塑的过程,力求以理性探讨来求索教育活动的社会意义,这一研究打破了传统教育社会学研究思想的藩篱,形成了以社会价值合理性为研究取向实证分析。作为教育社会学研究者,涂尔干具有强烈的责任感要为法国的社会变革做些贡献,也表现出其对参与社会生活的积极性。在其担任法国教育系统教员一职的时间中,他便开始直接宣传自己的教育社会学研究主张与观点,阐明自己的

[①]对此,有学者指出:"涂尔干可谓直到晚年也未消除其内心深处对于人类集体命运的忧伤与痛苦,但他也从未放弃和让他感到痛苦的现代历史进程展开理论战斗。"引自:周勇《忧伤与愤怒:教育社会学的情感动力——以涂尔干、麦克拉伦为例》,《教育学术月刊》,2014年第9期,第6页。

教育主张与思想，在一定意义上对当时的社会变革起到了影响作用，随着其教育实践的深入推进与影响的扩大，也在一定程度上缓解了法国社会危机所引发的紧张与冲突。

可以说,涂尔干教育社会学研究的基石是理性主义,其有关教育功能与社会变革的研究正是在理性化教育实践过程中提出的一套理论体系。其中，就社会变革的理性化进程而言，社会秩序的合理性是具有最大的合理性的社会化因素,这也正是涂尔干教育活动所要实现的既定社会目标。涂尔干认为,只有具有合理性的社会集体意识，才能构建起具有合理性的社会秩序，其中所体现出来的教育活动社会功能的社会变革效率也就更高。[①]所以说,社会集体意识必须以统一的社会信念或伦理来支撑其理性的社会行动，这样才能适时地改变其社会生活中有关传统、情感等非理性因素的影响，改变原有社会秩序中理性化程度相对较低的社会现实。涂尔干看到并强调这种社会变革中的理性化的意义，主要是认为理性化是社会集体意识的宿命，是实现社会变革的理智化表达，它能够从根本上为现代社会的发展提供基础。涂尔干这一理论观点，或者说解释社会变革的理论逻辑,绝不是荒谬的判断与推理。因为,在现代社会化进程中,所面临的最终的价值选择，便是具有理性意义的教育活动，而教育活动的特殊性正在于其社会化功能对理性化的社会集体意识的传播过程，教育活动的意义就在于运用理性的方法来实现社会团结。

涂尔干指出,强调教育活动激发社会变革的过程本身并不是目的,建构统一的社会集体意识，维护与保障一个社会团结的有效机制才是教育活动的唯一目的,这是涂尔干基于法国社会危机与其教育改革实践做出的判断。因此,在一定意义上，教育活动的社会性功能也是特殊的社会历史时期时代精神的一种表征，是从更为全面的、总体的社会集体意识角度激发社会变革的理性过程,涂尔干深刻地阐释了人类社会变革过程中的多因素、动态的和复杂的系统，并借此丰富和发展了自身的教育社会学研究理论，形成了自己独具特色的教育功能与社会变革方法论体系。

[①] Durkheim, E., *Moral Education: A Study in the Theory and Application of the Sociology of Education*, trans. E. K. Wilson and H. Schnurer from Durkheim, 1925（New York: Free Press of Glencoe. 1961）, p.97.

第四章

涂尔干教育社会学研究的改革实践

涂尔干创立的教育社会学研究，以教育事实为依据，运用实证主义的研究方式对教育活动与社会生活之间的密切关系进行了系统性的论述与研究，并从理论上深入探讨了教育社会学的学科性质、学科边界与研究视角，明确了教育社会学作为个体社会化过程的研究概念。涂尔干在应对法国工业社会化进程中的社会危机与冲突过程中，聚焦于社会秩序的重构与社会团结的重塑，对当时法国的整个教育系统中所存在的教育实践问题与困境展开了深度的考察与论证，积累了丰富的教育社会学研究实践经验，并在《教育与社会学》《教育思想的演进》《道德教育》等一系列教育社会学研究的经典著作中，对教育社会学研究理论中独特的研究理论与研究方法进行了系统的阐释，形成了成熟的教育社会学研究理论体系，为现代教育社会学研究提供了经典研究范式。

第四章 涂尔干教育社会学研究的改革实践

第一节 法国高等教育改革实践

涂尔干在《教育思想的演进》一书中，对 11 至 19 世纪的法国高等教育改革实践的历史过程进行了细致的考察与分析，认为高等教育机构或者说大学存在与发展的重要性是最如实、最具代表性地反映不同时代、不同社会环境下的社会生活与精神生活。所以说，涂尔干认为，无论是高等教育机构的兴起与发展还是高等教育机构的改革，其本质都是与当时社会经济、政治、文化、宗教等因素相互影响与相互作用的过程，并在一定程度上受到这些社会因素的极大影响。因此，大学作为高等教育的代表性机构，其教育改革的实践过程因受到社会因素影响的程度不同，要么以缓慢渐进的方式存在，要么就以革命的方式存在。对此，涂尔干对法国大革命以来高等教育的改革实践采用了历史考察的研究方法，将法国高等教育发展观与法国工业社会化进程的现实情况结合起来，进行了深入客观的分析与论述。

毫无疑问，涂尔干不仅是一位社会学家，还是一位教育社会学家，其社会学理论体系与教育思想及教育改革实践紧密相连、互相渗透。由于涂尔干的教育社会学研究思想和教育改革实践与法国传统教育改革思想有着本质的不同，这使得他在提倡与推动法国高等教育改革的实践过程中，尤其注重法国当时工业化进程中社会和个人的相互关系与影响在高等教育活动过程中的反应。按照涂尔干高等教育改革实践的理论观点，法国工业化进程中的社会是一个特殊历史时期的社会事实，高等教育改革的根本目的是要满足于这一社会事实发展的现实需要，体现着特殊的社会性质与历史使命，顺利实现这一历史使命不能简单依赖社会个体完成，而应该依赖法国高等教育改革的整体实践过程。因此，在这层意义上说，为应对当时法国深层次的社会危机，满足工业化进程的社会需求，法国高等教育的改革实践必须先于社会个体的存在与发展需求得以实现。可见，涂尔干对法国高等教育改革实践的态度与观点，强调了社会的第一性与个人的第二性特征,明确指出法国高等教育改革实践的目的是塑造社会个体的社会特性。①涂尔干之所以主张法国高等教育改革实践的这种社会第一性的属性特征,主要是他看到了高等教育机构作为社会有机构成所表现出来的自主性,并强调法国高等教育组织或许比教会更为保守与排斥社会变革,因此他强调高等教育机构的自主性与保守性必须遵循其社会功能的要求,注重满足新的社会需要,适时地主动参与与推动社会变革与创新。例如,涂尔干认为巴黎大学在其教育改革实践过程中,不仅忠实而精准地反映了中世纪社会对高等教育知识的渴求,而且还能够在经历了几百年动荡不安的战争后参与社会意识形态的重塑,这在很大程度上证实了大学改革与发展必须遵循社会发展的客观事实。

涂尔干认为,当社会经济、政治与文化发展到一定程度时,大学这一行会组织早就会成为一种较普遍的社会机构,并具有一定社会凝聚力量,具有自身独特的教育文化,并能够将其大学理念根植于社会进程中去,欧洲各大学几乎都保留有这种社会性的发展痕迹。②涂尔干坚信,对于法国的高等教育机构来说,只有当大学的理念和组织形式能够主动适应工业化时代的社会需求后,才能具有旺盛的生命力,并从教育社会学的实证主义角度分析了法国高等教育机构改革实践过程与社会变革之间的紧密联系。其间,他不仅论述了法式学院制高等教育改革实践缺乏独立性特征的社会原因,还指出了这种高等教育改革实践过程中的"病态"现象,认为法国高等教育改革过程其实并不是一个同质化的改革进程,破坏高等教育多样性的改革实践是无法最终取得胜利的,它仅是在道德教育与政治发展方面的统一体而已。因此,法国的高等教育改革实践,绝非当时中央集权制所构建的改革路径,更不是仅仅依靠局部的改革就能取得成功的过程,而是要从社会需求与整体出发所进行的最彻底与根本的高等教育改革,要在深刻认识民族性和社会特性方面使高等教育改革实践回归到一种相对"自由与多样"的过程中去。为此,涂尔干以16世纪文艺复兴时期中世纪大学教育改

---

① 保罗·福孔奈认为:"涂尔干很同意许多伟大教育家的看法:教育是塑造心灵,而不是填充心灵。"引自:(法)埃米尔·涂尔干:《道德教育》,陈光金等译,上海人民出版社,2001,第291页。
② 涂尔干认为:"首先,正因为教育的目标是社会性的,所以,能够实现这些目标的手段必然具有同样的特性。的确,在所有教育制度中,也许没有哪一种不与社会制度相类似,教育制度不过是以一种更微小、更简略的形式复制了社会制度的主要特性。"引自:(法)埃米尔·涂尔干:《道德教育》,陈光金等译,上海人民出版社,2001,第360页。

革实践的历史过程举例说明,在古典主义启蒙的社会环境下,在文艺复兴猛烈抨击传统社会文化的过程中,中世纪大学辩证地改革了自身的教育方式与原则,主张以文学艺术的学习来发展人的自由本性,这一教育改革的实践过程,最终成功地制造了高等教育体系"与过去的断裂",在欧洲高等教育改革的历史上取得了巨大的成功。

基于此,至1870年左右,法国高等教育改革实践已取得了一定的成果。其中,高等教育机构中的学生数量持续增加,学科数量也随之急剧增加,且法国历届政府在推进高等教育改革进程方面也给予了大量的教育拨款,强化了大学教师的社会责任。自1896年后,高等教育机构逐渐变为了社会体系的中心,并在现代科学发展、人才培养等方面表现出了极大的进步性与革命性,这一过程被视为是法国高等教育改革实践在大革命后的一次重大变化,它更加深入与广泛地拓宽了法国高等教育机构的社会性功能,并参与到更多的社会经济与政治生活中去。通过坚持不懈的努力,法国高等教育改革实践取得了明显的成功,有效地缓解了法国社会冲突,在一定程度上恢复了社会团结。1880到1900年间,在涂尔干高等教育改革实践理论与思想指导下,大学改革的注意力主要围绕道德教育的社会功能展开,改革与传播了大学的社会道德责任与历史使命,在一定程度上解决了长期困扰法国社会团结与发展的道德问题,使法国高等教育机构在传播社会知识方面的同时较好地实现了道德教育的社会功能。可以说,法国高等教育改革实践在这方面取得的成就,清楚地表明了高等教育机构在缓解法国社会、宗教和政治冲突中的影响与作用。对此,很多学者认为,高等教育改革实践直接参与到社会改革过程中的做法,逐渐构建起了社会与道德教育相互关联的有机联系,有效地实现了社会团结的教育目的。

虽然涂尔干高等教育改革实践对法国社会变革的贡献是有限的,但这一改革实践过程解决了社会变革中最急迫的社会需求,并使得这一实践过程逐渐演变成为法国社会生活的中心。基于此,法国高等教育改革实践及其影响不再局限于狭窄的大学范围,在维护国家利益方面,它们不断扩大了自身的社会影响力,发挥了良好的社会效益,高等教育对于普通社会民众来说也不再是一个奢侈品,很多证据表明法国高等教育改革实践随之逐渐开始服务于社会改革。也就是说,高等教育作为社会组织本身,不仅有了服务社会的清晰目标,还充分利用自身道德教育的影响在社会集体意识与社会秩序方面做出贡献。法国高等教育改革实践之所以重视这一过程,主要在于涂尔干认为道德教育是社会团结的基础这一理论观点,所以高等教育改革实践对社会道德生活的影响,也成了协调社会与个人利益,保障社会团结的前提条件。面对不同的社会群体和社会需求,高等教育改革的第一个倾向便是重塑他们的道德生活和社会良知,并帮助他们获得道德教育的意识刺激,促使他们反思自身的社会道德生活状态。[1]这一方法被涂尔干视为是科学启迪思维的过程,它揭示了高等教育改革实践与社会道德生活建立密切联系的过程。

对于高等教育来说,信仰和道德教育都是社会现象,是教育活动社会性功能的表现与结果,根本不存在道德教育之外的社会团结,道德教育是社会团结的基本元素,大学因此是一个传播道德教育的好地方。[2]在涂尔干看来,利用高等教育改革实践实施道德教育、维护社会团结,无疑是一种非常有效与实用的手段,这不仅是理论上的适用性,也是法国高等教育改革的迫切内容之一。经过涂尔干13年的高等教育改革实践与考察,法国高等教育改革实践完全能够保证社会变革在道德与意志方面朝着对社会有利的方向发展,并认为高等教育机构是实现这一过程的强大的工具。事实上,涂尔干有关法国高等教育改革实践的理论观点,对当时的社会发展与演变有着明显的启示和指导作用,但重要的是尽快在法国高等教育改革实践中落实道德教育,实现道德教育即社会生活的目的。现在来看,涂尔干为法国高等教育改革构想的道德教育理论,在后来的教育改革实践中是非常有效的,道德教育对社会变革的影响一直很深入,获得了广泛的支持。涂尔干认为,"从根本上说,教育理论是现有能够服务于教学的最有条理、内容最翔实、文献资料最充分的思想"[3]。由此一来,道德教育与法国高等教育各个层面密切相连,能适应不断出现的社会新需求,这一教育改革实践甚至

---

[1] 涂尔干指出:"把社会学的反思方法引入对大学教育特征的理解,并通过对中等教育和大学教育的横向比较,认为反思是大学的本质特征。"引自:孙杰、刘莉萍:《社会学视野下的大学特征——涂尔干与布迪厄教育社会学思想比较研究》,《高教探索》2011年,第47页。

[2] "在教育科学中,道德教育课程是涂尔干于1902年—1903年在法国索邦首次发表的。在波尔多大学执教时,他花了一些时间草拟道德教育教程。"引自:(法)埃米尔·涂尔干:《道德教育》,陈光金等译,上海人民出版社,2001,第3页。

[3] (法)埃米尔·涂尔干:《道德教育》,陈光金等译,上海人民出版社,2001,第6页。

也影响到了法国公共基础教育系统的道德教育取向,并对法国社会最底层成员产生了深远的社会影响。

涂尔干强调高等教育改革实践中的道德教育,是试图给法国一个严格理性的道德教育系统,使社会生活具有最基本的道德真理,这不仅是合法的改革过程,还是十分必要的改革任务。①为了取得彻底成功,涂尔干强调必须充分认识高等教育改革实践中道德教育的影响和范围,应该把教师的角色局限于道德教育的范围之中,共同建立一个高等教育的新系统,来确保道德教育的有效传播。为此,涂尔干倡导法国的高等教育者放弃传统的教育观念与行为,围绕道德教育重塑自身的教育意识与行为②,并将这一工作融入高等教育改革实践的整个过程中去。基于这些原因,我们相信,涂尔干时期的法国大学应该包括至少有一个专门履行道德教育的机构,以便在重塑学校生活的情况下保障这一改革的社会目标实现。涂尔干相信,唯有如此,才可以在高等教育体系中让更多的社会个人了解更全面的国家精神和道德生活,并促使人们实现对道德理性的追求。

19世纪70年代,法国高等教育发生了巨大的变化,入学人数急剧增加,大学也获得了大量的政府拨款,大学教师的社会责任已愈加强烈,每个大学都为了能够成为社会发展的中心而认真地做出自己的努力,高等教育改革实践对适应社会经济、政治、文化的要求越来越高。在这样的高等教育发展与社会背景下,高等教育改革必须尽快能够为国家培养出更多的具有职业技能的学生,这成了法国高等教育改革实践的一次重大变化,这可能在更广泛的范围内扩展高等教育的社会功能,让更多高等教育机构有机会成为法国社会变革与经济、文化发展的中心。尽管如此,虽然通过坚持不懈的努力来改革法国高等教育,但困扰法国社会发展与进步的社会和政治冲突一直存在。为此,涂尔干倡导教育社会学的实证主义研究理论,指出大学的制度改革与道德教育应融合应用于社会演变与发展,必须采取科学的步骤为获取有效的改革结果而努力。对此,他甚至指出:

---

① 涂尔干认为:"理性的道德教育是完全可能的;作为科学之基础的假设必然包含这个方面。"引自:(法)埃米尔·涂尔干:《道德教育》,陈光金等译,上海人民出版社,2001,第7—8页。
② 涂尔干指出:"道德的功能首先是确定行为,固定行为,消除个人随意性的因素。"引自:(法)埃米尔·涂尔干:《道德教育》,陈光金等译,上海人民出版社,2001,第29页。

"教育科学不是不可能的,但是教育本身却绝不是科学。"①此外,涂尔干指出,由于法国传统社会中根深蒂固的政治、宗教冲突与差异,要在短时间内通过高等教育的改革实践恢复社会团结是不可能的,必须把改革的注意力转移到专门知识的训练与道德社会功能的传播上来。并且,除了训练大学教师外,还必须系统化地训练中学教师,以此扩大法国教育改革实践的空间与范围,以便在更加整体与综合化的程度上回应和解决各种社会矛盾与冲突。原则上,涂尔干承认高等教育改革实践中知识传播的重要性,但又始终坚持大学教育环境中道德教育的社会影响与作用。在德雷福斯事件后,大学在这方面的成就变得尤其清楚,法国社会中宗教和政治的冲突逐渐失去强度,变得更加缓和,很多年轻的学者也直接参与到了这场高等教育改革实践的运动中去,不再质疑涂尔干"高等教育和社会变革"的理论,研究分歧逐渐消除,涂尔干也因此很快成为一个有影响力的高等教育改革实践理论家。

可见,大学的贡献在于对社会教育的贡献。自涂尔干高等教育改革实践后,法国高等教育机构开始真正地关心这方面的社会责任与任务了,并能够主动地参与到这场教育改革过程中去,并从涂尔干高等教育改革理论中获得了积极和有益的指导。有学者认为,涂尔干的这一教育改革实践理论,是想要改变我们的大学,促使大学每一天的教育都成为社会生活的中心,并由训练有素的教师来传播社会知识与道德意识。因此,法国高等教育改革实践被越来越多的人比作一个深奥的改革过程,大学彻底结束了与社会的隔离,并在国家的利益面前发挥出了它们应有的社会影响力与作用,大学新的社会角色也正在逐渐形成。所以,我们可以说,正是因为法国高等教育的这一改革实践过程,当一个学生进入大学的时候,他便已经注定成为有道德的社会个体了,他获得的不仅是社会知识文化的刺激,他不仅爱他的家庭,他还会因为爱他的国家而团结于社会之中,混乱的社会关系与冲突将迎刃而解,大学也将变得更加受到社会欢迎。对此,涂尔干认为,高等教育改革的实践过程,决不能是极度形式主义的一个过程,它不仅在理论上要力求贴近社会生活与社会秩序的现实事实,还必须具有旺盛的生命力,能够打破社会传统的束缚,创新并构建出新的社会规则,维持社会团结。

---

① (法)埃米尔·涂尔干:《道德教育》,陈光金等译,上海人民出版社,2001,第5页。

正因为如此,涂尔干才强调"巴黎大学是在巴黎诞生的……巴黎大学在本质上是属于巴黎的"①。涂尔干将巴黎大学与巴黎学校做了明确的区分,认为巴黎学校是附属于查理大帝王室的,而巴黎大学则是巴黎的,这在一定程度上说明在涂尔干眼里,巴黎大学与巴黎社会的联系更加的密切与紧密。我们甚至可以肯定,巴黎大学创办及其教育改革,在当时的社会变革过程中,一定表现出了巨大的社会活力,为当时法国高等教育的改革实践做出了影响巨大的开创性贡献。涂尔干认为巴黎大学在后来的教育改革实践与发展过程中是配得上"大学"之名的,它参与社会变革的作用与影响也逐渐浮现出来,成了法国高等教育体系中一种全新的教育形式,入读巴黎大学的学生人数也由此逐年增加,数以千计的学生慕名而来。与此同时,巴黎大学的组织形式也随之发生巨大的变化,逐渐发展成为法兰西王国中的中心地位②,并在欧洲高等教育界中赢得了一定的声誉,服务社会、参与社会的教育功能日益增强。可以说,巴黎大学的教育实践改革,构成了法国高等教育改革实践的一场真正革命,并为法国整个高等教育改革实践铺平了道路,做好了充分的准备。

所以说,在涂尔干看来,法国高等教育改革实践过程中的大学,其本质就是社会的一个机构,它的改革与发展深刻地受到了社会变革的影响,又反过来参与社会变革,指引社会变革的方向,成为社会变革的动力。这些经过改革后的大学,最终成了独立于教堂之外的高等教育机构,成了连接世俗生活的社会机构。在这种社会环境下,法国高等教育机构逐渐产生出了新的社会观念,对参与社会生活与服务社会变革有了新的渴望。自然,这一教育改革实践过程,不再遵循旧例,大学教师的角色也不再局限于科学知识的传授,所有的教学活动都围绕着社会变革与发展进行。可以想见,法国高等教育机构的社会功能大大增强,而且这种社会功能比以往任何时候都要强烈,大学也因此具有了更加旺盛的生命力,社会地位也变得越来越重要。为了实现这个目标,法国高等教育体系充分意识到了自己的这一社会功能,它们充分利用涂尔干的教育改革实践理论紧密地维系在了一起,产生出推动法国高等教育体系改革实践逐渐深入与拓展的力量。也就是说,为了摆脱法国社会危机对高等教育发展所产生的影响,改变自身

---

① (法)埃米尔·涂尔干:《教育思想的演进》,李康译,商务印书馆,2016,第119页。
② (法)埃米尔·涂尔干:《教育思想的演进》,李康译,商务印书馆,2016,第120页。

在传统社会中的处境,绝大多数高等教育机构很快便意识到涂尔干的教育改革实践会为它们缔造一个更有效和有力的发展模式,如果不主动参与到这场高等教育改革实践过程中去,那么大学在未来法国社会系统中的地位与影响力也很可能就要宣告完结。因此,法国高等教育改革实践竭尽全力地摆脱传统力量的束缚,融入了崭新的发展方向中去。

虽然法国高等教育改革实践的社会影响力还比较薄弱,但却是代表着法国高等教育体系未来的发展方向,并越来越清晰地认识到自身的改革实践在法国社会危机与工业化进程中的历史使命与价值,迅速从一个看似软弱无力、易受打击的社会组织发展成为掌握强大社会变革力量的社会机构。由此一来,法国高等教育机构在改革实践过程中,逐步积累起了承担社会变革的力量,它不仅直接承担起了社会变革中道德教育的社会责任,还最终成为世俗利益的捍卫者,成了社会变革的重要动力。因此,法国高等教育机构才会不断增加自身的社会教育自主性,同时在塑造同质性的社会生活和社会秩序方面也越来越团结一致。事实上,对于法国高等教育改革实践的过程,我们无须细致地追踪这个渐进变革的每一个阶段,但法国高等教育由此而获得的社会性功能与自我解放的过程,在法国高等教育系统与社会系统之间,无论是在社会变革方面,还是在教育改革方面,都形成了天然密切的联系。引发法国高等教育这样的改革实践,具有一些非常深层次的原因,绝不是一次偶然的意外变革,也肯定不是一时兴起。相反,在当时法国大革命后的高等教育发展历史进程中,面对法国工业化社会进程所引发的纷繁复杂的社会危机,高等教育机构与社会系统之间所形成的这种关系是必然要建立起来的。通过对涂尔干教育社会学研究理论的分析,我们可以看到,这是因为法国自中世纪以来的高等教育都具有一种浓厚的宗教色彩,巴黎大学在这方面尤其突出,随着工业化社会进程的发展与深化,法国高等教育机构不再属于具体的某个宗教所管辖时,从根本上说,便为大学参与社会化进程提供了条件与土壤。因此,可以说,法国高等教育改革实践过程,其实是这种工业社会化进程中自然的结果而已,而这种自然结果又是法国大学在缓解与解决工业社会进程中社会危机与冲突的重要社会性功能之一。

在这样的高等教育改革实践过程中,以巴黎大学为首的法国高等教育机构自然就会因其社会化功能而代表一般的社会利益和普遍利益,并将其大学组织置于法国社会生活之中。现在看来,法国高等教育机构与社会系统之间的这种关系,是多么切合它们当时的发展与利益诉求,以致中世纪之后的法国高等教育改革实践,人们开始普遍接受一条原则,即只有在一定范围内行使社会责任的大学机构才能获得同等权利的社会支持,这便是来自国王或社会的支持力量。由此一来,法国高等教育通过自身的社会化改革,促成了其在社会变革中的重要地位与作用。我们之所以关注涂尔干关于法国高等教育改革实践的内容,是因为这有助于我们了解相隔久远的法国大学在社会变革中的典范形式及影响作用如何,对今天我们的大学与社会的发展关系应该如何处理给予了历史性的启示。事实上,似乎很难想象,法国高等教育改革实践过程在漫长的历史进程中,通过彻底的社会变革已经完全地改变了中世纪大学的面貌与性质,它不再是一个简单的社会机构,社会化的校园生活取代了纯粹的学术生活,并逐渐在大学教育中繁荣起来。法国高等教育改革实践的努力,即要想在社会生活努力开放自己,要大量拓展自己在社会生活中的作用与价值,成为塑造社会新秩序的中心,最终实现维护与促进社会团结的使命与责任。所以说,法国高等教育改革实践对于法国社会变革与发展来说,它与当时法国工业社会化进程中的各种社会因素密切结合在一起,要远比中世纪大学的精神生活与内容更为丰富。

然而,在法国高等教育改革实践过程中,大学作为社会的组织结构在社会变革进程中究竟达到了一种怎样的程度,对于这个问题的讨论,始终没有统一的回答。这也就是说,在一定程度上,我们还很难对涂尔干法国高等教育改革实践的成效做出最为客观、准确的评判,但却可以非常肯定地讲,涂尔干认为在面对法国工业社会化进程中形形色色社会危机的历史情况下,大力推行法国高等教育社会化的改革是一项势在必行的举措,大学不能再被仅仅视作是一个特定的学术组织,仅仅将教授科学知识作为整个教学的内容,而是具有明确的社会职责与任务的社会机构。可以说,没有涂尔干教育社会学研究理论的引领与指导,法国高等教育的社会改革进程无疑将会缓慢许多。所以,自此以后,人们就对法国高等教育改革实践过程有了一种根深蒂固的印象,觉得如果大学教学不包括社会生活的准备与构建社会秩序的功能,那么它将永远无法真正完成它的使命,也永远无法真正实现它的特性。

第二节 法国基础教育改革实践

法国大革命后,有一段时间并没有存在真正意义上的学校组织,随着法国现代化进程的发展,在特定的历史环境下才逐渐出现了学校这一教学机构,即早期基督教的学校,随后又出现了宫廷学校,涂尔干称其为"史无前例"的发明。然而,涂尔干认为,在应对法国工业社会化进程中的种种社会危机时,这样的发明还远远不够,指出法国基础教育亟待进行一场教育改革[①],不仅对教育制度与内容进行创新,还要对教育方法与环境进行适当的改造。

当时,法国大革命后所建立起来的公共基础教育系统,几乎都是以智力培育为主的教育机构,它们的教育目标在于发展学生的科学知识,即训练学生的思维、认识和学习能力。然而,即便如此,涂尔干还是认为这些基础教育机构没有很好地完成思想和知识的教学任务,学生们没有从这些基础教育机构的教育环境中增长他们的思想见识与知识,因此他认为这一时期的法国公共基础教育机构没有很好地实现科学知识与思想的传播工作,并且这样的现象从法国大革命之后就一直存在。虽然,涂尔干也不得不承认,思维训练是激发学生具有知识创新能力的源泉,但知识体系的构建过程本身就是不稳定的,它始终是人类的外在事物,对解决当时的社会危机与矛盾并没有显著的效果,反而会进一步增加社会秩序的紧张关系。并且,知识系统的构建与思想见识的增长在当时法国紧张的社会关系中反而无法得到良好的传播。因此,为了缓解当时法国工业社会化进程中的紧张关系,涂尔干强调必须对法国公共基础教育系统进行创新性的教育改革,以便能够在教育形式、内容及制度方面重塑其自我形象与作用。换句

[①] 对此,有学者指出:"迪尔凯姆(即涂尔干,注者释)的教育社会学名著《教育思想的演进》本来是为'大中学校教师资格考试'的应试者所开设的'法国教育史'的讲稿,其目的就是为了帮助法国摆脱中等教育危机,寻求切实可行的中等教育改革法案。"引自:徐瑞:《迪尔凯姆与教育社会学的创建》,《教育学报》2018年,第9页。

说，涂尔干认为当时法国的公共基础教育系统不仅是简单地传递科学知识，还必须通过一种具有广泛社会性的教学活动，对原有的传统教育思想进行创新性的改革，改善学生的思维观念与思想认识，做到对当时法国社会变革的社会事实持开放的态度，这是涂尔干教育社会学中对有关基础教育改革实践的一个关键主张。

当然，涂尔干同时也指出，法国公共基础教育系统的教育改革实践重点，不仅是要把教学主观性放在思考和认识社会变革方面加以考察，还必须拓宽公共基础教育机构潜在的社会性功能。在这个意义上，我们才可以深刻地认识涂尔干在《教育思想演进》一书中所提出的关于基础教育改革的理论与观点，这也能够说明为何今天法国的公共基础教育系统是如此注重其社会化功能与影响的这一事实，因为涂尔干所倡导与推行的法国公共基础教育改革实践便是最好的解释与说明，甚至至今仍然能够从法国公共基础教育系统中找到涂尔干当年改革这些基础教育系统的影子。当年，涂尔干为法国公共基础教育改革撰写了一个完整的草案，虽然并没有得到彻底的实施，但在后来的许多年里，涂尔干始终坚定地倡导与推行着这些改革内容与目标。1904 年至 1912 年，涂尔干详细地研究了法国基础教育的发展历史，尤其是对中世纪早期到 19 世纪期间的法国中等教育进行了考察[①]，并借此对法国的公共基础教育机构的发展与改革进行了历史性回顾与评价，得出了一系列的实证研究结论，认为一个多世纪以来法国的公共基础教育系统一直以来都面临着持续性的"极其严重的危机"，唯有改革现有的教育系统才是寻找出路至关重要的环节，因为这样的危机是绝不可能单靠政府法令就能克服的。最终，涂尔干改革法国公共基础教育系统的理论与主张，深深地说服了绝大多数中学教育机构中的老师。

在涂尔干看来，法国公共基础教育系统所要开展的教育改革，应该是"一种充满活力的努力与反思"，承担这一改革使命的绝大多数教师的整个职业生涯都

[①] 保罗·福孔奈指出："为了理解当今的法国中等教育，涂尔干考察了这种教育的形成过程。它的框架是在中世纪确立的，当时大学已经确立起来了。恰恰是在大学中，艺文系开设的课程逐渐引入了学校，这样，中等教育便产生了，与高等教育也有了区别。"引自：(法)埃米尔·涂尔干:《道德教育》，陈光金等译，上海人民出版社，2001，第 295 页。

应该为"这一伟大任务的重建"而努力奋斗。因为，若没有最广大教师积极参与这样一场教育改革，那么就绝不会有法国公共基础教育改革的振兴与发展，那些长久以来"病态的中学教育生活"就不会停止并得到改善。为了这样一个目标的顺利实现，仅对传统的教学实践进行改革是远远不够的，必须为了学生能够获得自由的社会思想而进行彻底的教学改革，去构建一种真正能够深入地参与到社会生活中的学校教育模式，涂尔干的这个想法直到今天仍然被认为是十分具有远见的改革策略。此外，根据涂尔干的观点，法国公共基础教育改革的力量主要来自教师群体，他们首先必须对法国中学教育改革实践做出创新性的思考，这是这场教育改革实践中的重中之重。作为一名教育社会学研究的理论家与实践家，涂尔干也参与到了这一改革实践的具体过程中去，他不仅系统地定义了法国中学教育与社会变革之间的关系，还提出了对基础教育改革任务进行划分的建议，将中等学校教育中对"科学"的传统教育目的与"工业社会化进程"中特殊的教育目的相互结合，创新性地构建了法国公共基础教育改革实践的"实用理论"，强调了中等教育机构在这一改革实践过程中的社会价值，极大地促进了法国中等教育转型与发展。为此，许多教育社会学家赞扬了涂尔干这种为法国公共基础教育发展而进行的"冒险"和"革命"的教育改革，并承认这并不是法国中的教育改革过程中"暂时"的教育理想。

现实告诉我们，每个社会在某一特定的历史时刻，都有其特殊形式的教育活动存在。涂尔干在对法国公共基础教育系统中社会与教育的历史关系进行了深入细致的独特思考后，希望建设一种对社会生活开放的公共基础教育系统，并为实现这一目标做出了不懈的努力。可以说，像《教育思想演进》与《道德教育》这样的作品，都明显地表达了一种在学校系统与社会系统之间构建密切关系的愿望，在这一基础上所形成的教育社会学，便是最好的体现与证明。通常情况下，这成了我们反思涂尔干推行法国公共基础教育系统改革的根本依据，他的教育立场始终以适应不断进化的社会关系为基础，为构建与维护稳定团结的社会秩序而努力，这也是其教育社会学研究理论的基本原则，是涂尔干教育社会学研究理论所带来的新贡献。所以说，《教育思想演进》的基本观点是，相对于历史悠久的人类教育活动来说，学校这一教育机构是一个相对较新的发明创造，随着社会化进程的发展，学校教育系统是无法回到或保持其早期的基督教性质的，对学校进行的一系列社会化改造是教育系统注定无法逃脱的发展命运，法国公共基础教育系统所进行的教育改革实践,正是涂尔干这一思想在教育机构中的现实反应。

涂尔干有关《教育思想演进》的基本原则与观点,几乎可以在他所有的教育社会学研究著作和论文中找到,他想尽了一系列的方法来推动与实施他的教育改革实践。涂尔干指出,法国中等学校所进行的教育改革实践,至少在其"胚胎细胞"时便具有"两种元素",一是培养社会变革所需求的"全面发展"的人,二是培养社会变革所需要的"道德环境"。其中,培养"全面发展"的人,是为了能为社会变革提供足够的社会人力资本支持,而培养"道德环境"则是为社会变革提供能够构建与维护社会团结的基本动力。因此,涂尔干多次强调,学校教育系统其本质就是一个"微观社会"[1],在这一"微观社会"中,不仅仅是简单的科学知识集合体,而是一个具有同质性社会集体意识的"道德集合体",这才能真正说明与反应学校教育环境是一个"小社会"。随即,涂尔干的这一概念就得到了普遍的赞同与支持,很多学者甚至能够十分理解涂尔干关于这一概念的"遗传方法"的解释方式,认为这样的阐释方式可以让人们对教育改革与社会变革之间的关系产生更为深刻的印象,这也成了法国共和主义教育价值观形成的背景。可以说,正是涂尔干公共基础教育改革的理论与实践,使得法国的中学教育体系在法国社会变革历史上发挥了重要作用,改善了法国传统教育体系中最古老、最稳定的公共教育体系,甚至影响了西欧教育机构的改革与发展。

在涂尔干所倡导的法国公共基础教育改革实践过程中,教育机会平等是其中最为重要的价值标准。虽然法国中等教育机构的这一价值标准可以追溯到法国大革命时期,但主要的促进教育机会平等的公共基础教育改革思想还是来源于涂尔干在《教育思想研究》中的理论与主张。自法兰西共和国建立后,法国公共基础教育系统的教育目的就是为创造社会平等而来,力求为法国工业化社会进程中生活在不同社会阶层的学生提供公平公正的教育机会与教育权利。就这一点来看,在涂尔干所生活的历史时期,教育平等原则仍然是义务教育阶段

---

[1] 涂尔干认为:"学校恰恰就是与那些构建学校的社会体系的人多少有些相似的年轻人组成的群体,它构成了比家庭更大的社会。"引自:(法)埃米尔·涂尔干:《道德教育》,陈光金等译,上海人民出版社,2001,第223页。

的重要原则,所有的学生应该有平等的机会和权利接受公共教育,如选择进入巴黎圣日耳曼小学读书,或者是进入巴黎圣日耳曼学院接受义务教育,且这一义务教育的年限通常可以到十六岁时才结束。因此,在享有平等接受教育的原则背景下,法国绝大多数六至十一岁的学童,都顺利地接受了义务教育,要么进入圣母学院接受小学义务教育,要么进入各类中等教育机构接受四年的义务教育。在涂尔干推行法国公共基础教育改革实践过程中,公共基础教育的公平性逐渐开始受到公众的普遍关注,甚至成了这场教育改革中最为重要的内容与目标之一,而把当时对大学教育改革的争论放在了次要位置。①这是因为,解决法国公共基础教育系统中的教育不平等问题,在应对法国社会危机的特殊历史时期,是弥补法国传统教育系统中社会功能缺陷的重要内容之一,是实现"道德环境"教育改革目标与"全面发展"的人的培养目标的基础,只有较好地解决了法国公共基础教育中的教育公平问题,社会集体意识的构建过程才会顺利,社会秩序的重建才有保障,社会团结的目标才能得以顺利实现。

涂尔干有关法国公共基础教育改革实践的过程,成功地引领与塑造了法国基础教育的"进化"过程,论证了教育改革与社会变革之间的真理关系,促使法国基础教育系统具有了复兴的活力。在这一过程中,涂尔干把"社会"的价值引入基础教育改革实践过程中去,使学校教育与社会发展成了一个相互联系密切的"有机体"。所以说,涂尔干的基础教育改革实践,并不是形式主义的过程,而是主导了19世纪法国的整个中等教育改革的一场重大实践,几乎全国的中等教育机构都从形式到内容发生了彻底的转变,力求在未来的教育活动中能够涵盖法国社会生活的方方面面,并由此形成自己的新传统和面貌,体现独特的社会性功能。可以说,涂尔干的法国公共基础教育改革实践的价值与历史影响意味深长,人们甚至还把法国社会危机的缓解归结为公共基础教育改革的成功。

---

① 按照涂尔干的观点:"事实上,理性主义的信念对个人主义的情感产生反作用和刺激作用。因为不公正的就是不合理和荒谬的,所以,我们才会对它更敏感,就像我们对理性的权利更敏感一样。所以说,在道德教育中,以更高理性为指引的进步,如果不能揭示新的道德取向,不能引发对公正的更强烈的渴望,不能以潜在的志向唤起公共良知,就不可能实现。"引自:(法)埃米尔·涂尔干:《道德教育》,陈光金等译,上海人民出版社,2001,第15页。

第四章 涂尔干教育社会学研究的改革实践

涂尔干推动法国公共基础教育改革实践的工作，并不是一朝一夕的事情，而是一个渐进发展的过程。它是一个延绵了整个世纪的教育改革过程，这一改革过程对法国整个基础教育系统的重构产生了广泛、深刻的影响。为了能够将法国公共基础教育改革实践确立在社会生活的坚实基础之上，涂尔干强调无论是中等教育机构，还是初等教育机构，都必须从整个公共基础教育系统的细节方面进行彻底的改变，增加道德教育的地位，以便能够更好地适应急剧变化的法国工业社会化进程，因为这是法国公共基础教育改革实践真正需要改革的思想取向。即便这样的教育改革过程遇到了各种各样的困难与阻力，但法国公共基础教育系统所发生的持续不断的变化，成了证明涂尔干基础教育改革主张的有力证据。从那个时候开始，在一批国立基础教育机构里，讲授道德教育的过程逐渐开始压制了其他一切科学教育，因为全部的科学教育课程都被缩减，并持续饱受压缩，甚至在学校教育中一度丧失了它们原有的地盘，这种局面一直延续到了 19 世纪的末期。发生这样的情况，并不是涂尔干所能够事先预知的，但却对法国传统的基础教育方法给予沉重的打击，在这之后不久，道德教育逐渐在各个公共基础教育机构中确立了自己的地位，一直到 1890 年前后法国工业社会化进程中最终建立起了自己较为统一的社会集体意识，重塑了自身的社会秩序，社会团结得到了一定程度的维护。

自此，在教育与社会之间，不再存在莫大的距离与隔阂，社会系统中完全设立了一套以社会教育为基础的教育体系，道德教育的名声在学校教育体系中也越来越大，成了一种最为高贵的教育活动形式，几乎任何人都能深刻地感受到教育属于社会变革的特性，并认为只有社会提供的教育活动才有能力真正维护学校特性与教育，任何不服务于社会生活的教育都不足以胜任这项使命与宗旨。因此，我们能够在 19 世纪法国整个公共基础教育改革实践过程中，观察到这种持续而稳定的教育现象。为此，涂尔干也明确指出，为了适用复杂而多样化的社会变革的需求，教育本身应当舍弃它在古代的那种特性，走向一种全新的教育发展模式。之所以发生这样的转变，法国所面临的社会危机是根本原因，即要为进入社会生活的人安排一种社会化的教育，在这种教育里，从某个特定的年龄开始，尽管还未曾彻底排除人文科学教育，但社会化教育已逐渐开始代替传统的人文科学课程，成了公共基础教育系统中深入推广的教育形式与内容。

为了防止法国公共基础教育系统中传统观念的重新抬头，法国政府在实施教育改革过程中表现得满腹焦虑,并试图从学校教育机构中切除任何不具有社会价值的东西,并在集体意识构建过程中力求做到步步为营。所以说,19世纪的法国公共基础教育改革实践过程,已对社会教育产生出了一种特殊的需求,其重要性显得不容置疑。因此,我们通常说,涂尔干对法国公共基础教育系统的改革实践,是在深入考察法国社会危机与工业社会化进程的过程中做出的理性设计,这一过程本身就具有强烈的社会内在力量,他希望通过这样的教育改革实践过程来推动与塑造法国未来的社会秩序。需要注意的是,涂尔干的这一教育改革实践理论,还对法国长期的传统教育思想产生了深远的影响。在这一基础上,涂尔干将法国工业社会化进程中的公共基础教育改革实践与法国教育史上传统的教育模式联系在了一起,使得这一过程不仅仅是一场简单的教育改革,在很大程度上还是一次法国社会改革。因此,涂尔干时期的法国公共基础教育改革实践,也通常被视为是欧洲工业社会化进程中基础教育改革的"典范",也是后来欧洲基础教育改革很长一段时间的主要模式。

很明显,法国公共基础教育改革被赋予了两种不同的使命与宗旨,这两种不同的使命与宗旨之间是相互协调、互为发展的关系。一方面,人们希望法国公共基础教育改革能够为孩子们提供替代旧式古典教育的教育内容与形式,为法国社会提供新的教育选择,所以法国社会才会普遍希望这一教育改革过程能够在不同的程度上履行具有强烈社会功能的教育,就是提供具有社会集体性意识的教化。另一方面,与此同时,人们又期望法国公共基础教育改革能够促使学校教育能够为学生未来的社会化职业发展与现代生活提供专门化的教育,即能够为培养学生参与现代社会生活的能力做充分的准备。而且,自法国大革命以来,社会民众已经普遍能够接受法国公共基础教育系统需要迫切改革的现实,涂尔干更为清楚地看出了法国公共基础教育改革与社会变革之间的微妙关系,强调现代化社会的教育需求,将不再仅是古典性的教育模式,而应该是能够融入复杂的社会变革的教育体系,它应该具备明显的多样性、专门性与技术性,因为这是现代基础教育的基本特征。同时,涂尔干指出,法国现代基础教育的改革需求已迫在眉睫,我们已经走到了法国公共基础教育改革的前夜,它将以何种方式实现这一改革目标,意味着我们将在这里从过去走向未来,而创造这一改革过程的历史重任必将落在我们的身上。可见,涂尔干不仅认为法国公共基础教育改是可以预见的一场革命①,还对这场教育改革充满了信心,让我们有充分的理由去设想在这场教育实践改革过程中,法国的公共基础教育系统未来将会是个什么样子。所以,从最纯粹、最基本的角度来探讨涂尔干对法国公共基础教育改革实践的理论观点时,我们可以相信在法国的公共基础教育改革传统上,从来也不曾有过一种以社会生活为倾向教育根本目的的教育形式,无论是法国大革命时代还是法国人文古典社会时期,都不曾像工业社会化进程中的法国公共基础教育体系一样,是致力于把自己的学生培养成一类特定的社会成员。不错,在19世纪,无论是那些拥护涂尔干的教育社会学家也好,还是那些持批评意见的政治理论家也好,都共同感到法国工业社会化过程需要更好地协调教育的本质与实际生活的迫切需求。

涂尔干所操心的是要让学生们能够通过法国公共基础教育改革的过程,来更加广泛与深层次地接触到一些更加贴近社会生活的学校教育,而传统的职业教育只会将人们的头脑偏转开去。在法国公共基础教育系统里,在关注实际社会生活的教育形式与内容还没有占据主导地位的时候,社会集体意识的形成与社会新秩序的构建都还只是失之过度的社会事物。因此,涂尔干强调急需改变法国公共基础教育系统的现有面貌,为培养学生参与社会生活与创造社会生活的能力做准备,并指出这是一项非常具体与细致的社会工作。因为学生不能只接受一种纯粹的文学性的教育。②这就是说,法国公共基础教育改革实践,是一种对学生社会心智有着强大形塑作用的教育改革活动,这一过程会使学生的心智能够在日后的社会生活中受惠,不仅可以让学生为特定的职业生活做准备,还有助于学生更乐于接受这种准备。当然,在涂尔干看来,法国公共基础教育系统起初并没有在学校教育与社会生活之间建立起任何的连续性,学校这一教育机构便好似一种寄生性的组织,没有任何与之对应的社会现实。所以说,从社会的角度来看,学校教育并没有为社会培养一个真正有用的人,即无法为法国现代社会发展培养所需的医生、政治家、法官、律师、经济学家或者合格的教师。当然,

---

① 涂尔干曾说:"法国在最近的20年里经历了一场伟大的教育革命,在此之前,这场革命还是潜在的,还处于半途中。"引自:(法)埃米尔·涂尔干《道德教育》,陈光金等译,上海人民出版社,2001,第7页。

② 在涂尔干看来,"教育是'在儿童身上保证社会自身生存之基本条件的手段'。"引自:(法)埃米尔·涂尔干《道德教育》,陈光金等译,上海人民出版社,2001,第274页。

这是法国公共基础教育系统旧有制度的弊端，涂尔干注意到这仅是一个历史发展的现象，可以通过教育改革实践来对此进行改造。为此，涂尔干很肯定地说，法国公共基础教育系统改革的主要目标，就是学校教育社会化的开始，从基础教育阶段开始，学校教育便应该注意用特定的社会职责来塑造人的心智。不仅如此，还应该积极地在学校教育与社会生活之间构建起能够维系社会发展与进步的纽带，并使这些纽带从此能够彼此密不可分，这是几百年来法国传统公共基础教育在应对工业社会化进程中最为自然与必要的方式，这正是涂尔干对法国公共基础教育改革实践的根本所在。

通过涂尔干对法国公共基础教育改革实践的阐释，我们明白社会生活是改革法国传统教育模式的先决条件，实现这一过程，必然有许多必不可少的具体目标需要逐步实现与完成。但就这一改革实践过程的本质来说，构建学校教育环境中的社会生活教育过程，是激发学生参与社会生活热情，锻炼学生社会生活能力的重要内容，法国公共基础教育体系应对法国工业社会化进程的功能恰恰始终体现在这个方面。即使到现在，塑造未来社会成员的学校，在严格意义上也是与社会生活教育过程不可分割的，学校教育在工业社会化进程中的发展路径与模式，不应该有悖于自己的社会本性，但这也并不意味着排斥传统的教育内容，而是应该采取不同的教育手段，将他们统统融入统一的教育过程之中，来构建一种具有社会针对性的教育模式，发展出一种真正的、普遍的法国公共基础教育系统。所以说，在涂尔干看来，再没有什么能够比构建学校教育与社会生活之间关联互动的关系更具有说服力与实践证据的改革方案了，它绝不是根据他个人的偏见或简单经验塑造出来的改革过程，它是一种严格意义上实证主义的教育改革形式。

第四章 涂尔干教育社会学研究的改革实践

第三节 法国现代教育体系构建

涂尔干的教育社会学研究思想,是基于其社会学研究理论基础上构建起来的。涂尔干曾说,教育社会学的根本宗旨就是为年轻人提供社会化的教育,他把教育活动看作促进现实社会演变的重要动力。为此,涂尔干对"教育社会学"的概念做了进一步的阐释,指出教育社会学与教育学或社会学的区别就在于,教育社会学是从教育学和社会学共同的视角中寻求社会个人意识与思想的培养过程,教育活动本身就构成了真实的社会生活,道德教育便是社会集体意识的培养过程。当时,涂尔干对待法国工业社会化进程中的危机与冲突的态度,始终坚信教育活动是缓解与改变这场社会危机的重要手段,只有构建面向大众法国现代教育体系,才能使教育社会学理论研究与改革实践占据社会变革的中心地位,发挥重塑社会秩序、实现社会团结的教育功能与意义。

所以,我们可以说,涂尔干教育社会学理论研究与改革实践逐渐占据了法国社会变革的主导地位并不是一个偶然的事件。涂尔干作为一名教育社会学家,他始终相信教育社会学研究及其改革实践在社会变革中的影响与价值,他深信没有其他更好的方法能够缓解和解决当时困扰法国的社会危机与冲突,教育社会学研究必须把他的社会功能本性充分地展现出来,承担起构建社会集体意识,重塑社会秩序,维护社会团结的责任。正如涂尔干观察所得出的结论一样,教育活动是一种具有社会性的事物,每一个特定的社会都会产生许多特殊的教育形式,以便满足不同社会阶层的教育需求。在涂尔干所生活的法国社会环境中,教育活动则倾向于消除不公平的教育差异,即要求教育活动能够根据社会阶层的不同而有所变化,以便能够实现教育公平的目的,这是现代教育的最为重要的基本特征。在涂尔干看来,法国现代教育形式的建立,首先必须建立在共同的社会集体意识基础之上,他的这一理论,无论是对于法国中等教育系统来说,还是对于法国高等教育体系来说,都是适用的。尽管这样的改革过程必然充满困难，但对于缓解与解决法国社会危机与冲突来说，是十分紧迫与重要的任务。

在这种情况下，对于涂尔干来说，法国现代教育体系的风格与内容是受到最一般的教育改革形式与内容约束的。在法国工业社会化进程的特定历史时期，其现代化教育体系的构建是一种属于社会价值"事物"。在某种意义上，涂尔干认为法国现代教育体系是一种"选择的教育体系"，虽然他没有准确地用术语表达对这一概念的细致阐释与理解，但最为重要的是他对"现代"概念的科学解释。就现代教育体系这个概念来说，涂尔干在《教育思想的演进》一书中有特别的论述，但不是教条主义性的讲解与分析，他明确指出现代教育体系的构建，从本质上来说是一种"教育发展的全新阶段"，其特征在于赋予教育过程的认知价值与社会功能，而在教育改革过程中那些被设计用来维持和发展现代化教育的改革实践过程，绝非仅是些"暂时的"因素与内容，这和涂尔干经常提到的社会集体生活与社会秩序有十分密切的关系。涂尔干认为，只有现代教育体系成功构建起来并得到一定的发展，教育活动与教育过程本身才能得到彻底的解放，从此"校园教育与社会生活的相关知识"才能成为现代化社会发展所不可或缺基本要素，并成为发挥学校教育社会功能正常运行的基本保障。所以说，学校生活是对现代化社会公共生活至关重要的内容。当法国社会开始思考这一问题时，整个教育系统自身便"从任何传统教育的象征框架之外"开始在其内部有所变革，学校教育中有关社会生活的教学工作便开始变得有十分有价值。这里应该指出的是，涂尔干所说的"现代教育体系"，至少包含两个趋同的方面，一是学校教育系统是一种特殊的社会性组织，关于它的"社会性"主要是通过学校教育活动来创造对社会生活与秩序新的认知与需求；二是通过法国工业社会化进程中划时代的变革在教育系统总体框架上的改革实践来进行法国教育功能的转变过程。

涂尔干所说的这个现代教育体系的构建过程，是法国根深蒂固的传统教育模式基础上的一次转变，这一个转变过程逐渐在19世纪变得成熟，当这一转变逐步深入学校以后，学校教育活动对"社会"的认识，无论是对社会公众来说还是对教师与学生来说，都产生了系统性的影响。另一方面，虽然法国大革命的影响对现代化教育改革的促进是短暂的，但涂尔干特别强调法国大革命中的教育事件对现代化教育体系构建所产生的影响。在学术研究领域，这一过程所带来的影响最为突出，这是引发法国现代化教育体系构建与创新的基本动力，并且持续许多年没有发生变化,至20世纪初变得比任何时候都要强烈。现在看来,19世纪的涂尔干的现代化教育体系研究理论并不是一个"缺乏创新"的理论体系,它无疑是一次基于法国大革命的学术创新,是实现涂尔干教育思想演进中的最后关键一步。随着法国工业社会化进程的不断拓展与深入,现代化建设的使命也变得更加明显,法国整个教育系统的改革与创新更是处在了"真正的改弦更张"的关键历史时期,在社会集体意识初步形成的基础上,最终扭转了法国传统教育体系的模式,将学校教育活动的社会性功能逐渐发挥出来,一种新的教育现实感被建立起来。

自此,现代教育体系的建设成了法国教育系统改革的新方向,法国大革命期间阻碍学校进行现代化改革的所有因素被逐一消除,涂尔干甚至还对这一法国传统教育因素废除的系统性过程进行了严格的分析,论述了法国现代化教育体系建设的基本结构与教学方法。涂尔干指出,在现代化教育体系中,学校教学过程不再是按照班级来进行划分与开展教学活动,而是按照各个学科的"课程"来进行划分与开展相应的教学。在现代化教育体系结构下,传统的班级制度被彻底地废除了,这使得每个学生可以完全独立地决定学习哪些课程,如何完成自身的系统化学习过程,而在这样的教育体系中,学校事实上是把班级看作提倡一个"微观的社会"来实施相应的教学工作的。这样的改革灵感来源,正是涂尔干有关现代化教育体系建设的理论,但并不是所有的改革过程与努力都是严格按照涂尔干关于现代化教育体系建设的理论与思想展开的,只是基本上朝着这个方向来发展的。对涂尔干来说,法国现代化教育体系的建设只有一个道德教育的影子,之所以提倡在法国工业社会化进程中废除传统教育模式主要是因为现代化教育体系对当时的社会发展更加健康。为此,对从"传统"到"现代"的教育改革的实践成了他长期研究的一项内容,涂尔干认为法国现代化教育体系的建设不仅是学习内容与方式在教育活动中的一次改革,还是法国社会阶级与社会制度在教育改革过程中实现调整与重塑的一个过程。[1]值得注意的是,对于涂尔干来说,"学校教育改革"在现代化教育体系建设过程中变成了一个"问题",

---

[1] 对此,有学者指出:"布尔迪厄认为,教育场域不是静态存在的,同样处于恒常的运动之中。教育场域作为社会结构的一个部分,其内部的学业竞争反映了社会结构中的阶层竞争。由于支配阶级的操纵,教育系统往往沦为阶层斗争的工具。"引自:黄俊、董小玉:《布尔迪厄文化再生产理论的教育社会学解读》,《高教探索》2017年第12期,第37页。

因为从法国大革命开始，传统教育体系从被废除的那一刻开始，他就提出的相应的解决方案，但学校教育的工作方式并不像学术研究那样简单有效。换句话说，涂尔干认为废除班级与课程组织的过程并非获得了社会积极与广泛的支持，虽然现代化教育体系的建设是法国大革命的主要的教育改革功绩之一，但社会所表现出来的兴趣和热情却是不一样的，现代化教育体系融入法国教育系统的过程仍然十分缓慢。

当然，法国现代化教育体系的建设过程，并不是一蹴而就的教育改革过程，要想成功与顺利地把现代化科学知识引入学校教育系统，学校教育系统首先就必须建立起向全社会开放现代科学教育的有效机制。对于这一点，涂尔干并非具有十足的改革信心，他认为现代教育体系是法国传统教育改革历史上迄今为止从未遇到过的一场激进的教育改革，从教育理念到教育内容，从改革方式到改革要求，一切都是崭新的。也就是说，无论是学校组织还是教授的科目，无论是使用的教学方法还是教师的职责，所有这些都是全新创造出来的，与几百年法国传统的教育系统并不存在任何紧密的联系。因此，涂尔干从一开始倡导建立现代教育体系开始，就强调这一改革实践理论并不是凭空想象产生的，一切都是从法国大革命的实践过程中发展而来的，以此来为法国现代化教育体系的建设寻找历史证据与联系。同时，涂尔干不仅用他的现代化教育改革理论指导法国教育改革，还充分用他对改革法国教育体系的热情来促使有利于现代化教育改革的教育政策的制定。同时，涂尔干一再强调现代化教育体系中学校教育的新颖性与组织建设的创造性，指出这一目标的实现是建立在严格的实证科学论证基础之上的结果[①]，只有一个不断尝试新颖改革的教育体系，才能够从失败中汲取历史经验，获得最终的成功。

为了能够顺利开展与实施法国现代化教育体系的建设过程，涂尔干甚至亲自指导了学校的改革过程，他特别对学校组织结构进行了重新定义，阐释了一些20世纪现代化教育体系建设的基本特征，他甚至利用最原始与最先进相融合

[①] 对此，有学者指出："涂尔干19世纪90年代三本奠定他古典社会学大师地位的著作——《社会分工论》《社会学方法的准则》《自杀论》，而尤其又是其中的《社会学方法的准则》和《自杀论》——为人们呈现了科学理性主义应用到人的行为研究、也即实证主义范式的理论与研究的杰出范本。"引自：贺晓星：《涂尔干的实证主义与教育社会学》，《南京社会科学》2016年第1期，第137页。

的改革手段对现代化教育改革过程进行指导，为形成一种普遍的现代化学校教育知识体系做出了大量的改革尝试。事实上，涂尔干所谓的"现代化教育体系"这一概念，其本质是"一种教育改革的思维方式"在学校教育改革活动中的体现，以此来构思现代化知识的教育体系，创建符合社会教育发展的需要，其改革的本源是"人类的心理和道德教育过程"，这一思想可以从《教育思想的演进》中获得足够的解释与论证。这是因为，在现代化教育体系中，涂尔干认为"人与社会的科学"主要诞生于"人性"与"道德"，这一概念也适用于社会发展。的确，现代化教育的基本概念，是涂尔干教育社会学研究长期以来一直致力于研究的内容，其研究具有积极的贡献，它开拓了人类对教育实践活动的思考，这是涂尔干对教育社会学研究有意识的发现，也是对理性主义的发展。可见，涂尔干用一种新的思维方式，对法国教育体系改革与发展的未来路径进行了"清晰的"规划，这不仅是他教育改革意识的维度，也是他教育改革思想中超越意识的主观性体现。从整体上看，法国的教育体制改革远非如此，但在某个特定的历史时刻，却因涂尔干的教育现代化改革理论取得了丰硕的教育成果，使得多年后人们对涂尔干现代化教育体系改革有了更为清晰的认识，在教育社会学研究领域树立了涂尔干的学术权威。

法国现代教育体系的构建过程中，学校是最为直接的构建要素，整个教育系统的改革旨在实现现代教育体系的搭建与完善。从这一角度来说，涂尔干时期所进行的法国现代教育体系的改革过程其实是一个独一无二的教育改革过程，它并不是涂尔干简单化的教育改革实践，它是通过现代化知识在学校内的传播来推动与实现整个教育系统的现代化建设的过程，这是一种开放性的教育思想改革实践，现代性被置于涂尔干教育改革实践的中心地位。可以说，现代性与教育改革从来就是具有相关性的两个概念，现代化的知识永远不能从传统的教育系统中衍生出来，甚至恒常不变的传统教育模式已经变成了一种极端异质性事物。从这个角度来看，19世纪涂尔干在法国教育领域所展开的这一场空前广泛与深刻的现代化教育改革，涉及了法国整个教育体制及各级各类教育机构，是一场全方位的现代化教育改革。之所以产生如此广泛的影响，主要因为在应对法国激烈的社会危机与冲突时，法国整个教育体系集中出现的教育竞争实质上就是现代知识在学校教育环境中的竞争，而现代化知识的竞争，说到底，就是现代化教育体系建设的竞争。所以，涂尔干认为在工业社会化进程中，法国教育体系与教育质量要想不被排挤出欧洲教育的主流之外,不降为别的教育的附庸,就必须始终保持教育思想的先进性,努力推动与开拓教育改革实践的进程,大力提高教育体系的整体质量与水平。经过涂尔干十多年的现代化教育改革实践与努力,法国现代化教育体系得到了不断的构建与完善,其教育改革水平与质量也不断提高,在重振法国整体教育水平方面产生了积极的作用与影响,并使其具备雄厚的教育竞争力,为迎接21世纪的挑战奠定了充分基础。

法国这场现代化的教育改革,使法国教育体系更加适应工业社会化的发展进程,改变了长期以来过于分散的教育管理模式,保障了教育集中管理的权利,让地方学校享有更大的发展空间,充分调动了法国教育系统中各级学校的办学积极性和主动性。针对教育现代化的教育目的,整个现代化教育改革过程注重革新教学内容,改进教学方法,实现教育体制的现代化,这促使法国建立起了适应工业化社会经济发展与科技进步的教育体系,适应了当时世界不断变化发展是社会环境,并构建了有利于学生成功地进入社会生活的有效机制。可见,这种教育现代化的改革理想决定了法国教育体制改革目标的实现过程,教育不仅成为社会发展的手段,还在同样程度上解释了教育、社会和学校机构之间的相互关系。因此,对法国现代化教育改革实践的观察可知,涂尔干的教育改革主张是对法国传统教育模式采取的一次社会性改革,它的目的是激发和发展工业社会化进程,并能够在保证学生身体、道德和智力状况现代化发展的基础上构建起统一的现代教育体系。更简单地说,现代化教育体系是一种社会化的教育体系,虽然可能有人会说这个概念的存在过于抽象,但这就是所谓的现代化教育需求,涂尔干有关现代化教育改革的理论是一个系统的思想,它表达的不是现代化教育体系建设的结果,它强调的是法国现代化教育体系构建的完整过程,它甚至利用这次现代化教育体系改革彻底改善了法国的国家教育传统,间接地构成了现代社会存在的基础,这一改革过程的结束,也标志着法国传统教育模式的终结。

涂尔干现代化教育体系的建设过程,是精心实施的教育改革实践过程,为了能够在学校教育环境中培养青少年现代化的科学基本概念和能力,培养他们适应未来的科学素质和生活态度要求,他强调必须不断地更新法国传统教育模式中的教学内容,并且还得不断改革教学方法。在涂尔干现代化教育改革理念与实践的推动下，法国甚至很快就颁布了针对现代化教育体制改革的教学方案与大纲，强调在学校教育体系中实施现代化教育改革实践的重要性，并要求能够在基本的现代化知识及能力培养方面尽快取得改革成就。不久，法国学校教育系统中法语、数学、科学与技术、历史与地理、公民教育、艺术教育、体育课程等逐渐得到推广与开设。按照法国现代化教育改革的需要，新的教育大纲规定要加强学生的现代化科技知识教育，培养学生获得科学活动的能力与参与社会技术活动的能力，加强学生的现代化基础知识和基本技能的学习和训练，并鼓励学生学习适应工业社会化发展需要的职业技能。同时，加强道德教育，开设公民教育课，加强科学与技术的教学工作。通过一段时间的现代化教育改革实践，整个法国教育系统基本上建立起来了以现代化知识与技术为基础的教育制度与体系。

涂尔干教育现代化改革的基本理论，成了有效保障法国现代化教育改革实践顺利实施的基础。通过这次改革，法国所建立起来的现代化教育体系，促使学生们能够在学校教育环境中过着具有现代化特征的校园生活。可见，通过教育体系改革的手段来实现教育体系的现代性，正如涂尔干在教育改革过程中实现社会性的一样，这是其实施教育改革的基本原则与路径。对于一个习惯用这种改革方式来推动教育进步的人来说，教育社会学的自然观和教育观本身就是最有力的证据。更准确地说，法国教育现代化改革过程，是基于涂尔干教育实践改革基础上的经验性真理。当我们将其看作一个教育社会学问题加以思考时，我们便可以清楚地看到涂尔干的教育社会学思想的形成过程，这就是涂尔干按照理想的教育类型与教育进程来塑造社会的过程。在涂尔干所生活的那个时代，只有对教育改革与社会变革做到未雨绸缪，才能在最大胆的理想主义与实证主义的基础上对法国传统教育模式做出最正确的改革引导。简而言之，涂尔干在塑造符合社会发展的教育模式时，法国的社会利益便代表着教育利益。

虽然涂尔干的现代教育改革理论并没有得到统一与普遍的认同，但在过去的一个世纪里，教育社会学家显然已经开始逐渐认为现代化教育改革是实现法国教育适用于工业社会化进程与不断发展和进步的重要保障这一事实。所以说，涂尔干不断强调教育是一种社会性的东西，教育改革就是要把学生带入一种特定的社会环境中产生相互的接触与作用，而不是简单地让学生与一般的社会环境接触①,这是涂尔干现代化教育改革的出发点之一。显然,涂尔干有关现代化教育改革的假设无疑是正确的,它不仅对社会的现代化需求进行了深入的思辨,还对教育与社会的相互影响在教育活动本身上的反应进行了广泛的实践研究。事实上,教育活动与社会变革之间的这种影响是毋庸置疑的,在涂尔干现代化教育改革实践中,这一关系虽然经常受到质疑,但却从未产生过改变,我们将此称为经验主义与实证主义的对抗。更重要的是,为了社会发展的整体利益,法国现代化教育改革必须从属于国家的利益②,形成人类教育、社会和人性的和谐发展。现在来看,当时涂尔干的现代化教育思想确实是远远超越了所有对他的批评与反对意见的,他的教育现代化想法与理论,表现出一名教育理论研究与实践家对国家利益的整体考虑,其所指定的教育改革实践计划,也都是将自己国家利益放在了首位的。正因为如此,涂尔干的现代化教育理论与实践才受到了越来越多的赞同与支持,他也被更多地视为是一名具有后现代教育思想的学者与改革家。他对现代化教育改革的理性思考不只是为了对法国社会改革路径的阐明与理想表达,同时他也做出了自己评判,其研究理论是教育社会学研究中最有价值的科学③,且这完全是由涂尔干一个人完成的。

今天看来,涂尔干的教育社会学研究理论更接近于社会学。在教育改革实践过程中,涂尔干试图展示的是一个纯粹理性的法国现代化教育体系,并通过"现代化"这一概念的阐释来对社会发展危机与困境提出解决方案。可见,涂尔干的教育现代化理论,是在法国教育社会现代化改革过程中具有先导与基础性作用与影响,其先导性恰好体现在它是法国社会现代化建设的基石和构成部分方面。也就是说,涂尔干教育现代化的改革实践与理论,是法国实现社会现代化的基础和前提,是法国顺利实施工业社会化的强大支撑力量。没有现代化的学校

---

① 涂尔干指出:"教育是一种社会事物,也就是说,教育可以使儿童接触到某个特定的社会,而不是一般的社会。"引自:(法)埃米尔·涂尔干:《道德教育》,陈光金等译,上海人民出版社,2001,第276页。

② 在涂尔干看来:"社会制度的取向是社会的利益,而不是个人的利益。"引自:(法)埃米尔·涂尔干:《道德教育》,陈光金等译,上海人民出版社,2001,第39页。

③ 涂尔干认为:"只有科学才能带来自主性。只有科学才能教会我们怎样认识到以事物本性(物质本性和道德本性)为基础的东西。什么是不可避免的,什么是可以改变的,什么是正确的,什么是改善物质和道德本性的有效作用的限制。"引自:(法)埃米尔·涂尔干:《道德教育》,陈光金等译,上海人民出版社,2001,第288页。

教育体系建设，就无法为社会发展提供现代化的智力支撑，其现代化建设与发展显然也是无法实现的。在法国教育现代化的改革与建设过程中，涂尔干多次强调改革的中心任务是实现人的现代化，并保障教育现代化建设能够从广义上演变成为社会现代化进程的一部分，特别是学校的现代化教育改革，在法国整个社会现代化建设过程中更是起着主要的、导向的作用。所以说，涂尔干开展现代化教育改革实践工作，将促进现代化教育对象的成长与发展作为现代化教育改革实践的重点，是法国社会现代化的重要方式和手段，也是法国现代化教育改革成败的生命线。

第四节 道德教育研究实践成效

1887年,涂尔干发表了他第一篇有关道德社会学研究的论文,为他日后的道德教育研究打下了基础。在这篇研究论文中,涂尔干详细论述了道德教育及其科学的必要性。为此,涂尔干甚至在波尔多大学曾开设了有关道德教育研究的课程,并在索邦大学工作的时候深入地对道德教育进行了研究,发表了多篇有关道德教育研究的学术论著。今天看来,《道德教育》这本在他死后才出版的教育社会学研究著作,其实就是涂尔干对道德教育问题的系统性分析与探索。

涂尔干见证了他所处历史时代的社会深刻变革,并针对当时的社会危机与冲突提出了一整套关于社会变革和生存的教育改革观点与主张,系统地对社会发展中有关道德教育的关键问题进行了探讨。涂尔干对道德教育的基本认识与深刻思考,成了当下我们认识法国工业社会化过程中社会变革与危机的基本依据。涂尔干所提出的有关道德教育的主要问题,是法国社会化进程中道德教育最本质与最重要的问题。通过道德教育研究,涂尔干希望把教育社会学研究确立为一门独立的科学[1],并能够借助这一研究来帮助人们对法国当时现代化进程中所发生的深刻社会变化与纷繁复杂的社会冲突与危机进行合理的阐释与说明。对此,涂尔干指出:"教育是一个理论体,就此而言,它与科学非常接近。"[2]涂尔干之所以这样认为,是因为他想利用新科学方法、教育社会学的研究工具或新的研究理论来分析法国社会变迁过程与趋势。当然,涂尔干所做的这一切工作,也在一定程度上说明了教育社会学是一门具有独立研究性质与研究领域的科学。[3]

---

[1] 对此,涂尔干曾评价道:"如果教育不是一门科学,那么它也不是一门艺术。"引自:(法)埃米尔·涂尔干:《道德教育》,陈光金等译,上海人民出版社,2001,第5页。

[2] (法)埃米尔·涂尔干:《道德教育》,陈光金等译,上海人民出版社,2001,第6页。

[3] 有学者认为:"教育社会学的学科性质一直以来都是学界争论的焦点,主要有'事实学科论''规范学科论''事实与规范兼有学科论''交际学科论''边缘学科论'。这里还要回到涂尔干,作为公认的教育社会学的奠基人,他把教育社会学从一般社会学中分离出来,作为一个特殊领域加以研究。"引自习益虎:《困境与挑战:教育社会学中的实证研究》,《教育理论与实践》2014年第9期,第18页。

有关这一观点,我们可以比较轻易地在涂尔干的许多学术论著中找到答案。涂尔干的道德教育研究,不仅是一种认识论或方法论的创新,还是一种有关法国社会转型的教育实践与思考,这是涂尔干教育社会学研究的长期兴趣所在。因此,自然而然地便产生了围绕涂尔干对法国社会变迁与道德教育改革实践之间的论述与评价。当然,涂尔干在其道德教育研究理论中过分强调社会作用相对于个人作用的观点,虽然一方面说明了他将道德事实看作社会事实的理论进步性,但另一方面由于他对个人社会角色道德教育的关注相对较少的原因,也引发了不少的争议。然而,涂尔干强调道德教育的社会性,打破了传统道德教育研究中只考虑道德个体本质的观点,促使越来越多的人看到了社会在道德教育过程中的核心作用,从这一点来说,对涂尔干道德教育与社会变革之间关系的争议与质疑,还是缺乏足够理论依据与实践证据的。所以说,教育社会学家们普遍不认为涂尔干会否认个人在道德教育发展中的作用这一事实。

在大部分对涂尔干道德教育研究实践的批评中,有关涂尔干道德教育维持社会秩序的解释受到了广泛批评。究其原因,主要是应为涂尔干有关道德教育能够维持社会秩序的观点,其理论基础在于社会个人接受道德教育的社会功能方面,他认为道德教育的发展历史已经能够充分证明社会可以把个人从道德的根源中分离出来,并使他成为一个有道德的社会个体。然而,对此观点持批评意见的学者则认为,一个社会群体并非始终是以追求道德目标为发展轨迹的,且这个社会群体中的成员并非能够做到在接受道德教育的过程中保持统一的思想认识与意识。所以,虽然大多数的人会遵守所接受的道德教育,并能够按照这些道德教育所要求的社会规则生活,但这并不能说明这样的道德生活对社会秩序的构建是有积极意义与价值的,因为很难根据这些名义上的道德教育规则来区分与判断社会生活的正当性,这是法国社会群体传统的道德生存状态,且这样的生存状态具有明显的群体优势。从这一个角度来看,道德教育对社会的影响似乎要比个人对社会的影响更强大。虽然敢于提出这种不同意见的人很少,但他们的质疑却在一定程度上说明了社会群体中所存在的身份冲突,这也说明个人的道德教育要实现社会性功能并不是一件十分容易的事情。

在涂尔干《道德教育》一书中所诠释的道德教育的核心力量,也表明社会可以通过实现道德教育的目标来实现社会秩序的重构,保障社会稳定的发展这一目标。涂尔干认为,法国社会变革过程中要想成功地实现道德教育的目标,就必须首先摧毁法国民众的传统道德教育标准,通过合理化的道德教育过程来构建起新的社会秩序,这是一个至关重要的过程。因此,在法国工业社会化进程期间,通过道德教育来构建这个社会所能够认可的一种道德价值体系,并在这种道德价值体系中让大多数社会成员能够接受,并按照这种道德价值体系进行社会生活,那么社会群体成员所内化的道德准则就可以在社会秩序中充分地体现出来,其结果便是影响其他社会成员的道德行动和意识,并最终共同构建起稳定的社会团结机制。涂尔干作为教育社会学家,提出关于道德教育准则的问题,是具有积极的启发意义的,他的道德教育观点承载着教育社会学研究与改革实践的冲动,促使社会群体能够按照共同的道德准则生活,并最终使社会生活发展成为一种道德良知。

所以说,在分析涂尔干教育社会学基本理论时,探索道德教育的社会作用是至关重要的内容。首先,所有的道德规范都是道德教育的结果。对此,涂尔干解释说:"我们通常称之为道德的所有行为,都有一个共同的方面。所有这样的行为都遵循着预先确定的规范。使一个人自身的举止合乎道德,这是一个遵守规范的问题,甚至是要求人在行动之前就决定在特定场合应该有什么样的举止的问题。"[①]其次,道德教育只可能存在于一个依赖于个人道德冲动的社会中,道德规范无论如何也无法代替道德生活。可见,涂尔干的道德教育研究理论,对道德冲动和道德行为做了细致的区分,这使得对社会成员最普遍、最一般的道德性格可以进行最微观的观察与研究,道德冲动也因此可以用社会秩序与社会团结的概念来给予一定的解释。学校教育作为道德教育实施的承袭者对形成社会集体意识具有重要的作用,可以看作集体意识形成的基础。对此,涂尔干指出:"学校在儿童道德发展中所负有的任务,能够而且应该成为最重要的工作。"[②]此外,涂尔干进一步解释说:"因此,我们必须集中关注这些学校,进而集中关注道德教育,因为道德教育是在学校中得到理解并付诸实践的,所以它也应该得到理

---

① (法)埃米尔·涂尔干:《道德教育》,陈光金等译,上海人民出版社,2001,第25页。
② (法)埃米尔·涂尔干:《道德教育》,陈光金等译,上海人民出版社,2001,第21页。

解,付诸实践。"①只要对其稍加探讨,便会发现道德冲动是一种相对独立于自我意识形态,它产生于道德规范中,是在集体意识中表现出来的社会性行为,并且与道德规范密切相连。

涂尔干在《道德教育》一书中提出了道德存在两个问题,一个是道德教育的概念界定,另一个是社会个体的道德良知。在本体论的层面上,涂尔干认为所有的道德教育都源于对这两个问题的探讨与解答。为了很好地阐释道德教育的这两个概念,涂尔干对道德教育的社会冲突进行了细致的描述与分析,在完全摒弃那些主流道德教育原则的基础上,认为道德良知本质是为了保持对自己的忠诚而表现出来的一种道德诉求,这种道德意识是维持社会稳定的强大动力,必须正视这种源于社会个体内心深处的道德感,避免出现违背他们社会良心的道德要求。因为,道德良心是比法律还要具有社会约束力的因素,是社会秩序稳定的象征。但个人良心却不属于任何社会秩序,也不属于任何社会生活,而是社会个人意识的本体反应。所以说,认识道德冲动与道德良心的区别,便是要明白道德冲动来自个人的社会良知和群体意识,道德冲动促进了道德规范的产生,而道德良心则成为保障社会团结的凝聚力。②涂尔干在认识与分析这一过程时,表达了对这两种道德价值形态的肯定,再次强调了道德教育与个人意识之间的密切关系。

从个人道德良知的角度思考,涂尔干的学术立场具有鲜明的特征,即社会个人的道德分裂特征,就是说社会个人的道德凝聚力并非总是团体道德的个体表现。为此,一般认为,一个有着良好道德教育的社会个人,具有良好道德规则、行为法则与人生方向,并通常具有强烈的社会责任。然而,涂尔干的错误在于忽视了一个成熟的社会个体在取得道德教育成就时,很可能性缺乏内在的道德教育统一性,而是通过与社会的接触而实现自身的道德教育。在这种情况下,随着个人主义的发展,个人良知对道德教育的影响也越来越大,且道德冲动具有了对抗道德准则的力量,并经常发生,成了道德教育世俗化过程中留给社会的一种神圣观念,因此这种神圣与道德之间的联系最终演变成了一种独立的社会体

---

① (法)埃米尔·涂尔干:《道德教育》,陈光金等译,上海人民出版社,2001,第7页。
② 涂尔干认为:"这些规范规定着一个人在既定的情境中应该怎样行动;举止得当,就是从良知上服从。"引自:(法)埃米尔·涂尔干:《道德教育》,陈光金等译,上海人民出版社,2001,第26页。

验。可以说，是现实的社会生活给了道德教育积极的体验，而在这一过程中，学校教育传播的主流道德准则成了道德教育的依据，涂尔干相信这是法国工业社会化进程中公民道德教育的基础，因此努力将这个道德教育的社会化过程理论化，力求在广泛的社会环境下能够构建起一种群体性的道德法则，而不是传统的个人道德意识。事实上，在法国传统的社会中，道德教育与社会群体意识的相互联系并非十分紧密。因此，那时的道德教育并不具有很强的社会性，道德教育和社会生活之间的联系正如涂尔干所说的并不牢固，社会和道德在一个社会个体的发展过程中并不一定具有一致性，以至于宗教教育远远比道德教育更加强大，这就是涂尔干道德教育理论下对道德个体与社会群体之间的辩证关系的一种解释。然而，在法国工业社会化进程中，强烈的道德教育需求促使社会生活中的每个人不断批判与审视自己原有的社会良心，并对其道德准则进行思考，究竟怎样的社会生活才是道德的，究竟有没有一种道德规则存在于这个社会中，能够对社会生活产生本质的影响。对此，涂尔干认为，我们不能仅仅因为一个在道德教育占主导地位的社会，就据此认为道德规范的现实客观性，相反我们通常是把自己局限于一个相对主义的道德准则中，并尽量让每一个道德准则能够真实地反映出一定的社会利益。

伴随着涂尔干教育社会学研究理论的发展，道德教育在当时的法国社会生活中获得了普遍的认同与发展，甚至逐渐达到了顶峰。涂尔干在他的《道德教育》一书中指出，道德教育在应对当时法国社会危机与冲突时，其主要作用是可以促进一种完全不与任何传统教育相联系并受其束缚的道德人格的形成，并因此而具备识别他人道德水平与特征的能力。然而，假若在这一过程中存在"去道德化"这一现象，那么一定会引发一种明显的社会价值危机，并且相信社会将因道德教育的存在而出现一个深刻的转变，并由此引发个人的道德个性和社会秩序之间关系的转变。可见，个性化的道德教育过程是法国工业社会化进程的重要特征之一，这样的社会变革其实从一开始就意味着更多的道德教育成分。事实上，法国的工业社会化进程已经因为道德教育的存在而做出了一定的改变，一方面表现出了社会变革的灵活性，另一方面则表现出了一定的社会变革的自由度。所以，涂尔干认为是道德教育的损失导致了社会危机的持续发展，并且很快在法国社会中演变成为一种发展趋势，无论是青少年群体，还是成年人群体，道德教育在学校与社会中的缺失，使当时法国成了社会冲突频发的国家，这就是为何当时法国的社会生活中普遍存在暴力和犯罪的重要原因之一。所以说，道德教育影响的不只是一个特定的社会群体，而是成千上万的社会成员，这绝对是一个社会亟待改变的现状，它促使我们能够自发地想到一个具有良好道德教育的社会，并在良好的社会秩序中持续存在与发展下去。

涂尔干分析了法国工业社会化进程中的各种社会危机与冲突，发现了其与社会个人之间存在的内在联系，这成为支撑他道德教育理论研究的重要内容之一。在这一理论体系下，我们可以清楚地知道是社会危机改变了人们对社会生活的看法，促使人们从极端积极走向了极端消极。事实上，教育社会学家并不是当时唯一谈论法国社会危机与道德教育的群体，政治学家们也关注了同样的现象，并一致认同道德教育在应对法国社会危机中具有的价值。涂尔干提出了的这种道德教育与社会生活之间的联系，也是一种阐释道德和社会秩序之间的关系，我们在对道德教育做出选择同时，也是对道德生活的一种选择，这仿佛可以看到社会秩序的重塑与构建一样，而涂尔干是第一个真正思考这类问题的人。

涂尔干认为，在法国工业社会化进程中，成为一个有道德的人是十分必要的，是能够较好地适应社会生活的重要环节，但这并不是每个人都能自动实现的过程。相反,这是个人道德奋斗的问题。因此,考虑道德教育的时候,涂尔干指出必须强调考虑个人的社会意识对社会对道德诞生的贡献。作为一名教育社会学家，涂尔干既考虑到了超越社会集体意识的个人道德教育，也考虑到了社会群体的道德意识。按照涂尔干的道德教育理论观点，道德冲动存在于共同的人类社会生活之中，社会群众共同遵循道德规则，在社会群体意识基础上构建起自我道德意识，以此避免进入无意义的社会生活状态而引发社会冲突与矛盾。可以说，社会个体正是在这样的社会道德教育环境中寻求到了属于同质性的社会意识，并与他人重新建立了道德联系，这在一定程度上很好地解释了道德意识与道德自我之间的相互关系与影响。所谓道德自我，就是指的道德作为个人社会发展与奋斗的一部分，形成个性化的道德过程，假若没有道德教育与自我的这种重新建立联系的过程，那么社会生活中的道德自我是无法实现的。对此，涂尔干明确指出道德自我的形成过程绝不是向荣格所说的是一个个人社会心灵的体验的过程，而是一个随着社会群体的道德行为逐渐发展起来的自我道德意识认知过程。因此,道德自我的形成过程具有一定的主导经验,其社会归属感正是他社会生活的主导体验。

    道德教育,是一个承载着许多社会责任与负担的社会活动,涂尔干认为只有道德教育的强势回归,才能有效地避免法国工业社会化进程中的混乱状态,建立起道德自我存在效度,在特定的社会生活中形成强烈的道德主体性意识,这是一个完全世俗化的过程,而那些能够发展出道德自我的人,是对道德教育的社会作用所进行的最好的证明,为道德规范的恰当倾向提供了条件。当时,涂尔干感到法国工业社会化进程中的学校道德教育存在很多不足的地方,最主要的原因是当时学生的社会生活与道德教育与道德规则还存在许多不一致的地方。[①]因此,为了更好地处理学校道德教育出现的问题,涂尔干倡议学校教育应该尽快地将道德教育回归到法国工业社会化进程中的实际生活中来,并对道德教育回归法国现实生活可能遇到的阻碍和产生这些阻碍的原因进行了深入分析,甚至还对该问题的解决方案与方法提出了具体的指导性意见,希望能够通过这样的学校道德教育改革实践尽快将学校教育回归到现实的道德生活中去。当时,之所以会有这样的道德教育困难与阻碍,主要是因为长期以来学校道德教育所固有的教育理念使当时的学校道德教育与学生的社会生活出现了严重脱离,以至于涂尔干不得不提倡对学校的道德教育提出适应社会变革的更多更新的挑战。在涂尔干看来,当时法国整个教育系统中的学校道德教育都显得太过于理想化和教条主义,与现实生活中所需要的道德标准与要求存在许多相互背离的现象,而这种道德教育方式会使得多数学生在道德生活与行为中产生表里不一、道德素质低下、道德品质不高等问题。要解决这些问题,就需要学校教育系统能够基于道德教育理念与规则迅速做出相应的改革与调整,以便能够使道德教育与现实生活紧密联系,即实现学校道德教育的生活化。为此,涂尔干认为,只有努力缩小学校道德教育和现实社会生活的差距,构建起适用的学校道德教育模式,才能把学生培养成为能够创造出良好社会生活的有道德品质的人。

[①] 涂尔干指出:"道德是各种明确规范的总体,道德就像许多具有限定性的边界的模具,我们必须用这些模具去框定我们的行为。我们不能通过从某些普遍原则中推导这些规范,在行动的那一时刻去建构这些规范;它们已然存在,已经被制定出来,它们生活在我们周围,并围绕着我们起作用。"引自:(法)埃米尔·涂尔干:《道德教育》,陈光金等译,上海人民出版社,2001,第28页。

第四章　涂尔干教育社会学研究的改革实践

涂尔干认为,教育社会学是关于社会事物与教育活动的科学研究①,并认为这一研究可以自成一类,否则也不可能成为社会科学研究。之所以可以对教育活动与社会生活进行如此的界定,在涂尔干看来是因为这两者之间存在一种天然的因果联系。所以,教育社会学的研究任务就是对这种天然的因果联系给出科学与合理的解释。可以看出,道德教育并不是简单的社会生活教育,道德教育其实更像是一种社会秩序的重构过程,这一过程以道德规则为导向,在学校教育与社会生活之间建立关系。事实上,涂尔干对道德教育认识还有更深的理解,指出道德教育与社会生活的联系越是密切,道德教育对于社会生活的影响就越是有用。基于上述对道德教育的认识,涂尔干进一步指出道德原则是一种社会生活实在表达,它们也是"自成一类"的、有着自己特殊的性质的社会事物。这就是说,道德教育活动自始至终都是客观存在的,它或是从社会生活中演化而来,或是从教育社会学研究中推导出来。但是,需要注意的是,涂尔干不想从科学中推导出道德来,而只是想建立一种道德科学的社会事物,这两个概念之间有着天壤之别。

道德教育的基本原则,是构成道德科学研究最为重要的部分,若违反道德原则,将会给社会生活带来一定的后果。②在《道德教育》一书中,涂尔干便指出,若有违反社会规则的个人社会意识或行为的存在,这种社会意识或行为所产生的后果,便会在社会生活环境中产生一种抵触与分裂的社会现象,只有在道德教育科学与恰当的介入方式下,理性的道德教育过程才能逐渐产生,并对社会危机与冲突给予调节。涂尔干的道德教育,与传统的宗教教育之间有着本质的不同,他认为只有科学的道德教育才能够帮助我们确定正确的社会生活方式,避免社会危机与冲突的阐释,这是自法国大革命以来道德教育逐渐脱离宗教走向世俗化的关键作用。涂尔干在直面法国社会危机与冲突的时候,细致地关注到

---

① 有学者对此做了进一步解释,认为:"凡此种种,可以看到一个清晰的等式:教育社会学='教育+社会'学。换言之,教育社会学就是研究'教育与社会'关系的社会学,'综观学科理论研究的现状和成果,目前在这一基本问题上逐渐形成这样一种普遍共识,即认为教育和社会的关系是教育社会学的研究对象''关系说'似已成为教育社会研究的一种学科标识或一种强范式。"引自:程天君:《从"教育/社会"学到"教育社会学"——教育社会学研究范式的转换》,《北京大学教育评论》2017年第2期,第79页。

② 涂尔干指出:"无疑,如果我们违反了道德规范,就会有造成不幸后果的风险:我们可能会受到谴责,被列入某种被贬斥者的名单,或者受到物质上的损害:不是人身伤害,就是财产遭受损失。"引自:(法)埃米尔·涂尔干:《道德教育》,陈光金等译,上海人民出版社,2001,第32页。

了社会变革中有关道德教育的每一个基本事实,不断地将道德教育改革实践引入社会生活的瞬息变化之中,并创新性地运用理性道德教育的实践理论将人性从基督教中解救出来,使道德教育自身发生了从宗教到社会的根本转变。对此,涂尔干认为:"我们既必须注意到,当道德开始成为理性化的道德时,并未失去其基本要素;通过世俗化这一事实,道德反而会变得更丰富,获得新的要素。"[1]这样一来,道德教育的核心任务不再局限于对神的崇拜与敬仰,而在广泛的社会生活中产生了对人的社会义务的关心与关注,这一改变实际上成了社会个体在道德教育中扮演社会角色的演变过程,它彻底动摇了上帝在社会道德秩序中的绝对权威。为此,涂尔干指出:"道德纪律也不再是为了上帝的利益而制定,而是为了人的利益而制定。"[2]这样一来,道德教育改革实践过程便更具有使道德纪律变得更加行之有效的功能。

事实上,道德教育逐渐脱离宗教的过程就是一种世俗化的过程。而摆脱上帝的束缚,建立世俗的道德教育,决不能仅凭借在法国教育系统中推导校园教育的理想。那么,究竟该如何在校园教育环境中推动道德教育呢?又如何能够强烈激发社会群体建立其一套统一的社会道德意识、观念与行为呢?法国工业社会化进程中的世俗道德教育的根本目的又是什么呢?关于这些问题的回答,涂尔干都给出了明确的答案,在当时的社会生活条件下,努力通过道德教育取得对社会集体意识的共同信念是最为重要的一步,而学校道德教育必须以社会集体生活意识与精神为目标对其进行改造与重塑,在必要的时候要努力让社会个体养成一种能够支配和规定自身道德意识的能力,这便是所有道德教育的根本所在。正是在遵守道德规范的社会生活过程中,人们才能依靠理性的支配把自己从传统的社会生活思想意识中解放出来,道德教育本身就是一种人生理想被社会化的过程。[3]所以,道德教育作为一种完美的人生理想,必须借助学校的教育

---

[1] (法)埃米尔·涂尔干:《道德教育》,陈光金等译,上海人民出版社,2001,第14—15页。
[2] (法)埃米尔·涂尔干:《道德教育》,陈光金等译,上海人民出版社,2001,第10页。
[3] 涂尔干认为:"规范不只是一个习惯行为的简单问题;而是一种行动方式,对这种方式来说,我们并不觉得有根据我们的品位去改变它的自由。从某种程度上说(就其作为规范而言),这种行动方式超出了个人偏好的范围。其中,有一种能够反抗我们、超越我们的东西。我们并未确定它的存在或它的性质。它独立于我们而存在。它支配我们,而不是表达我们。"引自:(法)埃米尔·涂尔干:《道德教育》,陈光金等译,上海人民出版社,2001,第30页。

活动促进社会个人自发地去追求它。也恰恰是在这一点上,学校的道德教育能够引起人们的注意,学校的道德教育正是借助这样的方式来摆脱传统道德教育的弊端,鼓励学生去热爱集体生活,并让他们的道德精神需求能够在这样一个社会变革的环境下获得满足。

总之,学校教育中所建立起来的共同道德观念、道德情感与道德责任等内容,成了滋养社会集体意识与生活的关键因素,当学生离开学校的道德教育环境开始新的社会生活时,我们就会发现他们已有的既定社会道德观念、道德信仰和道德行为等,在他们日后的生活中再也不会有太多的改变,这种共同道德教育规则下所形成的社会集体生活意识,在其进入真正的社会生活之前便已经存在,这是一种健康的社会集体道德意识,是道德教育在学校环境中所产生的最大社会功效。

第五节　教育社会学的学科建设

众所周知,涂尔干是著名的社会学研究理论家,现代社会学的建立与发展是涂尔干标志性的学术贡献,但一些社会学家和教育家却很少意识到他对教育社会学研究的理论与实践贡献,很少认识到涂尔干还是一名现代教育社会学研究的奠基者和开拓者。事实上,涂尔干在教育社会学研究领域的伟大贡献与影响,与其在现代社会学研究领域所做出的贡献同样重要。涂尔干创新性地对教育活动与社会生活之间的密切关系进行了研究分析,开拓与丰富了教育社会学研究的理论体系。

就涂尔干教育社会学研究理论来说,他的主要教育理论体系可以粗略划分三个方面,即教育发展、社会变革和教育的社会化功能。其中,涂尔干针对道德教育所进行的系统性研究与论述,是构成涂尔干教育社会学研究理论的核心内容,这一研究成果成了直接推动今天教育社会学研究的重要动力与因素,在一定程度上加速了现代教育社会学研究的发展进程。现在看来,毫无疑问,涂尔干是教育社会学研究领域最为重要的一位理论学家,但因为其著作多为法语而非英语的缘故,在很长一段时间内很少有教育社会学家能够深入地了解涂尔干的教育社会学研究工作,甚至在很长一段时间后,人们才逐渐认识与了解涂尔干的教育社会学研究理论。事实上,涂尔干不仅是一名热衷于推行教育社会化改革的教育实践者,还是一名有着三十多年教育教育实践经验的教育工作者,这使得他的教育社会学研究理论具有丰富的实证依据。在涂尔干教育社会学研究中,他将自己看作一名运用科学的社会学研究理论来分析教育现象的社会科学工作者,并以此试图分析教育活动在整个社会制度中的相互作用与影响关系,这是涂尔干教育社会学研究的核心原则与基础。对此,保罗·福孔奈评价道:"涂尔干深恶痛绝那些随心所欲的建构,以及那些只能表达作者欲望的行动纲要。他所需要的是一种有根有据的反思,这种反思必须以可观察的现实,也就是他所说的物为基础。他的方法的首要准则就是把社会事实当作一种物。"[1]在他的教育社会学研究中,他想采用科学的实证方法来阐释复杂社会生活中的教育现象与问题,并针对这些现实的教育问题提出相应有效的解决方案,这样的研究思路与主张,成了贯穿涂尔干开展教育社会学研究工作的基本原则。在涂尔干教育社会学研究的一些主要学术作品中,我们可以看到,涂尔干通常运用合理的研究假设来讨论他的研究主题,并在实证主义的研究方法基础上,对特定历史环境中社会与教育的相互影响与作用进行分析与论证,这一研究方法成了法国19世纪教育社会学研究主流。

我们或许会认为,法国工业社会化进程中的教育活动,在面对包罗万象的社会危机与冲突的历史环境下,逐渐成为远离宗教的世俗化教育活动,而关于社会新秩序建立的问题,在涂尔干看来便是教育社会学研究重要内容。因此,根据这一观点,涂尔干教育社会学研究理论强调社会中每一个接受过教育的人便应该具有相应的社会地位,而这一做法的本质便是希望能够通过"社会"来代替"人为",使传统社会中"上帝赐予的"事物变为"人为"的社会事物,这便是涂尔干教育社会学研究提倡世俗化教育活动的初衷。基于这一原因,涂尔干的教育社会学研究理论通常也被认为是能够创建社会新秩序最为合适的学术理论,并以此来实现教育活动本身所具有强大的社会价值,积极为社会的进步做出贡献。因此,在法国大革命期间,法国政府便认为,教育的权利是全体社会个人最基本的权利,社会个人对国家的义务是实现自身的公民教育,这些原则最后都成了学校教育中全新的教育思想,这些新的革命思想使得学校教育越来越世俗化,并在学校教育环境中形成了一种全新的教育精神。随后,涂尔干在这一教育理想中融入了平等的教育机会这一关键内容,极大地引导了法国革命期间的教育改革方向,直到1872年至1940年第三共和国期间涂尔干最终较为完整地构建出了他的教育社会学理论体系,完成了对教育活动与社会生活的深刻、系统论述。

在拿破仑·波拿巴的历史时代,教会是唯一被允许承担教育的机构,但此时的教育活动仅局限于宗教教育,所以宗教教育被视为社会唯一的一种发展方式。然而,在涂尔干看来,教会教育的基本任务,无非是灌输关于神圣的宗教知

---

[1] (法)埃米尔·涂尔干:《道德教育》,陈光金等译,上海人民出版社,2001,第279页。

识,随着法国现代革命的不断深入,为了维护与保障国家的整体治理,在法国建立公共教育系统的需求也越来越强烈,教会教育的影响也随着革命的持久与深入而变得越来越小,世俗主义的教育改革理想逐渐成为社会发展的主要动力。在这一历史背景下,法国的小学教育系统甚至开始出现了免费义务教育和世俗教育的改革运动。涂尔干便生活在这样一个特殊的历史时期,他自然而然地将自己的教育社会学研究融入法兰西第三共和国的世俗主义社会化运动中去,在民主与科学的教育意识影响下,涂尔干认为传统宗教教育显然已不再能够适应与满足现代社会发展的教育需要,新的教育改革亟待出现。与此同时,涂尔干看到了科学的实证研究方法作为研究工具来指导社会改革和发展的重要性与有效性,认为新的世俗化道德教育即将产生。所以说,在涂尔干教育社会学研究理论中,教育活动是一种社会化过程,这在涂尔干的许多学术作品中都被频繁的提及与论述。[1]每个社会都有它自己独特的经济、政治、道德和文化教育系统,唯有适当的和科学的教育改革才能应对社会变革的需要。此外,在涂尔干看来,每个人都有自己道德、宗教、文化系统,因此涂尔干反对那些忽视个人社会发展与改善的教育改革过程,指出教育改革对于每个社会个体来说都有着重要与直接的影响。涂尔干的这个教育社会学研究概念,适用于所有的社会结构与生活环境,即使在微观的课堂教学环境中,涂尔干也认为集体思想和意识仍然是一个特定的社会教育的反应。所以说,当面向社会来谈论教育活动时,所有的教育过程都可以被看作个人的社会化行为的反应与表现,每个人并没有更严格的一致性。

通过涂尔干对教育活动与社会生活关系的讨论,我们可以发现教育社会学是应用其他学科的科学方法来研究社会现象与教育问题的一门科学。也就是说,教育活动本身就是社会现实的客观反映,即教育活动组成了真正的社会事实。因此,对这些社会事实的教育研究,就必须采用遵循一定科学规则的社会学方法来对潜在的教育问题的分析提供实证依据。在这一过程中,为了获得客观、科学的研究结论与过程,教育研究没有理由不成为科学调查的对象,唯有如此才

---

[1] 保罗·福孔奈评价道:"涂尔干既没有把他的时间也没有把他的思考分成两种截然有别、不相关联的范畴。他探讨教育的视角,是把教育当成一种社会事实;他的教育理论是他的社会学的一个基本组成部分。他(涂尔干)说:'作为一个社会学家,我将向你们提到的教育问题,是一个社会学家首先要考虑的问题。'"引自:(法)埃米尔·涂尔干:《道德教育》,陈光金等译,上海人民出版社,2001,第273页。

能满足教育社会学研究的科学客观性。可见,在涂尔干的教育社会学研究理论中,与传统的教育研究相比较而言,教育社会学研究已是一种学说的进化,或多或少在社会事实与教育事实之间的关系方面具有了实证分析的可能性,这在很大程度上不再依赖于宗教、政治等内容对教育的社会化过程进行分析。

在涂尔干教育社会学研究中,他的主要研究还有对社会劳动分工的论述,即社会劳动的分配与协调,与教育活动存在一定密切的关系,即教育活动决定了不同的职业角色,这是教育活动的重要社会功能之一。对此,涂尔干指出,虽然每个孩子的职业生涯在很大程度上并不是预先确定的,但职业专业化的教育过程却通常可能决定一个社会个体的劳动分工情况,即"人的开化程度越高,劳动对他就越重要,同样,社会的知识组织与道德组织越高尚、越复杂,就越有必要为其日益增加的活动提供新的营养"[1]。这就是教育的双重性质,一方面教育虽然对社会产生一定的同质性影响与作用,但另一方面教育也可能构建社会发展的多样性过程。因此,教育活动是集体生活的一种相互交往的过程,并为学生未来的社会角色做准备。[2]所以说,教育就像一个控制器一样,控制着个人和社会集体的变化过程与发展方向。也就是说,即便社会生活可能十分复杂,但通过特定的教育活动,这样的社会生活可以通过一代传一代的方式不断传递下去,这就是通过教育过程进行的社会生活传递。涂尔干承认教育活动在一定程度上只是协助社会个体的自然发展的现实,但社会发展的需求始终是高于一切的要求,社会总是塑造个人的社会性特征,而个人则永远受到社会集体意识的影响,因为社会个人只能生活在社会中,受到社会的控制与约束,即教育也不是一个随心所欲的事物,但教育必须知道如何能够更好地塑造学生的社会生活。所以说,社会学研究极大地影响着教育社会学的研究理论与发展。

涂尔干教育社会学研究理论的许多想法,都与法国工业社会化进程有关,有

---

[1] (法)埃米尔·涂尔干:《道德教育》,陈光金等译,上海人民出版社,2001,第16页。
[2] 对此,涂尔干指出:"对事实的观察,可以使我们得出这样的定义:'教育是年长的一代对尚未为社会生活做好准备的一代所施加的影响。教育的目的就是在儿童身上唤起和培养一定数量的身体、知识和道德状态,以便适应整个政治社会的要求,以及他将来注定所处的特定环境的要求。'简言之,'教育是……年轻一代的社会化'。"引自:(法)埃米尔·涂尔干:《道德教育》,陈光金等译,上海人民出版社,2001,第274页。

些人认为这一研究的基本理论虽然承认个人的发展,但这不是他的研究重点,有关社会结构的研究才是教育社会学研究理论的重要内容,这也许是由于涂尔干似乎是在努力寻找建立社会秩序的一种教育方式,以此来缓解法国当时的社会压力和阶级冲突。因为,涂尔干认为教育活动是一个社会化的过程,而道德教育则与社会结构有关,并坚信理性和科学的研究力量是教育社会学研究的生命力。因此,涂尔干试图采用实证的研究方法来替代传统的教育研究范式,并开始了对传统教育社会学思想与方法的重建工作[1],这最终使得教育社会学作为社会学与教育学的一门交叉学科而确立起来。当时,尽管教育社会学的研究理论运用在当时还没有得到充分的认可与肯定,但有关涂尔干教育社会学研究的重要性却受到了高度重视。所以说,虽然涂尔干的教育社会学研究理论建构最初还存在许多先天不足的地方,但当时的教育社会学研究主要针对法国工业社会化进程展开研究与论述,着重探讨法国教育改革与社会生活之间的密切关系,这也使得当时关于这门学科研究的基本理论具有了坚实的社会基础。这一时期,涂尔干围绕研究对象与研究方法的探讨对教育社会学研究进行了系统的论述,他此时的研究基本上已经是严格意义上的教育社会学研究,并在实现应对法国社会危机与完成社会改良方面取得了显著的效果。

涂尔干认为,教育社会学的研究主旨是将教育学研究置于社会学研究的过程中,对教育活动的社会价值与作用进行分析的科学,如道德教育与社会及个体进步的相互关系研究等。将教育社会学研究理论运用于教育改革实践过程之中时,则力求运用社会学的研究方法与分析范式来探讨教育现象的深层次问题,以此来促进教育改革实践的顺利展开。在宏观层面上,教育社会学研究成为实现社会改造的理论之一,并对社会发展产生了直接的影响。在微观层面上,教

---

[1] 保罗·福孔奈认为:"涂尔干通过这样的做法,开辟了一条新的途径,他自身思想的内在逻辑为他提供了动力,使他成为当今非常流行的理论的先驱者而不是效仿者,这也是他自身在明晰性和丰富性等方面的超越。德国已经创造出了'教育社会学'的说法,美国也提出了'教育社会学'的说法,两者的确可以说是殊途同归。……美国的'教育社会学'观念则带有混合的色彩,一方面采取了教育的社会学研究,另一方面把社会学当作一个主题引入课堂。就这种说法而言,涂尔干所界定的教育科学在更清晰的意义上属于社会学的范畴。"引自:(法)埃米尔·涂尔干:《道德教育》,陈光金等译,上海人民出版社,2001,第281页。

育社会学研究着眼于个体社会化的过程及其影响因素的分析。对此,涂尔干指出:"教育的目的,就是在我们每个人身上形成这种社会存在。"①所以说,涂尔干的教育社会学研究,既有教育学的研究取向,又有社会学的研究方法作为指导,这可以使教育社会学研究理论成果直接运用于指导教育改革实践,为教育改革实践的具体行为提供规范性指引与保障,因此,教育社会学研究不仅具有极强的"实践作用",还具有明显的"规范作用"。在涂尔干最初构建教育社会学研究理论时,便希望用社会学的知识与方法来系统性的改良传统教育研究。为此,涂尔干以对个体社会化问题的关注为核心来建构教育社会学理论体系,在兼顾与融合了教育学研究与社会学研究的基础上实现了对教育现实的系统阐释,并运用社会学的研究方法揭示了教育现实背后的客观存在,实现了深入分析教育现实的社会运行机制与结构脉络目的。

随着涂尔干教育社会学研究理论的不断深入与成熟,他的研究也不断地加深了人们对法国工业社会化进程中纷繁复杂的教育问题的认识深度,并逐渐形成了科学的教育社会学研究理论体系,对后来的现代教育社会学研究发展起到了极其深远的影响。在涂尔干看来,教育社会学研究直接以影响教育实践为目的,并力图阐明教育实践过程中所受到的社会结构与社会秩序等因素的制约与相互影响。从这一方面来看,正是现代社会学的研究取向决定并引领了教育社会学研究理论的发展方向,并成功地在教育改革实践与社会研究理论之间构建起了一座桥梁,成为教育社会学研究理论应对与解决社会危机与冲突的基础。对此,有学者评价道:"涂尔干曾经区分了'教育学'与'教育科学'。在他看来,教育学是一种实践理论,是对人类教育活动的反思,旨在为教育者的活动提供具有指导意义的观念。教育科学则是运用科学的方法研究作为一种社会事实的教育事实②,尤其着眼于对教育体系的研究。涂尔干所说的'科学的方法'也就是实证研究方法,即包括对现实的研究与对历史的研究。作为一个大社会学家,他所说

---

① (法)埃米尔·涂尔干:《道德教育》,陈光金等译,上海人民出版社,2001,第274页。
② 对此,有学者解释:"总的来说,涂尔干社会事实既是个体所不能操控的'物',但同时它又没有被'物化'成一般的、普遍的物。"引自:王依娜、尹栾玉:《"物"与"及物":涂尔干社会事实方法论的核心范畴》,《社会科学论坛》2018年第5期,第136页。

的'教育科学'事实上也就是教育社会学。"①可见，涂尔干的教育社会学研究十分重视教育的社会事实研究，并希望能够通过实证科学来阐释教育事实本身。涂尔干教育社会学研究的实证主义研究方法，彻底使教育研究从单纯的主观臆断、个人意见与偏好及表面化的意识形态话语中解脱出来。基于此，教育社会学研究便成了能够遵循严谨的研究方法的科学研究，这成了后来教育社会学家们所共同遵循的研究方法与研究规范，并基于此研究方法来对复杂的教育现实进行深入系统分析与描述。

涂尔干教育社会学研究基于实证的科学立场，将传统的教育学研究转变为具有规范性的学科研究。在《教育与社会学》一书，涂尔干就对此进行了简单的解释，认为教育学的科学研究在教育社会学研究理论中应该是一个非常清晰的概念，它与传统的教育学研究显然不是同一事物，但它们所研究的都是教育问题，所以说它们之间既有区别，又有密切的天然联系。此外，在教育社会学研究中，涂尔干极力强调对"教育事实"的研究与分析，认为教育社会学研究的基本任务之一就是改变单一教育学研究的不足与缺陷。所以，现代社会学研究，作为教育社会学研究的基础学科，能够将社会学的研究范式与方法自然而然地运用到传统教育学研究过程中，这就促成了传统教育学研究彻底的改变。②与此同时，在教育社会学研究的构建与发展过程中，涂尔干的社会学研究理论为教育社会学研究提供了理论基础、研究方式、研究方法等内容，以便于教育社会学研究能够产生出一个具有普遍性的研究理论和方法，并将这一具有普遍性的研究理论与方法运用到具体实践研究领域中去验证。通过这样一个研究过程，涂尔干教育社会学研究理论在冲突论、功能论、互动论三个方面取得了重大的理论突破与贡献，促使教育社会学理论在不断的创新过程中摆脱了对教育研究与社会研究的传统认识论上的困境，开拓了研究思维，形成了严密而科学的交叉研究范式。对于涂尔干来说，教育社会学研究，归根到底是针对社会现象的研究。因此，

---

①王有升：《把教育实践行动带回研究的核心视阈》，《华中师范大学学报》（人文社会科学版）2019年第2期，第179页。

②涂尔干指出："波诺克拉底（Ponocorates）在把新方法介绍给伽甘图拉（Gargantua）之前所说的一席话，是意味深长的：他用'去毒的嚏根草（hellebore）'来净化他的头脑，使它忘掉'他从以前的老师那里所学到的一切。'这种比喻意味着，新的教育学与以往的教育学毫无共同之处。"引自：（法）埃米尔·涂尔干：《道德教育》，陈光金等译，上海人民出版社，2001，第342页。

第四章 涂尔干教育社会学研究的改革实践

"对涂尔干所谓的'教育学'来说,它既不是指教育活动本身,也不是指带有思辨色彩的教育科学。而是后者对前者所做出的系统反应,是用心理学和社会学的成果去寻求行动原则或教育改革原则的反思性工作。这样构想出来的教育学,是一种不带有乌托邦色彩的观念论的教育学"①。然而,涂尔干也注意到教育活动是一种十分特殊的社会现象,以致在具体的研究过程中,自然也不能完全抛弃传统教育学的研究方法和基本思路。此外,教育社会学研究之所以能够在结合教育学研究与社会学研究的基础上建立起来,是因为涂尔干将人的发展视作一种社会化的过程,而教育则是实现这一过程的基本手段与途径,因此对学校教育与社会生活的研究,便构成了教育社会学研究的核心内容之一。

所以,就涂尔干教育社会学研究理论的基础来看,教育理论是他的社会学研究的一个重要组成部分。他明确指出:"如果教育理论超出了它的适当界限,如果它声称要替代经验,颁布各种现成的、此后被机械地使用的公式,那么它就会退化成死的东西。"②进一步观察就会发现,在涂尔干的教育社会学研究理论中,有关社会教育、人的教育、社会与人类等这些问题的探讨,都首先承认教育活动是一种社会事物,这是涂尔干教育社会学研究理论中基本的特定立场,涂尔干所有的教育社会学研究都是对这些问题讨论的一种深刻的社会性反思,这一反思既是对传统教育学研究的深化,又是对现代社会学研究与教育学研究之间逻辑关系的细致把握。一般地说,涂尔干所生活的历史时期,教育改革实践总是在当时那个特定的社会历史环境中展开的社会性教育改革,特定的社会历史环境与文化是教育学研究的基础与条件,一切教育研究便源自当时应对社会危机与冲突的需求,一旦脱离了这个特定的历史社会,教育研究及其改革实践便成了无水之源、无本之木。因此,从教育社会学研究的学科性质来看,教育学与社会学之间应该存在相同或相近的研究主旨,这保障了涂尔干教育社会学研究理论的构建成为可能。为此,涂尔干曾进一步解释:"的确,在我看来,一切教育学思考的首要前提就是,教育在起源上和功能上都显然是一种社会事物,与其他科学相比,教育学更紧密地依赖于社会学。"③对此,有学者评价道:"教育理论应该是

---

① (法)埃米尔·涂尔干:《道德教育》,陈光金等译,上海人民出版社,2001,第281页。
② (法)埃米尔·涂尔干:《道德教育》,陈光金等译,上海人民出版社,2001,第6页。
③ (法)埃米尔·涂尔干:《道德教育》,陈光金等译,上海人民出版社,2001,第346页。

教育科学的应用,但是教育科学尚处于萌芽之中。人们还没有能够把教育制度作为一项社会事实去研究。不过,研究社会事实特别是道德事实的社会学,以及考察教育制度和教育思想的变迁的历史学,却可以为当前的教育理论提供借鉴。就此来说,涂尔干的教育学理论构成其社会学向政治和社会实践的延伸。"[①]并且,在涂尔干看来,由于传统教育学研究基础薄弱,教育社会学研究才成为那个时代政治与社会急需的科学研究,以便能够解决与应对法国社会危机与冲突。所以说,涂尔干教育社会学研究理论最初构建之时,其所关涉的核心问题并不是社会变革之后才呈现的问题,而是将研究视域定位于法国当时社会生活、社会秩序、社会结构及社会团结的一门实践科学,其研究过程本身也因此体现着一定的现代性,涂尔干的教育社会学研究理论也由此具有了经典研究范式的特征。

此外,从涂尔干教育社会学的研究领域来看,他尤其对学校教育中的社会过程及效应做了最深入与细致的分析,尤其在涂尔干《道德教育》一书中,对学校、社会、宗教与个人之间的道德教育关系进行系统的分析,这一研究对教育社会学研究理论的构建产生了重大的影响,起到了至关重要的作用。涂尔干将教育机构作为社会系统中的一个子系统来看待,对社会结构、社会秩序、社会分工与再生产等问题进行教育活动的社会性功能研究,对教育的社会特征、社会对教育的影响及教育与社会的相互关系等问题做了教育学研究的思考,逐步凝结成为对教育社会学研究的基本理论认识。所以说,涂尔干的教育社会学研究独特之处,就在于去认识与理解教育活动与社会生活中的社会性教育事实,在涂尔干看来,所有这一切都是可以被描述与分析的。为此,涂尔干在《教育与社会学》一书中专门对此观点进行了阐述。当然,教育活动与社会生活之间的关系是复杂多变的,要想通过教育社会学的研究来探寻这一关系的根本特征,就必须使教育社会学研究充分涵盖现代社会生活中的政治、经济、社会、文化生活的各个方面,并对"教育"和"社会"之间的理性价值进行深入的分析,找出塑造了现代社会化进程中的关键教育因素。

教育社会学研究作为一门理论性与实践性都非常强的研究,其独到之处在

[①] 陈涛:《自主性的塑造——涂尔干论道德教育》,《北京大学教育评论》2016年第4期,第23页。

于对教育活动中的社会事实的"问题化"研究方式,即教育社会学研究中的问题意识与实践功能,这是教育社会学研究理论的核心基础。事实上,在教育社会学发展的不同历史时期,经过对涂尔干教育社会学研究经典理论的传承与延续,由此而形成了一些相对完整与规范的研究理论范式,尤其是对教育社会学研究理论的问题意识及应用价值有着极强的反应。至 20 世纪初期,涂尔干教育社会学研究理论已发展得较为成熟,被称为是一门具有"社会学的想象力"的科学研究,在解决日益困扰社会发展的教育现实问题时能够较为客观与科学地做出系统的阐释,又同时能够将其研究理论介入教育的变革实践过程之中去,涂尔干教育社会学的这一发展在当时因此而受到了学界的普遍关注。可以说,涂尔干的教育社会学研究理论已具有了较为完整与成熟的理论架构,并基于此而形成了一个统一的教育社会学研究阵营,体现着共同的研究取向。其中,在这一教育社会学研究理论不断创新发展的背景下,教育社会学家开始从全新的研究视角下探讨教育不平等问题,并在大学里优先开设了教育社会学研究理论的相关课程。

总之,由于涂尔干教育社会学研究理论内在的系统性与完整性,学校教育逐渐开始推动教育社会学的课程建设,并将教育社会学研究的理论认识与实践变革作为一场有关教育社会学思想的改革实验来看待,对今天的教育社会学研究产生了深远的启示意义。涂尔干认为,他长年在法国工业社会化环境中进行的学校教育实践为教育社会学研究理论提供了可靠的实证研究数据,论证了社会变革与教育现代化之间的关系与存在的问题,挖掘了教育社会学研究的新理论与影响。可以说,涂尔干教育社会学研究理论的出现,成了教育社会学学科建设过程中的一次真正道德自觉,并由此重塑了教育社会学研究的问题领域。基于此,涂尔干的教育社会学研究是在其社会学研究理论架构内对社会危机与冲突的考虑。为能够有效应对法国工业社会化进程中的社会危机与冲突,涂尔干主张将其社会学的研究理论方式尽可能完美地运用到教育学研究与社会学研究的共同领域中去,一方面为学校教育活动中的社会性文化与知识实现完美的传递,另一方面为教育活动及其实践提供一种强有力的理论学说。因此,在面对与评价涂尔干教育社会学研究理论的时候,应该保持着对教育学与社会学审慎的思考,并不断将纷繁复杂的教育问题回归到经典的教育社会学研究理论中寻求阐释与论证。从整体上来看,涂尔干教育社会学研究理论不仅宏富瑰丽、直观深邃,而且还富有研究张力,能够较好地对社会生活与教育活动的本质关系进行深刻的分析与研究。可以说,涂尔干的教育社会学研究理论成了主导当今教育社会学研究与发展的核心理论之一,并在该研究领域中独树一帜,产生了深远的学术影响。

第五章

涂尔干教育社会学研究的历史评价

在当代教育社会学研究者眼中，涂尔干的教育社会学研究理论的历史影响与价值，是引导当代教育社会学研究与发展的强大认识力，多数教育社会学研究者都承认涂尔干教育社会学研究理论与当代教育社会学研究发展的渊源与历史关系。可以说，涂尔干这位20世纪最为伟大的教育社会学家在其相关学术著作中，试图不断用印象深刻、令人难忘的言语提醒人们注意教育活动与社会变革之间的密切天然联系，其所揭示的关于教育活动与社会学变革之间的真理关系历史意义重大，甚至推翻了众多教育学家一直以来的传统认识与推断。如今，人们重新审视涂尔干教育社会学研究理论的历史价值与意义，对其学术发展史做深入的探究，对其教育社会学研究理论思想的研究过程做缜密的分析，对其学说的百年影响与历史价值做深入的思考，对其理论的当代创新与发展做全面的论证，就是要系统性地探讨涂尔干教育社会学研究理论中所蕴含的思想真理，以支持并证明他那些高深的、论证翔实的教育社会学理论，并由此将其运用于当代社会现实的客观世界之中。

第五章 涂尔干教育社会学研究的历史评价

第一节 教育社会学的学术史评

今天,我们对涂尔干教育社会学研究的许多理解与认识,在很大程度上受益于其传记中的描述,有关涂尔干教育社会学研究的传记仍然是当今学者理解与认识现代教育研究与社会科学研究的一个重要素材。虽然关于涂尔干教育社会学研究的传记有时候在学术界看来充满了流言蜚语,但若是我们不对他的私生活细节有过多关注的话,便很难完整地发现涂尔干教育社会学研究的伟大学术贡献。所以说,通过对涂尔干传记的描述分析,可以从更为细节与生活化的途径获取其教育社会学研究的资料来源,以便于能够对其教育社会学研究工作与成就给出多种解读。

非常幸运的是,涂尔干家族捐赠给法兰西学院的档案中甚至包含了数千份有关涂尔干和莫斯之间的书信、手稿以及未发表作品等,这几乎成了对涂尔干教育社会学研究与实践工作进行分析与研究过程中取之不尽的资源,以至于在后来对涂尔干教育社会学研究的20多年时间中,每天都能够有新的发现与研究结果。对涂尔干教育社会学研究的学者们,通过对《涂尔干信札》的分析,不仅对涂尔干的教育社会学实践个性进行了分析,还对其在推动与发展教育社会学研究过程中所遇到的矛盾和文化背景进行了深刻的解读,重点讨论了涂尔干开拓教育社会学的学科发展历史、思想史、理论史等相关的重要内容,从一个更为微观与细致的方面展现出了涂尔干对教育社会学研究与发展的科学贡献。正因为如此,从另一个方面可以看出,涂尔干传记正是建立在对其教育社会学研究的基础上,通过对教育社会学发展的理论背景进行分析的而撰写成的作品,深刻地反映出了涂尔干在教育社会学研究过程中的智力生活与科学信仰。

通过对涂尔干教育社会学研究与实践的历史分析可以看出,涂尔干在从事教育社会学研究与实践的过程中,并不存在个人和社会之间的对立与矛盾,我们甚至很难发现这种对立与矛盾的倾向,这使得涂尔干的整个教育社会学研究与实践生活充满意义与价值,并使教育社会学研究与实践最终成了其生活的直接表达,反映出了涂尔干所生活的历史时期中教育与生活、教育与工作、教育与社会三者之间相互渗透、相互融合的过程。所以说,涂尔干的教育社会学研究,在多个研究领域中不仅有助于定义与反映教育和社会的结构与发展轨迹,也有助于系统地确定自身的学术生涯,有助于我们正确地采用教育社会学的视角看待社会生活与教育工作,并可以很容易地认识到影响涂尔干教育社会学研究一生的决定因素,阐释涂尔干如何在人文学科研究方面做出了极具独创性的贡献。鉴于涂尔干在教育社会学研究方面所做出的伟大历史贡献,他甚至被神话为先知或是索邦神学院的学术领袖,这使得他在法国教育社会学界几乎没有任何挑战或质疑,这反而使得"真正的"涂尔干教育社会学研究实践生活和事业很容易出现偏差与误解。然而,随着涂尔干《社会分工》(1893)的出版,其教育社会学研究的基本规则与方法也逐渐确立起来,涂尔干也由此成了最为活跃的教育社会学研究者与实践者之一,他的性格和心理促使他在教育社会学研究领域获得了与许多朋友和亲密伙伴进行学术研究合作的机会。在涂尔干看来,教育社会学研究能够而且必须指导人们的教育行为与社会生活,并由此能够帮助人们找到解决教育问题与社会生活发展的办法,这样的观点促使涂尔干在其日后长期的教育社会学研究与实践过程中始终与"社会"保持着密切的联系,以便于能够通过教育社会学研究的知识体系与具体实践工作找寻到致力于分析"社会变革"的内在因素与原因。所以说,涂尔干的学术立场通常被视为"社会知识分子"或者"特定的知识分子",主张调和教育与社会、个人和社会之间的内在发展关系与逻辑,并通过捍卫这种教育社会学研究的基本立场而成了最受欢迎的教育学家及社会学家,不仅是一个自由的教育社会研究者,同时也是一个沉浸在教育与社会变革研究过程中的知识分子。他的教育社会学研究信条正是以教育和世俗生活为核心的社会科学,承认教育的"力量",维护公共利益。

涂尔干的教育社会学研究,无论是在其学术文化上还是在其个人学说倾向上,都十分重视教育行为在发展集体心理意识方面的作用与价值。有学者认为,涂尔干教育社会学研究之所以会有这样的潜在意识,主要是因为他长期神经衰弱并患有忧郁症,以至于他的许多研究都与心理研究有关,这在一定程度上折射出了涂尔干在教育社会学研究过程中一定程度的"不安"和"焦虑",虽然他并没有直接引用弗洛伊德的话,但他却引入了集体的概念意识并频繁地在教育社会学研究与实践中使用这一词汇,以至于他的教育社会学研究理论在一定程度上是一种集体心理学的教育社会学研究过程,这也正是涂尔干为何强调教育活动不仅是个人的而是社会的根本原因,并最终形成了他对"社会协调"的批判性研究。[①]因此,人们也很容易把涂尔干的教育社会学研究描述为涂尔干个人的教育社会学问题,并由此考虑其知识和社会背景,这最终成为新涂尔干主义中有关教育社会学研究一种趋势,它关注的问题不再仅是教育哲学或思维本身,而是社会生活和教育行为的群体现象,它所呈现的研究内容是一个更为严肃的领域,涂尔干对这样的教育社会学研究工作毫不吝惜努力并随时准备做出牺牲,他甚至为此过着完全简朴的生活以便能够全身心地致力于这项学术研究工作,并为此长期不断地思考、会见学生、撰写文章与图书、完成相关期刊编辑,甚至与同事长期通信进行讨论与分析。

如今,不少年轻学者通过重新研究涂尔干的教育社会学研究与实践这项工作,更加清楚地明白了涂尔干教育社会学研究理论有关研究方法和研究假设的的重要性,并采用批判的分析手段澄清了涂尔干教育社会学研究理论的价值取向。虽然就教育社会学研究来说,马克思和韦伯的相关理论也许受到了更多的关注,尽管自1950年以来马克斯·韦伯的相关研究学说与理论越来越多地取代了涂尔干教育社会学研究的主导"经典学术"地位,但在最近几年,涂尔干的教育社会学研究又开始重新对当代教育功能主义的实践改革与教育研究产生出了共同的价值观影响,有力地化解了原有的矛盾和冲突。与此同时,当代法国教育研究中的结构主义正不断促使涂尔干教育社会学的传统理论变得更加贴近现实社会变革与发展,很好地阐释了当前法国教育行为与社会现象之间的抽象关系,这再次有力地说明涂尔干无疑是社会结构研究的先驱之一,其教育社会学研究理论对于解决法国社会与文化危机的重要性不言而喻,这在很大程度上都要归功于涂尔干教育社会学研究理论的实证主义传统。正因为如此,涂尔干教育社

[①] 对此,涂尔干曾明确指出:"正因为教育的目标是社会性的,所以,能够实现这些目标的手段必然具有同样的特性。的确,在所有教育制度中,也许没有哪一种不与社会制度相类似,教育制度不过是以一种更微小、更简略的形式复制了社会制度的主要特性。就像共同体一样,学校中也有一种纪律。这种为学生们制定义务的规范,也很类似于用来规定成年人的行为的规范。"引自:(法)埃米尔·涂尔干:《道德教育》,陈光金等译,上海人民出版社,2001,第360页。

会学研究理论与实践无疑是法国现代化变革过程的中坚力量之一，重新评估涂尔干教育社会学研究理论与实践工作，在一段时期内仍然是当今教育社会学学科研究的核心内容与重要问题。

涂尔干在教育社会学研究方面的工作，很大程度上是根据教育活动与社会变革的关系来确定其价值的，他尤其对教育行为参与社会变革的过程表现出积极的见解，并将教育行为对社会变革的影响过程比拟为一个紧密相连的结构。虽然在多数情况下我们较少地关注涂尔干教育社会学研究理论中的某些结构主义观点，但它在阐释与理解涂尔干教育社会学理论核心概念方面确实是一个决定性的内容，这为系统性认识涂尔干教育社会学研究与实践的历史价值提供了宝贵的视角，而并不是仅依据简单的文本解释。在某种意义上，涂尔干的教育社会学研究理论很好地诠释了法国现代性社会变革的历史背景，并提供了大量详细的实践研究资料，这使得涂尔干的整个教育社会学研究能够充分利用实证主义的研究方法去探讨教育行为参与社会生活的基本过程与价值，并由此清楚地认识到涂尔干教育社会学研究理论对法国社会和教育文化的深远影响。涂尔干教育社会学研究理论的这一特征与价值，逐渐成为激发其他教育社会学研究者产生同样信念的原始动力，这无疑是涂尔干教育社会学研究所取得的重要成就之一。当然，涂尔干教育社会学研究理论偶尔也会存在极具争议性的问题，但他并没有对自己的见解和论点之间的差异给予过多的说明与解释，他时常认为真正要急于解决的问题是教育社会学研究理论的实践有效性，事实证明他的这一洞察力其实比他的论点更有活力，这在一定程度上也说明了涂尔干教育社会学研究理论的思想正趋于成熟特性，这也使得整个教育社会学界对涂尔干本人及其研究内容的评论变得更加小心谨慎，尤其是针对教育社会学研究理论中一些过于复杂的问题，更加倾向于从一个动态的研究视角出发，强调涂尔干对"教育社会事实"的研究贡献。不可否认的是，对涂尔干教育社会学的这种评价与定位，有时很难从整体上系统的把握涂尔干教育社会学研究理论的基本结构，以致难以将其所有核心观点有效地整合起来反映复杂的教育社会学研究理论系统。

缺乏对涂尔干教育社会学研究理论深入系统的分析，使得对其教育行为—社会生活之间的关系的评论时常缺乏足够的依据。对此，我们时常认为如果涂尔干本人倾向于对现代社会复杂生活结构采用教育的方式给予补救,那他无疑是将教育看作社会变革的有效工具,主张学校这一基础性的社会结构可以为个体发展提供所需的社会经验,由此制止与改变社会反常现象的产生,这一观点正是其道德教育的核心内容,它成了涂尔干教育社会学研究理论中最为稳固的观点,这也是涂尔干一直追寻良好社会本质的根本原因。所以说,我们对涂尔干教育社会学研究理论所做出的理解与阐释,本身就是对涂尔干教育社会学研究理论的历史价值做出的重要评价,这有助于我们更深刻地关注涂尔干的教育社会学研究的理论核心,尤其是在教育社会学研究语境中去探讨涂尔干教育社会学研究理论体系的具体问题。此外,涂尔干毕竟是一位在现代社会进程中对个体道德行为进行教育实践与探索的理论家,他能够更加敏锐地意识到道德教育在教育社会学研究理论体系中的重要性,并多次指出:"如果我们不清楚我们是在什么条件下进行教育的,我们就不能谈论道德教育。否则,我们将陷入一些模糊而没有意义的笼统说法。"[1]这在他的许多教育社会学研究著作中都能够找到相应的证据与观点来说明,然而,值得注意的是,今天对涂尔干教育社会学研究的历史评价,偶尔充满了尖锐和刺激的观点,甚至存在许多带有误导性的偏见与讨论,指出涂尔干的教育社会学研究理论观点并不正确,我们也很容易地可以意识到这些消极的评价内容,然而这些消极的讨论与观点却逐渐成为重新分析涂尔干教育社会学研究理论的一种新尝试与反应。无论是在法国的教育社会学研究领域,还是国外的教育社会学研究领域,关于涂尔干这一学说的正确分析与评价,始终是困难重重,19世纪的思维模在教育社会学研究中被认为是理所当然的,尽管涂尔干在教育社会学研究中取得了开拓性的创新与发展,但仍有不少这一研究领域的学者反对这一理论。其中,最明显的攻击便是有关涂尔干对法国现代社会问题的分析,这样的情况在英国最为普遍,批评者们长期以来将涂尔干教育社会学研究理论看作保守主义的产物,认为涂尔干只不过是一个仅能够在纸上高谈阔论的理论家,他的教育社会学研究论文与实践不具有一丁点的适用性与可操作性,缺乏进一步发展的基础。对此,批评者们在一系列文章中反复强调了这一点。这一现象的存在,甚至影响到了涂尔干在教育社会学研究领域中的学术权威与地位。当然,这仅是发生在涂尔干那个历史时期的学术争论,最终这些批评的论点也仅是些软弱无力、夸夸其谈的观点,根本不存在

---

[1] (法)埃米尔·涂尔干:《道德教育》,陈光金等译,上海人民出版社,2001,第7页。

建立一种新的教育社会学研究的理论基础,通过这样对涂尔干教育社会学研究的长期评价与讨论,似乎也清楚地表明了涂尔干教育社会学研究理论的历史意义与实践价值。

今天,涂尔干的教育社会学研究理论与实践成就仍然是一个教育社会学研究的核心内容之一,几乎所有有关教育社会学研究的田野调查都必须遵循涂尔干的教育社会学实证研究原则与规范,而这正是涂尔干一个多世纪以前所构建的研究规范。事实上,涂尔干的教育社会学研究著作对现代教育社会科学发展的历史贡献甚至超越了其他所有的教育社会学研究理论,涂尔干的教育社会学研究理论一个世纪以来被视为一个经典的研究轨迹,它所采用的教育统计与社会学研究方法不仅有效地使人类学和社会学研究规范被融入教育研究中去,还将社会变革与文化,甚至将包括社会秩序与人性的相关研究有效地融合了起来,并系统性地涵盖了法国的社会思想,这便是涂尔干教育社会学研究理论中实证主义工作的精髓所在,而涂尔干的这一教育社会学研究理论被广泛地传播与遗存了下来,至今对教育社会学研究产生着直接或间接的影响。如此来看,涂尔干教育社会学研究理论具有革命性的观点与思维是唤起人们对教育社会学学说思考的重要原因之一,后世的教育社会学研究者们也因此从他的学说中看到了一种崭新的研究方法,直到 20 世纪 60 年代,整个教育社会学研究领域中还折射着涂尔干的学说思想与经典理论。

涂尔干在教育社会学研究领域所取得的成就,可以和历史上任何一位伟大的教育学家或社会学家相媲美,他所探寻的教育社会学研究新道路,也并不是其教育学研究或社会学研究过程中偶然发现的新路径,而是在"通向社会学研究过程"中发现的教育学研究的新学问。当然,对于涂尔干学说的追随者来说,教育社会学研究的经典理论更多的是遵循于涂尔干大师本人的诠释,这即是构成涂尔干教育社会学研究理论哲学的一个重要组成部分,而涂尔干本人正是非常有力地表达这一观点的权威人物。按照涂尔干的教育社会学研究逻辑来说,数学是研究数字的学问,几何是研究空间和数字关系的学问,教育社会学要想建立和确立其学科地位,也必须具有一个明确的研究主题,这便是为什么涂尔干认为教育社会学是"社会学"研究而不单纯地属于"教育科学"研究的重要原因。[①]

第五章 涂尔干教育社会学研究的历史评价

涂尔干教育社会学研究的学术成果，大多是用法文和英文两种语言编辑出版，法国大革命时期的政治思想和涂尔干对其的解读至今仍是分析这些教育社会学研究文献的重要资料之一。通过对这些研究资料的分析，不难发现，涂尔干不仅是一位教育社会学研究者，还是一位哲学社会学家，或是"社会学教育家"，是一位在古典主义理论基础上大胆突破与创新的教育社会学研究者。虽然对于涂尔干这样的理解与定义时常留给读者很多的争议，但也许这些问题中最重要的是涂尔干对教育与社会文明关系的深刻解读，即"社会事实"束缚与利用教育行为的这一"社会科学"理解，我们并不难认为涂尔干的这一研究意图是将教育学研究以一种社会科学新科学研究的名义对当时的教育行为进行实证分析的学问。基于这样的认识，在解读涂尔干的教育社会学研究论文与著作时，我们通常反对将其视为传统教育的研究，而是将其比作社会科学研究的学问，涂尔干本人似乎也同意这种解释，他甚至认为教育社会学研究是法国人的学术发明，是在孔德的学术传统基础上构建与创造出来的一门学问，并称之为"教育社会学"。①

通常来说，涂尔干的教育社会学研究理论的相关文章有时会令人费解。因为，这些文章中常常充满古典哲学和古代政治哲学的命题与论述，这说明涂尔干教育社会学研究完全有意识地对早期的古典哲学、社会学与政治学等思想进行了系统与深刻的融合，这使得他在社会学研究中能够运用包括法律、道德和宗教这些概念来阐释教育现象与行为。②在这一方面来说，涂尔干教育社会学研究确实成功地融合或取代了许多传统政治学与社会学的研究观点，成了真正决定教育社会学研究早期的理论来源与依据。事实上，涂尔干非常倾向于在教育社会学研究中对古典哲学与政治学的批判，这似乎是由于他的教育社会学研究方法和

---

① 北京大学渠敬东教授借用涂尔干的话指出："社会学带着教育学的基因，是因为她既要研究种子，又要研究土壤和气候；既要研究人的双重自然的规定性，又要研究一切现实的社会历史条件。"引自：渠敬东：《教育史研究中的总体史观与辩证法——涂尔干〈教育思想的演进〉的方法论意涵》，《北京大学教育评论》2015年10月第13卷第4期，第24页。

② 涂尔干认为："在古希腊，杀人在犯罪等级中的位置并不高，甚至还不如性质严重的渎神行为。在这些条件下，道德教育本质上只能是宗教教育，就像道德生活本身只能是宗教生活一样。能够为教育提供基础的只能是宗教观念，教育的首要目的，就是教会人们面对宗教存在应该采取什么样的行为。"并且，对于这样的观点，涂尔干又做了进一步的解释："毫无疑问，上帝仍然在道德中扮演着重要的角色。违反道德就是冒犯上帝。不过，上帝被归结为保护人的角色。道德纪律不是为了上帝的利益而制定的，而是为了人的利益而制定的。上帝的介入，只为了使道德纪律行之有效。"引自：（法）埃米尔·涂尔干：《道德教育》，陈光金等译，上海人民出版社，2001，第10页。

思想具有强烈的创新与开拓要求，他必须为此做出正确的选择与判断，以找到他在教育社会学研究领域中的新科学，这些论述与观点都可以在涂尔干自己早期的教育社会学研究著作与文章中找到。因此，这意味着在涂尔干看来，教育社会学研究必须首先是一个关于现实社会生活的基本科学，且必须具有真实、潜在的教育动力，或本身就是一门道德教育的科学。这一观点，正如涂尔干自己所说："某种事物当时还不过是一种心灵的预见，一种带有实验色彩的假设，却发现自身逐渐得到了所有科学结果的证明。"[1]可见，涂尔干教育社会学研究从最初开始就对道德教育与社会生活给予了深切的关注，但这并不令人感到意外，因为在涂尔干所生活的法国现代社会结构中蕴含着"共和"的公共道德概念迫使他将道德与社会这两个基本概念保留到了教育社会学的整体研究过程中去，并对它们进行了重新定义。也就是说，在涂尔干教育社会学研究的基本理论中，道德与社会对教育社会学研究具有特定的象征意义。

涂尔干是现代教育社会学研究的创始人之一，其科学和批判的教育社会学研究方法有着根深蒂固的学术传统，虽然这一观点时常引发争议，但这是涂尔干教育社会学研究的一个事实存在。令人感到遗憾的是，当今的教育社会学研究似乎没有遵循涂尔干教育社会学研究的经典理论和实践，许多教育社会学的教科书仅是仪式性地参考了涂尔干的经典学说，而马克思和韦伯的教育社会学研究理论却得到了更多的关注与运用。此外，我们发现，如果对涂尔干教育社会学理论与思想研究越多，就越倾向于支持这一经典学说，就越会不自然地发现涂尔干教育社会学研究理论提出了一种明确的社会科学伦理理论，并将其作为教育行为研究的社会性基础，这一经典的研究方式充满着涂尔干对教育行为与社会生活的理性思考。所以说，涂尔干式的教育研究"实证法"是可以被"普遍确立和认可"的，是现代教育社会学研究理论中最具意义的内容，是一种对教育行为和社会生活"目的性的理性思考"，是涂尔干发现了教育社会学研究中的社会事实与客观存在的相一致关系，这是涂尔干教育社会学"最成功"的基本理论和实践价值，涂尔干为此展示了教育研究的社会价值，以及根植于社会生活中的教育意识，这本身就是教育社会学研究的核心问题所在。对此，涂尔干从未完全确定他的这一论点不合逻辑，相反他对这一论点的理性重构成了许多教育社会学

---

[1]（法）埃米尔·涂尔干：《道德教育》，陈光金等译，上海人民出版社，2001，第8页。

家赞成其"真实性"基本逻辑。

为什么直到今天在开展教育社会学研究的过程中,我们依旧把目光投向涂尔干教育社会学研究的经典学说?我相信这是因为他发现了教育社会学研究理论中最本质与核心的问题,涂尔干的教育社会学研究理论能够帮助我们从他的立场来理解当今的教育社会学研究所遇到的问题与困惑,这是涂尔干教育社会学研究历史价值最为重要的一个部分,它甚至影响和改变着当今的教育社会学研究进程与面貌。更确切地说,是涂尔干的教育社会学研究范式,彻底改变了人们对现代社会化进程的教育思考,包括最著名的道德教育论,涂尔干关注现代化进程中社会生活以及社会和教育关系的本质问题,使其教育社会学研究最终引发了一场学术革命,使得社会理论在教育研究中的地位发生了本质的改变,涂尔干本人引领了这一学术潮流的发展与变化,这完全是涂尔干毕生开展教育社会学理论研究与改革实践所获得的成功。虽然今天的教育社会学研究早已打破了涂尔干经典学说的主流形式,但我们并不能把涂尔干教育社会学研究的积极理论与思想抛诸脑后,那些有自我意识的教育社会学研究者,在从事许多教育社会学的实际研究与实践过程中,仍然会不自觉地将教育活动与社会行为看作一个整体,并潜意识地进入一个彻底的涂尔干教育社会学研究体系中去,这正说明了涂尔干教育社会学研究对社会理论的实质性贡献,其广度与深度都不言而喻。

客观而言,涂尔干的教育社会学研究理论与当代的教育活动或社会生活有着自身特定的密切关系与逻辑,涂尔干不仅是一位教育社会学研究的理论家,还是一位有着深远影响力的教育改革实践家,他对当今教育社会学研究的影响重大,其理论提供了深刻而丰富的研究与分析方式,所折射出的辩证法理智,构建了整个教育社会学研究的基本规范,尤其是在教育与社会结构的研究方面,他将集体意识形态的基本概念与经验主义的研究方法相结合,几乎论证了所有的教育活动与社会生活的交往关系,这有力地说明了在法国教育社会学研究领域中,涂尔干的学说为何始终被认为是"至关重要"的原因之一,即便一直对他持有批评意见的学者,也不得不将其视为现代教育社会学研究的奠基者。

第二节 教育社会学的思想演进

最初,涂尔干并不认为教育社会学研究是纯粹的科学研究,他甚至极力反对这一观点,而是强调教育社会学研究仅是对教育客观特征的社会事实考察而已。从另一方面来说,涂尔干坚持认为对社会个人的教育研究来说,其本质是外在的,虽然具有一定的社会强制性,但这种强制性却仅是对于那些想要融入社会的人来说的,这便是涂尔干教育社会学研究的基本认识论和方法论。

涂尔干《道德教育》是一部划时代的教育社会学研究著作,它将社会学研究思维与方法有效地运用到了教育研究过程中去,不仅重新定义了具体的研究对象,还成功地将社会学及教育学与心理学和历史学等其他科学研究区别开来,所采用的方法论包括了社会学研究的观察和实验方法、统计方法等,对后世的教育社会学研究产生了重要的学术价值。对于涂尔干来说,教育社会学研究代表的是"一个综合的教育学与社会学研究系统理论",其研究原则的基础与目的是社会事实。因此,要想深入地了解涂尔干的教育社会学研究,就必须首先对社会事实这一概念进行专门化的研究,以便能够很深入地了解涂尔干教育社会学研究的真谛与本质。在涂尔干看来,教育社会学研究为研究者提供了一个系统的教育理论,为教育社会学研究范式提供了科学的解释框架。其中,基于社会学研究理论的教育事实分析,为教育学研究者提供了实证经验与科学判断的依据,并将该研究方法规范化与制度化,使其研究理论最终演进成为经典学说。[1]因此,通过对涂尔干教育社会学研究思想的分析,可以从多方面对其进行更多具有社

---

[1] 对此,涂尔干指出:"无疑,人们可以说,只有当一门实践科学依赖于即存的、无可辩驳的科学,并只作为这种科学的应用时,它才是可能的和合法的。的确,只有这样,我们能够从中推导出实践结果的理论观念才能具有一种科学的价值,人们才能把这种价值赋予我们由此引出的结论。"引自:(法)埃米尔·涂尔干:《道德教育》,陈光金等译,上海人民出版社,2001,第335页。

学研究价值的探索与发现,尤其是涂尔干将教育活动与社会生活关系看作研究描述的主要对象,使得教育社会学研究的基本理念、研究对象、研究目的等要素成为揭示教育与社会关系最为重要的因素,实现了从本质上阐释社会变革的内在逻辑的目的,并对法国现代化进程中的教育改革重大问题做出了必要的回应。

事实上,在涂尔干的教育社会学研究理论中,令涂尔干最为感兴趣的是解释社会反常现象与教育行为之间的内在关系这一问题,即道德教育的缺失和社会反常现象产生这一问题。当然,有关这一问题的研究,也是涂尔干社会学研究的重要内容之一,鉴于涂尔干教育社会学经典学说中的教育功能主义思想的存在,多数情况下教育问题的研究通常被放置在社会结构、社会生活与社会冲突的领域中接受分析与考证,这其实也是涂尔干教育社会学研究理论最具创新力的表现方面之一,对整个现代教育社会学研究贡献极大,甚至是构建了涂尔干教育社会学研究流派的重要思想,象征着涂尔干教育社会学研究的精髓。因此,涂尔干教育社会学研究作为一门社会科学,通常被认为是可以通过观察来描述研究对象与内容的,而不仅是简单与抽象的研究理论,它所研究的教育行为与社会生活中的客观事实,在本质上也绝对区别于当时那些流行的心理学研究。从这个方面来说,涂尔干的教育社会学研究,真正为后续的发展与完善提供了必要的条件与保障,并得到了涂尔干本人教育实践的系统阐释与说明。涂尔干教育社会学研究理论的这一核心内容,在《道德教育》一书中得到了深入系统的分析与论述,这表明涂尔干并非没有注意到教育社会学研究中有关"社会事实"的重要性,同样的论述也出现在《教育思想的演进》一书中。在这本影响深远的著作中,涂尔干深入浅出地论述了通过道德教育实现"集体性社会意识"的事实与重要性[1],这更容易使得教育社会学研究者能够理解社会生活与教育行为的密切关

---

[1] 对此,涂尔干曾有一段精辟的论述:"一个没有纪律的班级就像一伙暴民。因为一定数量的儿童集中在一个班里,所以就有了一种来自共同生活并分派给一切个人活动的普遍的刺激,如果一切运转正常,又得到了很好的引导,那么这种刺激就会表现为把事情做得更好的热情和注意力;如果每个同学都各行其是,那么效果则相反。但是,如果教师还没有培养出必要的权威,这种极度的活跃就会蜕变成为一种不健康的骚动,真正意义上的败坏就越严重。这种道德败坏变得越来越显著,因为那些在课堂上很少有道德价值的因素开始在共同生活中占有优势地位,就像在大革命时期的政治社会中那样,你会看到许多有害的因素浮出公共生活表面,而在正常的时期里,这些有害因素则会隐藏在暗处。"引自:(法)埃米尔·涂尔干《道德教育》,陈光金等译,上海人民出版社,2001,第147页。

系,这一观点也被直接或间接应用于法国现代化社会进程中具体的教育改革政策过程中,在实现社会主体的道德与社会生活、教育与教育行为等一系列社会关系中产生了巨大的影响与作用。对此,涂尔干指出:"道德秩序在这个世界中构成了一种自主的秩序。与各种道德规定有关的事物,都会为这些规定带来特别的尊敬。"①所以说,涂尔干的教育社会学研究,并非仅仅简单化地被看作是介于教育学和社会学研究之间的学问,其最重要的特点与功用在于这一学说支持和证明了教育行为与社会生活之间密切关联的这一客观事实,而教育社会学研究因此也必须首先被理解为一门社会性的教育科学。

正因为如此,涂尔干的教育社会学研究理论被后来的学者理解为一种教育学与社会学研究的典范,教育社会学研究本身就是一门社会科学,这一观点到今天为止已经得到了学界较为一致的接受与认可,但在历史演进过程中却经历了相对较为漫长的一段时间。粗略来说,涂尔干是在 19 至 20 世纪构建起了他的教育社会学研究理论体系,即从 19 世纪末开始,关于教育活动与社会生活内在关系的一切社会事实,都成为涂尔干教育社会学研究理论中最为一般与普遍的研究内容,这也是教育社会学研究最初的科学发端,在教育社会学研究的发展历史进程中,这是涂尔干极力主张的一条道路,这一被涂尔干所创新的教育社会学研究范式,后来被证明是极其有用的,是促使教育社会学研究真正成为一门独立的社会科学的重要因素,它在很大程度上消除了人们对教育社会学研究的困惑与疑虑,从而相信涂尔干的教育社会学研究理论具有更先进的思想与方法,而传统阶段孤立的教育学或是社会学研究相比较而言显然已经过于守旧与不适应新的研究要求与目的,这种情况最终一直持续下来,并逐渐构建起了涂尔干教育社会学研究理论最基本的认识论,对传统教育学与社会学研究提出了挑战。

涂尔干教育社会学研究理论的核心是社会事实的客观研究,它一方面以教育行为与社会生活之间的关系为研究目标,另一方面又对教育的社会性外在功能给予分析,这样的教育社会学研究方法在涂尔干看来其实是具有一定强制性特征的,甚至是强制性地对任何影响社会生活的教育活动给予实证分析与考

---

① (法)埃米尔·涂尔干:《道德教育》,陈光金等译,上海人民出版社,2001,第 12 页。

察，这是涂尔干教育社会学研究理论的主要观点之一。在《道德教育》一书中，涂尔干对教育社会学的研究理论强调，在教育实践与研究过程中，有关教育活动与社会生活的教育事实，即是教育活动现象中最为本质的东西，虽然可能存在的方式不同，但教育社会学对它们的分析方法都是在教育实践的实证基础上的考察与分析，这便是涂尔干所指出的教育社会学研究理论的科学工作逻辑，其教育社会学研究的学术生涯与他的这一学术思想由此建立了密切的相互关系。众所周知，涂尔干教育社会学研究理论对法国现代化社会进程产生过重要的影响，其学术理论在教育学与社会学研究的学术史进化过程中成功地把教育社会学研究理论作为一种整合后的系统研究理论完整地呈现了出来，并将教育活动与社会生活之间的基本逻辑给予了系统化的阐释，这是传统教育学研究理论或社会学研究理论单一学科所从未实现的过程。可以说，涂尔干的教育社会学研究理论，是一种社会事实研究原则基础上的定量分析，这种研究原则今天被认为是教育社会学研究的典范，《道德教育》便是一本基于涂尔干这一教育实践理念基础上出版的学术著作，涂尔干将社会学研究的基本方法与规则很好地与教育研究的需求与要求相融合，最终形成了教育社会学研究的基本学说理论与体系，这对了解涂尔干社会学研究与教育社会学研究理论之间的关系也提供了非常重要的视角。

涂尔干《道德教育》一书，其学说地位在于其特定的研究内容与方法，不同于传统教育学的研究范式。在这一学说中，涂尔干证明了教育活动与社会生活之间的事实存在，尤其是深刻地阐释了教育学研究的本质与表现在社会学研究中的意义。另一方面，教育社会学研究，从本质上讲并不意味着研究客观性是人为创造的，而通常被视为是一个真实存在的社会事实。所以说，在涂尔干看来，教育社会学的研究对象便是社会事实，而不是人们通常所强调的个性化心理事实。关于这样的理论观点，至少有两个基本问题值得关注，一个是教育社会学研究对象的外在性与客观性，另一个则是教育社会学研究理论中的规范、规则、约束等问题，若是缺少对涂尔干教育社会学研究理论的这些基本问题探讨与理解，就无法完整系统地掌握涂尔干教育社会学研究的基本逻辑与方法，这也是近代教育社会学研究最为基本的理论问题，是掌握教育社会学研究历史演进脉络的核心内容。通过对涂尔干教育社会学研究理论中教育事实的探讨与分析，便于我们客观地对教育活动的"社会化"过程有一个清晰的认识，以便能够在认识论和方法论的基本规范上对教育社会学研究有系统性的认识。正因为如此,涂尔干《道德教育》一书,是一部划时代的教育社会学研究著作,它开启了近代教育社会学研究的新思维与新路径,为教育社会学的长远研究与发展奠定了坚实的基础。其中,涂尔干对教育社会学的具体研究对象进行了清晰的界定,并能够始终参照社会学研究的客观真实性研究原则使教育社会学研究明显有别于其他的社会科学,如传统教育学或教育心理学的研究。同时,涂尔干为教育社会学研究创造性地构建了适当的科学方法论,强调依据社会观察和实验、统计等方法对教育活动与现象进行深入系统的研究,这一方法论对当时的教育社会学研究具有重要的实践价值和意义。[①]教育社会学研究之所以会出现这样的历史演进趋势,很可能正是因为涂尔干在教育实践改革与研究过程中对跨学科研究方法与理论的一种直觉显现,他甚至比较明确地认为教育研究的现实背景正是纷繁复杂的社会事实与教育活动的相互交织,所以社会学的经典方法论在一定程度上也适用于教育社会学研究,这是一种"涂尔干式"的教育社会学研究方法论,这些最为基本的教育社会学研究理论与方法原理在他后来的许多著作与论文中都给予了大量的分析与论证。自此,教育学研究和社会学研究之间的关系变得更为密切,涂尔干的教育社会学研究理论也由此成了学术经典得以广泛传播,且影响巨大。

从社会学的角度对教育社会学研究的历史演进进行分析,不难发现,涂尔干的教育社会学研究思想的历史演变,与他的社会学研究思想演进之间存在十分密切的联系,这是一个非常有趣的历史演进过程,其结果与影响更是令人十分惊讶。具体来说,涂尔干的教育社会学研究基础是道德教育,而道德教育最初则属于涂尔干社会学研究的一个核心命题,是其社会学研究认识论的第一个重要阶段,正如涂尔干在《道德教育》一书中所说:"作为一个社会学家,而且首先作为一个社会学家,我将为你们讨论的是教育。……的确,在我看来,一切教育学思考的首要前提就是,教育在起源上和功能上都显然是一种社会事物,与其他科学相比,教育学更紧密地依赖于社会学。"[②]在这一基础上,涂尔干逐渐围绕法国现代

[①] 对此,有学者指出:"在涂尔干看来,道德与科学或事实与价值之间并不存在无法逾越的鸿沟,二者可以通过道德科学联结起来。"引自:曹锦清,张贯磊:《道德共同体与理想社会:涂尔干社会理论的再分析》,《中南民族大学学报》(人文社会科学版)2018年1月第38卷第1期,第38页。

[②] (法)埃米尔·涂尔干:《道德教育》,陈光金等译,上海人民出版社,2001,第346页。

化进程中的道德教育研究开创性地构建了教育社会学研究中最初的科学方法论体系。所以说,法国现代化进程中的道德教育问题正是涂尔干年轻时最先关注到的教育社会学研究问题之一,并在其后期的现代化教育实践改革过程中逐渐对道德教育问题的研究进行了必要改良,最终使社会学研究与教育学研究密切地融合在了一起,形成了人们普遍所接受的教育社会学研究基本理论。作为一名教育学家与社会学家,涂尔干对社会道德教育问题的关注,无疑也是他职业所固有的职责,因此教育社会学研究的历史演进过程同时又与涂尔干的教育职业生涯有密切的关系,其职业发展历程对教育社会学研究的历史演进又具有至关重要的影响作用。正因为如此,涂尔干的教育社会学研究基本理论与方法论,在漫长的教育社会学发展与演进历史进程中,始终受到许多教育实践家与社会改革家的支持,这极大地促进了涂尔干教育社会学研究理论的推广与应用。此外,涂尔干对政治问题的长期兴趣也使得他尤其注重教育学研究中的民权、言论自由等社会政治问题的探讨,这赋予了他的教育学研究社会学的观照与特性。在涂尔干看来,就教育活动或教育学研究本身来说,其本质上是社会性,这似乎是他教育社会学研究最重要的观点与态度,也正是将教育学与社会学研究融合的重要先决条件之一。可以说,这样的观点,是涂尔干教育社会学研究的一个最基本的认识论,涂尔干教育社会学研究科学方法论的全部努力正是将教育学研究与社会学研究在深层融合的基础上产生一门创新性的社会科学研究,并将教育社会事实确定为该科学研究特定的研究对象,正如他最初分析道德教育问题的客观事实一样,指出:"道德领域仿佛围绕着一种神秘的屏障,把违反道德的人拒斥其外,就像人们防止宗教领域受到凡俗的触犯一样。这是一个神圣的领域。构成这个领域的一切事物都似乎有一种特别的庄重性,从而使这些事物凌驾于我们经验的个性之上,并为它们赋予了一种超验的实在性。"[1]涂尔干之所以坚持这样的研究信念,很可能是因为这位伟大的法国教育社会学家试图将这一研究与传统教育学或心理学家划清界限,并由此能够为教育社会学研究开拓出一个全新的发展倾向,同时又能够对社会学研究产生一定的影响。为了实现这样的研究目标,涂尔干主动接受了康德的哲学思想和自然科学原则,并在其博士论文中对这一认识论与价值观进行了初步的阐释与分析,以至于他过早地便从中得到了自己想要的学术信仰,指出即便是道德教育这样的教育社会

---

[1] (法)埃米尔·涂尔干:《道德教育》,陈光金等译,上海人民出版社,2001,第13页。

学研究内容也不能分离科学的基本原则,反而是要使道德教育研究更加地接近科学探索。①这是涂尔干学术人生的一个全新开始,也是他教育社会学研究构建之初的核心原则,他由此坚信科学原则是一种关于一切社会行为研究的基本原则,这一特定的科学认识论在帮助涂尔干阐明教育社会学作为一门独立科学研究地位时发挥了至关重要的作用。

涂尔干在提出教育社会学研究的客观事实的概念之前,曾花费了长期时间对道德教育事实进行实证的量化研究分析,深入系统地探讨了道德行为与意识对社会、法律、教育、经济等方面的影响,并最终以人类道德和社会生活为基础推演出了道德教育问题里的最一般伦理,他的这一研究结论在《自杀论》与《社会劳动分工》两本影响深远的学术著作中可以找到系统性的论述与阐释。通过这种对道德教育长期科学考证的研究方式,涂尔干得到了教育社会学的关键概念,即教育社会事实的概念,这一概念在教育社会学研究中被视为最为重要的研究概念之一,它第一次系统性地科学论证了教育活动与社会生活中最一般和最特殊的客观事实存在,将纷繁复杂交织在一起的社会性、道德性、教育性、法律性问题客观本质与因果关系进行了梳理阐释,尤其是对社会发展起制约作用的教育活动进行了社会性科学论证,以便通过科学方法解释社会与教育之间所存在的因果关系这一客观事实,构建了教育社会学研究理论的基本体系框架,为一门全新的社会实证科学的诞生奠定了基础,创造性地阐释了教育社会学研究理论认识论的科学模式。

在涂尔干的教育社会学研究理论中,最一般的原则时常与社会学研究原则密切相关,这些研究原则和规则的主要作用在于能够科学客观地分析和解释教

---

① 对此,涂尔干曾明确指出:"道德科学是一个既成的事实。"引自:(法)埃米尔·涂尔干:《道德教育》,陈光金等译,上海人民出版社,2001,第115页。并且,他进一步对传统的观念认识提出了辩驳,指出:"如果道德来自上帝,表达了上帝的本性,那么道德必然同时会超出我们的理性所能把握的范围。其实,作为若干世纪里使宗教体系与道德一同化的结果,道德始终保留着一种无法描述的魔性,对某些人来说,这种性质依然可以使道德处于科学的合法领域之外。他们否认人类心灵有权利向处理这个世界其余部分一样去处理道德。表面看来,由于有了道德,人们就进入了一个神秘王国,在这里,科学探索的一般程序已经不再合适了;把道德当作自然现象来处理的尝试,会引起愤慨,仿佛这是一种亵渎似的。"引自:(法)埃米尔·涂尔干:《道德教育》,陈光金等译,上海人民出版社,2001,第119页。

育社会学研究中的一些特殊社会事实,如宗教信仰和自杀。所以说,教育社会学的研究规则与方法,能够有效地帮助涂尔干以特定的研究方式考察研究对象,即教育的社会事实。首先,涂尔干教育社会学的研究对象是客观的社会事实。因此,涂尔干强调,教育社会学家应该追逐着挖掘教育社会事实展开研究观察,这一过程有时候看似很像物理学家专注于物理事实的研究一样,随后则必须通过特定的科学研究方法来判断教育社会事实的基本内容与特性,并能够以此来区分什么是教育社会现象的常态,什么是教育社会现象的规律,或者什么是教育社会现象的病态,这是涂尔干教育社会学研究的基本思想,这一思想来源于传统的教育学研究思想与社会学研究思想,但又不是涂尔干本人单纯的个体思想,它是在继承了康德等学者实证研究思想的基础上产生出来的一种研究思想,这一思想在科学层面应用证实研究论证了教育社会学中的客观事实,而不是单一的社会事实或教育事实。也就是说,涂尔干教育社会学研究中的客观事实,还是一种对社会情境和教育活动之间因果原因的科学分析,这并不是一个封闭的研究过程,以致有关于该研究的历史演进进程表现得秩序井然,这似乎可以说是传统教育学研究与社会学研究的一种进步,而不是一种退化。在涂尔干的教育社会学研究理论中,教育活动与社会生活无疑是关联密切的统一体,从本质上难以被分离,而教育社会学研究就是这样被融合在了一个统一的研究有机体中,这说明教育学研究与社会学研究是分不开的,这也是一种教育社会学研究基本理论的事实结果,这一学术观点因此而带有明显的涂尔干色彩。从社会学的角度来说,涂尔干过早地就注意到了社会之于教育就像上帝之于其宗教一样。换句话说,涂尔干坚信教育学研究是社会学研究的一个重要交叉领域,是社会学研究中十分微妙而崇高的研究内容,教育社会学研究因此代表的是一个综合的社会科学研究理论系统,如果要想深入地分析教育活动的本质特征,就必须首先对其社会事实进行全面的实证分析,这是一门贯通教育学与社会学的特殊学科,而涂尔干作为法国社会学学派的创始人,也因此成功地将其社会学思想与研究方法注入教育社会学研究的基本理论中去,促使传统的教育学研究开辟了一条实证主义的人文社会科学研究的道路,使教育学与社会学之间的有机关联在学科研究中获得了全新的诠释与表达。

所以,事实上,当谈及涂尔干教育社会学思想演进这一问题时,其本质也是在谈论涂尔干教育社会学研究对现代教育学研究或社会学研究的贡献。因为通过对涂尔干教育社会学研究思想演进的分析,可以清楚地看到涂尔干在这项研究种将教育学研究与社会学研究之间相互作用的理论方面做出的深刻系统与科学的阐释,这是涂尔干教育社会学研究的核心,也是涂尔干对传统教育学研究发展的重要贡献。可以认为,涂尔干教育社会学研究理论与成就不仅代表了一种社会学研究的进步力量,它更在某种程度上成了规范与完善传统教育学研究理论的重要学说,同时又能保持其历史演进的学科个性,将教育、社会、认识论与方法论等问题融为一体,深刻地揭示了教育活动在维持社会凝聚力和社会生存方面的实践价值与意义。在这方面,教育社会学研究能够针对性地从教育伦理、社会有机、道德问题等多角度发展其学科的认知理论与科学方法论。因此,基于涂尔干的教育社会学研究理论,人们才能够通过对社会意识与行为的研究构建起教育活动、知识、心理和情感的认知体系,并通过社会学研究的科学实证方法、内容、目标等内容,解释出社会发展和道德教育之间的内在联系,正是从涂尔干的这一教育社会学研究理论开始,人们才逐渐开始对社会与教育的互动关系有了全新与深入的分析与认识。因此,教育活动对于涂尔干来说[①],正是一种社会变革与发展力量的代表,它规范着那些所有依赖社会生活而发展的教育个体能够以最和谐的方式形成社会有机联系,同时又能够在保留他们的教育个性、文化、身份、知识和价值观的基础上,成为社会发展的凝聚力和社会进步的推动力。在此,需要强调,根据涂尔干教育社会学研究基本理论,改善我们的教育行为与环境,才是促进社会发展与激发潜力的关键所在,而涂尔干教育社会学研究及其教学改革实践正是旨在强化这一过程,即通过教育活动的社会性功能来积极促使社会意识的建立和强化,并使这一过程成为一种超越传统教育过程与目标的创新性教育实践改革过程,并在教育活动不断加强社会生活和社会情感的过程中,实现教育活动的社会化与社会发展的人性化目标,最终生成一个在社会发展和道德教育框架内的有机社会教育系统。

[①] 例如,涂尔干曾将社会看作是道德权威的来源,指出:"不仅社会是一种道德权威,我们还完全有理由认为社会是所有道德权威的典型与根源。"引自:(法)埃米尔·涂尔干:《道德教育》,陈光金等译,上海人民出版社,2001,第89页。并进一步指出:"一言以蔽之,权威并不存在与某种外部的、客观的、从逻辑上蕴含着道德并必然会产生道德的事实之中。权威完全在于人们对这样的事实所持有的观念;这是一个舆论的问题,而舆论则是一种集体事物。舆论是群体的判断。而且我们很容易理解,为什么所有道德权威在起源上都必然是社会性的。"引自:(法)埃米尔·涂尔干:《道德教育》,陈光金等译,上海人民出版社,2001,第90页。

第五章　涂尔干教育社会学研究的历史评价

总体来说，涂尔干教育社会学研究思想的历史演进过程，不仅强烈地体现出教育社会性功能的影响，还深刻地彰显出了社会学研究原则作为一个重要的概念化因素在教育学研究发展中的作用。因此，教育社会学研究思想的历史演进，并非能简单地由教育活动与社会生活之间的因果关系来解释的，而是由长期形成一种符合教育功能主义理论的学科思想在剧烈的现代化社会变革过程中产生的历史产物，它必须既能满足社会变革与发展的需要能，还必须能够有效地解决教育引发的社会危机等问题。严格来说，尽管有教育学家或社会学家对涂尔干教育社会学思想演进的这一历史过程存在批评与质疑，但更多的学者能够接受涂尔干所指出的社会学是教育的这一学术观点，并由此对涂尔干所提出的教育活动的社会功能主义观点给予充分的肯定，承认其学术观点的重要性与适用性。就这一点来看，涂尔干教育社会学研究理论，对传统教育工作者来说，应该产生过非常重要的影响，它较好地为传统教育工作者如何面对与解决人类的实际教育与社会问题提供了最为有力的研究理论与方法，涂尔干的这一学说甚至影响到了整个法国教育系统的实践改革与发展。在这种情况下，涂尔干的教育社会学研究思想演进进程，不再仅仅是单纯的意识形态变化发展，而是一种致力于适应与加强全球现代化进程中教育系统迎接社会变革与发展的重要全新理论与实践系统，许多后来的教育社会学研究者也对此表达了同样的观点，甚至认为涂尔干的教育社会学研究思想，是构建科学的教育知识体系，推动社会意识发展的重要动力。

因此，我们不能忽视涂尔干教育社会学研究思想所提出的核心观点。教育社会学的思想演进过程，从社会学的角度来看正是构建旨在提高预防和解决社会问题的教育体系，并能够充分利用教育活动现实社会重构的重要方法论及其基本理论的建构过程。其中，涂尔干教育社会学研究思想随着历史时代变迁而不断变化与完善，这使得教育社会学研究能够不断适应新社会带来的快速变化而做出迅速的反应。因此，面对社会现实、研究社会因素，是涂尔干教育社会学研究思想历史演进的基本动力与逻辑，这也是教育社会学研究被认为是一门"社会科学"的重要原因之一。

第三节 教育社会学的百年影响

如今,涂尔干已经逝世了一百多年,越来越多的教育社会学研究者开始反思其教育社会学研究理论与方法的现实意义与价值,并将这一研究成果看作是涂尔干教育社会学研究留给当今学界的一笔宝贵学术遗产。今天,我们重新理解与研究涂尔干教育社会学研究及其教育改革实践的历史影响与价值,试图重新呈现《道德教育》这部著作中的一些现代性学术元素,无疑有助于将这位具有深远历史影响的教育社会学家的思想与学说与一百年后的教育社会学研究与教育实践改革相联系在一起,并能不断促进教育社会学研究的学科发展。同时,我们力求通过深入系统地分析涂尔干教育社会学研究的基本理论与教育改革实践的历史成就与影响,来全面展示涂尔干教育社会学研究理论的现世活力与当代实践价值,我们甚至期望通过对涂尔干教育社会学研究的全面分析,来获得一次对当代教育社会学学科的历史性批判与复杂性的深入理解。

1917年11月15日涂尔干逝世后,教育社会学研究的发展也在一定程度上受到了严重的影响,许多与涂尔干同时代的教育社会学研究者并不能在短时期能成为涂尔干教育社会学研究理论与学说的较好继任者,涂尔干教育社会学研究理论的相关学说及其思想的传播与发展因此也受到了影响,并未得到较好的延续与深化拓展。显然,教育社会学学科的发展虽然并非会由某一个人的命运所决定,但不可否认这一次受到了涂尔干个人命运的重大影响,这也使得教育社会学的后续研究与学科发展成了一个较为复杂问题的重要原因。其中,尤其是对当时法国的教育社会学家来说,在涂尔干逝世后如何重新唤起教育社会学研究的发展动力与方向,成了当时至关重要的问题。为此,为应对教育社会学学科发展的困境,重新回到涂尔干的教育社会学研究经典作品中进行深入分析与阐发,成为解决问题的关键。因为对于今天的教育社会学研究者来说,在特定的教育和研究历史环境与系统中学习与分析涂尔干教育社会学研究理论及其学说的历史价值，便成为最需要值得注意的地方，这不仅可以很好地说明涂尔干作为法国教育社会学研究的开拓者与创新者的学术历史地位，还在一定的科学程度上说明涂尔干本人及其教育改革实践在促进教育社会学学科发展方面取得的突破性历史贡献与影响。事实上，英国和德国的许多教育社会学研究大师都非常推崇涂尔干的教育社会学研究理论及其学说，并认为将涂尔干教育社会学研究理论纳入现代教育社会学研究中的核心理论体系中是无可厚非的事情，他们几乎都一致认同涂尔干教育社会学研究理论、学说及其教育改革实践在很大程度上改变了世界教育学术界对教育社会学研究的认识方式，极大地传播了教育社会学研究与实践改革的科学思想，并成为广泛被传播与接纳的经典学说,这在教育社会学的百年学科发展历史中是十分重要的大事件。

通过当代教育社会学研究者对涂尔干教育社会学研究理论的评价与分析，可以看出,涂尔干教育社会学研究理论不仅具有完善、系统与科学的学说体系，且这一理论体系还很好地适时地参与了法国社会的历史变革，影响了后世的教育现代化进程，并由此引发了一场长期的涂尔干教育社会学研究理论与教育实践改革的运动,甚至成为今天法国政治、文学和科学理论的一个重要学说部分，这保证了涂尔干教育社会学研究理论及其学说在法国学术界的地位，并为世界其他国家的学者与教育系统进行教育社会学教育实践改革提供了理论准备与历史经验。涂尔干之所以能够取得如此巨大的学术成就与社会认可，主要是因为他在法国长期的教学生涯给他带来了创新教育社会学研究的重要养分，外加他在德国莱比锡、马尔堡和柏林心理学实验室的科研工作经历，为他开拓与创新教育社会学理论体系提供了重要的契机与经验，这不仅使得他更加注重教育活动中有关人类的科学研究与社会性分析，甚至促使他明白如何实地地对教育活动进行社会性考察，并与实验结果的形式进行分析，这使得这位年轻的教授在法国波尔多大学从事高等教育工作的过程中，有效地将教育活动与社会生活的研究创新性与开拓性地融合在了一起，并将这样的研究过程一直延续到了1902年他在巴黎大学担任教学工作的时期。正是在这一时期，涂尔干教育社会学研究理论体系的构建显示出了不同于其他教育社会学研究者的学术轨迹。涂尔干教育社会学研究的独特之处在于，他将社会科学研究的理论有效而密切地运用于教育学研究的传统理论框架中，并在结合其长年实施的教育实践改革经验基础上将这一理论融会贯通，形成了共同阐明教育与社会之间密切关系的学科。

事实上，对于涂尔干时期法国的现代性社会变革这一事实来说，大部分的教育活动都是在社会之外进行的，这使得教育和社会长期存在着分隔，这一教育传统一直延续到20世纪初期，在法国当时的各类教育机构中，几乎没有人试图想到教育活动与社会生活之间的天然密切联系，甚至经常发生的短时间教育活动与社会生活的融合与关联，也没有引起太多的注意。然而，当涂尔干第一次将教育活动全面系统地在社会学科体系中进行深入阐释与分析时，越来越多的教育学研究者与社会学研究者认识到，教育活动与社会生活的天然有机联系在法国社会性变革的历史中变得更加真实与丰富。

正因为如此，许多研究涂尔干教育社会学理论的学者通常认为，涂尔干教育社会学的历史影响使得这一学说看起来更加独特，甚至在一百年后的今天，涂尔干教育社会学研究理论仍表现出了巨大的学术凝聚力，其学说在一百年前所涉及的大量教育社会学命题及观点，至今看来仍然是待解决的重大学术问题。当然，不同的学者对涂尔干教育社会学研究理论的理解与分析，都或多或少存在差异与不同，但更多的是表现出普遍一致的认同度，甚至成为这些学者共同探讨教育社会学研究与教育改革实践的情感纽带，这或许才是涂尔干教育社会学研究理论最为重要与突出的历史贡献与学术影响。在这样的情况下，许多长年接受了涂尔干教育社会学研究理论学术训练的人，无论是在教育学术研究领域中，还是在学术生活之外，都更加的团结在了一起，这在另一方面极大地捍卫了涂尔干教育社会学研究理论的学术权利和学术理性，并保障了涂尔干教育社会学研究理论的相关学说能够在一个更加宽松自由的学术环境中逐步得到拓展与深化。可以说，对涂尔干教育社会学研究理论的支持与认可，既有间接的学术支持，也有通过对涂尔干教育社会学研究理论本身的分析来积极地参与与支持该学说的发展，由此最终构建起了一个围绕涂尔干教育社会学研究理论及其学说的集体性学术团体，甚至在世界各地有许多学术机构在崇尚涂尔干教育社会学研究理论的个人学者倡议之下形成的学术共同体或研究中心，这对于涂尔干教育社会学研究理论的历史发展来说，无疑是一个鼓舞人心的发展历程，这也使得涂尔干教育社会学研究理论及其学说最终成了现代教育社会学经典理论的象征，在学术发展史上有着深远而重大的影响。从这个意义上说，涂尔干与其教育社会学研究理论，已不再简单化地被视为是法国教育社会学发展的重要内容，而是作为一个影响世界现代教育社会学学科发展的重要学术人物与学说理论，只有通过对涂尔干教育社会学研究理论及其学说的深入系统分析，才能深刻地洞察与区别出涂尔干教育社会学研究理论与其他学者的不同与差异。

在涂尔干逝世后的这100年时间里，我们从涂尔干教育社会学研究理论及其教育改革实践中已经汲取了太多的学术养分，他的大量有关于教育社会学研究的学术作品所彰显出来的现代性与适用性，甚至能够跨越更多的历史时空，对教育社会学的学科发展及其研究产生更加深远的影响，而这样的历史影响与价值，并不是在目前这样的短时期内可以感受得到或是体验出来的。因此，对于每一位教育社会学研究者来说，都要记住由涂尔干所创造的这样一个教育社会学研究的新理论与新突破，以及由此而产生的历史效果。唯如此，才能在承继涂尔干教育社会学研究理论的基础上引出对当代教育社会学研究与发展遐想空间，这是一个很明显的事实，且必须如此考虑，才能运用历史的眼光与智慧真正辨识出涂尔干教育社会学研究理论及其学说的历史重要性，并最终使其学说在当代教育社会学学科发展与研究过程中获得新的学术生命。因此，在一百年后再来探讨涂尔干教育社会学研究理论的历史价值与影响，并不是一个来自遥远历史的陈旧学说，而是一个充满了智慧、启迪和经验的经典学术体系，这使得几乎每个该理论的研究者都能够在与其相关联的教育社会学发展史中迅速建立起不同寻常的密切联系，并从中获得宝贵的学术财富，这在很大程度上激起了他们对涂尔干本人及教育社会学研究的热情，并由此产生了浓厚的学术兴趣。这样的情况，对于许多教育社会学研究者来说，都是曾经共同的经历，他无论是对涂尔干教育社会学研究进行长期深入研究的学者，还是第一次接触涂尔干教育社会学研究理论的学者。这是因为要真正明白20世纪初期教育社会学研究发展的历史脉络，都必须首先弄清楚涂尔干及其教育社会学研究理论在教育学研究领域与社会学研究领域内所做出的整合性历史贡献，尤其是涂尔干教育社会学研究所采用的实证手段对传统教育学研究的颠覆性创新发展与历史贡献。因此，从这一方面来说，对现代教育社会学研究理论学习，就是一个对涂尔干教育社会学研究理论历史发展过程与经典学说的学习与分析过程，这一个过程因其特殊的历史影响的存在而使其本身充满兴趣，这也意味着涂尔干教育社会学研究理论并没有随着历史的发展而从我们的记忆中消失。相反，涂尔干教育社会学研究理论及其学说成了诠释与促进当代教育社会学研究发展最有力的表达。

尽管当下我们有时对涂尔干教育社会学研究理论的百年历史影响与价值存在一定的争议，持这一观点的学者主要认为涂尔干教育社会学研究理论的历史影响有时并不是稳定持续的，甚至是一个来自教育学或社会学简单性结合的想象性理论，不存在根本性的实体理论体系。发表此评论的学者，虽然对这一观点深信不疑，却并不否定涂尔干本人作为教育社会学研究的重要历史人物存在的客观事实与价值，但对其教育社会学研究理论的质疑与异议始终是一种相当粗略的表达方式。显然，这样的批评意见不得不冒着巨大的风险与挑战，更多的学者仍然坚信涂尔干教育社会学研究理论及其学说体系，绝不是一个简单的概念化学术体系，而是根植于其长期的法国教育社会学改革实践研究的鲜活理论体系，这正是涂尔干教育社会学研究理论体系构建的基础。可以说，对涂尔干教育社会学研究理论所做的任何一种形式的诠释中，都不难发现充满了无数复杂社会意义和实践概念的理论元素，它们又或多或少地交织在一起，为当代教育社会学学科发展与教育实践改革提供了宝贵的历史经验，由此使得当代的教育社会学研究者能够迅速地构建起适应当代教育改革与社会发展的理论体系，有效地保障了当代教育社会学研究概念科学性与历史性的完美统一，这正是涂尔干教育社会学研究理论的历史价值与意义所在，它不仅将一百年来的教育社会学研究者聚集在了一起，而且还成了一百年来教育社会学历史发展的核心学说，这是一种将教育社会学研究理论的历史概念及价值与当代教育社会学研究有机融合的有力证据，并在不断完善中形成了新的发展趋势，其真实意义与历史价值远远超过争议与质疑。所以说，经典学说本身的历史地位，正如一个历史上的建筑，其历史价值与意义已经天然地融合到了当代社会发展中去。到目前为止，涂尔干教育社会学研究理论，作为一个经典教育社会学研究理论，在教育社会学学科发展中所发挥的历史作用与价值，显然已经没有争议与质疑的必要，在教育社会学研究经典理论的万神殿中，涂尔干本人及其学说显然是最具历史影响力的学说。

基于这样的原因，我们通常将对涂尔干的教育社会学研究理论的分析称之为"涂尔干主义的教育社会学研究"，并不断从这一研究中对涂尔干早期的教育社会学研究作品做深入考察，甚至是对还活着的涂尔干教育社会学研究的合作者进行考察，对那些曾经对涂尔干教育社会学研究理论体系构建有很大影响的人进行系统分析。然而，无论是哪种研究与分析，我们今天对涂尔干教育社会学研究理论体系的认识，除了一些重要的理论概念之外，还需要更系统地了解其构建教育社会学研究理论体系的历史逻辑，甚至是对一些有"里程碑"意义与价值的教育社会学研究理论概念或事件进行深入挖掘与分析。唯有这样，才可能对目前我们仍一无所知的某些领域进行有意义与价值的研究，这一工作需要尤其注重涂尔干那些未曾出版的教育社会学研究著作，因为这样的研究工作也许能够直接解释涂尔干教育社会学研究理论价值的核心内容。为了实现这一研究目的，就必须对涂尔干教育社会学研究理论的"概念元素"进行细致阐释与考证，并在必要时运用统计分析的手段对涂尔干有关的传记或作品进行解构和论证，如政治、道德、宗教、信仰等经常在教育社会学研究中所使用的学术概念及方法论进行研究。此外，另一个研究的焦点是对涂尔干教育社会学研究理论的学术成果进行全新的历史性考察。简而言之，这样的考察主要是试图建立一个关于涂尔干教育社会学研究理论的知识图谱，旨在理解他的教育社会学研究理论观点的原始意义与内涵，以便分析其理论主题和思想的复杂性与一般性，避免忽略其学说最细微的内核，由此深入解释涂尔干教育社会学研究理论所创造的历史神话。通过这样的一系列研究发现，无论是涉及涂尔干教育社会学研究理论的学术著作，还是涉及该研究理论及学说的书信、手稿等作品，其蕴含的理论价值都具有填补教育社会学研究理论空白的历史意义。更重要的是，涂尔干教育社会学研究理论，在很大程度上，不仅揭示了社会变革与教育发展的历史关系，甚至解释了政治制度与教育变革的深层次历史发展逻辑，这使得涂尔干教育社会学研究理论看起来不再那么理想化与空洞，反而成了当代教育社会学研究理论的起源与重要学术支撑。由此来看，以涂尔干教育社会学研究理论为中心的当代教育社会学研究理论体系，是在寻求教育社会学历史价值的过程中逐渐与之融合发展起来的理论体系，这便是为什么对当代教育社会学研究理论体系越感兴趣，就必然会对涂尔干教育社会学研究理论感兴趣的重要原因所在。可见，涂尔干教育社会学研究理论，有着非同寻求的历史影响，其方法论与其理论体系是其历史影响与意义的核心内容，也是其学说百年历史价值的基本要素。

所以说，涂尔干教育社会学研究理论，被认为是教育社会学研究理论体系中最重要的经典理论，并在教育学研究领域与社会学研究领域都产生了深远的历史影响。研究涂尔干教育社会学研究的学术轨迹及涂尔干的相关学说与著作，一直是当代教育社会学理论研究的重要工作，被称为了解教育社会学研究启蒙运动时期最为重要的研究内容，其中相关的新研究与发现，始终吸引着人们的密切关注，甚至对那些未编辑的涂尔干手稿的研究，也构成了阐释涂尔干教育社会学研究理论历史影响的重要工作内容，这样的研究工作，甚至占据了当代教育社会学家研究工作的重心。在这些学者眼中，涂尔干教育社会学研究理论及其学说百年历史影响，甚至是影响其对教育社会学研究理论产生不同认识和论点的重要原因，这是涂尔干教育社会学研究理论历史影响的一个重要反映，且这一过程无关于其他任何学说内容与形式。也就是说，在对当代教育社会学研究理论相关问题做更复杂的分析时，往往无法逃离涂尔干教育社会学研究的既定理论和方法论，即便在分析之初就保持着开放的学术态度，这样的研究逻辑却始终存在，这也由此被认为是涂尔干主义的教育社会学研究工作内容之一，被普遍认为是该研究领域的相关研究工作无法逃避的事实与工作内容。然而，正因为如此，才使得我们有机会全面深入了解涂尔干教育社会学研究理论基本要素的历史价值与影响，无论结果如何，涂尔干教育社会学研究理论在一百年来的学术发展与变迁过程中，依托其大量具有社会亲和力研究的教育学原创作品，向我们很好地展示出了其独有的历史影响与价值。

在涂尔干的教育社会学研究理论体系发展的历史进程中，随其学术体系的不断更新与丰富，该研究理论体系已不再仅是存在于历史印象中的学说，而是在不断发展中构建起来的活生生的存在，成为涂尔干教育社会学研究新理论产生的土壤，并赋予原有学说一种超越历史的现世存在。事实上，这样的评价，也许在一定程度上是真实客观的，涂尔干教育社会学研究新理论的产生，在很大程度上无疑说明该学说的灵感来源，不仅来自一百年前的社会现实变革，还来自一百年来教育社会学研究理论自身的历史进程。从这一点上来说，涂尔干是当代教育社会学研究理论的重要思想家，其至关重要的学术贡献很可能正是源自其学说的历史贡献，他与其学说的重要性跨越了一个世纪，是最具影响力的教育社会学家。

近几年来，基于涂尔干的教育社会学研究理论，有学者提出了一种全新的阐释教育活动与社会生活的理论模型，并从大量涂尔干教育社会学研究理论的新文献材料中重新阐释了该学说的经典概念。正如我们所注意到的，这样的研究较好地从一个当代的现实问题上更新了涂尔干教育社会学研究理论的某些经典学说，尤其是对那些已经具有共识性理解的问题再次深入分析，使其在新文献资料的重读中再次引起对涂尔干教育社会学研究理论的关注，并再次尽可能地达成广泛的共识。就这一过程来说，至少在最低限度上，全新地构建了允许多样性表达涂尔干教育社会学研究理论历史价值与意义的学术环境，为当代教育社会学研究者提供了一个讨论如何创新涂尔干教育社会学研究理论的机会与平台，这让许多相关学者感到兴奋，并充满兴趣。由此一来，围绕这一的研究工作，形成了大量针对涂尔干教育社会学研究理论全新的当代合作者，并由此不断地创新性地拓展了涂尔干教育社会学研究理论的传统范式，形成了新的研究中心与内容，这在很大程度上意味着那些断然拒绝接受涂尔干教育社会学研究理论的学者与观点，正逐渐被整体性的学术组织与环境所隔离，且这样的学术潮流正逐渐演变成为对涂尔干教育社会学研究理论进行历史性分析的现代性产物。可见，即便是当代的教育社会学研究工作，也从涂尔干在法国现代化进程的历史时期所建立起来的教育社会学研究理论中获取了大量的学术灵感，且这样的过程并非是被动的变化过程，而是一个自然而然的主动变化过程，在无意识中，多数当代教育社会学研究者都自然而然地参与到了这个学术变化过程中去了，而这样的过程最终成了对涂尔干教育社会学研究理论及其思想一次深入的历史回顾。在这个意义上来说，涂尔干又是当代教育社会学研究领域中最重要的理论家，他与其教育社会学研究理论的历史轨迹完美地说明了其学说的历史价值与意义，而当今重新诠释这位教育社会学家的经典理论，正是寻找一个成熟的涂尔干教育社会学研究理论体系，即更新的涂尔干教育社会学研究理论。

所谓"更新的涂尔干教育社会学研究理论"，就是在当代教育社会学研究发展的背景下，探寻一种全新的看待当代社会生活与教育活动关系的理论体系，并利用这一理论体系来有效地解释当代社会生活与教育活动之间的紧张关系，阐释当代教育活动与社会发展之间的历史逻辑关系。可以说，所有与该问题有关的研究内容，或多或少都是涂尔干教育社会学研究理论中显而易见的讨论范畴，而如何针对当代的社会与教育环境做出科学的诊断与分析，关键是要依据严格的教育社会学研究理论框架来解决现实问题。对此，涂尔干教育社会学研究理论中有关教育活动与社会冲突的相关研究理论，作为对社会发展本身的一种实证分析，能够以一种全新的实证分析手段从集体生活理性和教育改革实践关系的视角出发,为有效地分析与解决这一问题提供了实用的历史经验与方法策略。

可见,对于涂尔干的教育社会学研究来说,并不是神圣而远离现实生活的学术经典,它更加强调的是从不同的社会环境中探索解决社会问题与冲突的方式与策略,我们越来越多地感受到涂尔干教育社会学研究理论的这种现实学术魅力,它不仅有助于破译当代的教育社会学研究难题,甚至始终是推进教育社会学研究历史进步的一个积极的力量。因此,可以理解的是,涂尔干的教育社会学研究理论,从根本上启发着当代教育社会学研究理论的思维系统的过程应该完全是自发的,该学说本身所具有的独创性与学术生命力在很大程度上正源自其教育社会学研究的理论传统,并由此为当代教育社会学研究发展源源不断地提供新的解决方案。为此,重温涂尔干的教育社会学研究理论,就是对其学术著作所具有的持久性历史发展力量进行分析,真正洞悉其伟大的学术贡献,并积极扩散该学说新的阐释与理论,时刻启发与敦促着当代教育社会学研究者重新审视自身的研究工作,为最终获取一个完美的学术理论而努力。总之,涂尔干的教育社会学研究理论,正是因为具有这种历史影响的复杂性,才在教育社会学研究领域构建起了伟大的理论体系,作为一种诠释教育活动与社会生活关系学说,我们必须对其提供的理论思想给予深入的研究,并通过挖掘这一学术遗产,获取当代教育社会学研究发展与进步的学术动力。

第四节　教育社会学的现世价值

通常认为，涂尔干的教育社会学研究理论最初源自他对道德教育的思考，1987年他发表了第一篇关于基础道德教育研究的文章，声称教育社会学研究需要对道德教育科学的有关研究进行深入系统的分析。随后，他在波尔多大学与索邦神学院教授的课程中，都再次强调了道德教育在教育社会学研究领域中的重要性。涂尔干有关教育社会学研究的理论观点，随即便获得了许多同时代学者的赞同与支持，他们甚至认为涂尔干整个的教育社会学研究工作从此都是紧密围绕着分析和探索道德教育问题而展开的，而涂尔干有关道德教育的研究及其学说观点，也成为当代教育社会学研究者了解与洞悉法国社会现代化变革与转型的重要内容，他的教育社会学研究理论体系由此被视为见证法国教育改革实践与社会转型的深度思考。其中，在这一时期涂尔干所提出的一整套有关道德教育研究内容都涉及了教育社会学研究理论体系构建的关键问题，尤其是对法国现代化社会变革和教育活动的变化所进行的独特分析，这使得有关道德教育的研究与分析成了今天我们得以全面理解教育社会学研究理论体系发展演进的基础，明白教育活动与深刻的社会变化之间所存在的密切关联，理解法国现代化进程的真实内涵与历史意义的必要途径。

所以说，在涂尔干的教育社会学研究理论体系中，其最为主要的研究内容是社会变革与发展中的道德教育本质问题。事实上，涂尔干构建教育社会学研究理论体系的初衷，也正是力求深度理解法国社会现代化进程中的教育作用与影响，但不同的是他对当时法国社会变革进程分析所采用的分析工具与视角是一项具有创新性的开拓工作，并最终由此构建起了新的社会科学研究体系，促使教育社会学成了一个不同于其他社会科学研究的全新研究领域。在这一全新的研究领域中，涂尔干的研究兴趣更多地关注道德教育在法国现代化社会转型过程中的作用与影响这一本质问题。考虑到涂尔干所采用的认识论和方法论，可以发现他更加强调教育作用对法国社会现代化进程所产生的作用与价值,并坚信道德教育事实本质即是社会变革的事实,道德教育的本质即是社会属性,甚至指出:"社会在不断进化,道德本身必须有充分的灵活性,在确实有必要的时候逐渐发生变化。"①此外,涂尔干进一步指出:"另一方面,就像社会在保持同一性的同时也持续发生演变一样,道德也经历着一种并行的转型过程。由于各个社会都日益变得更复杂、更有适应能力,所以这些转型也会变得更频繁、更显著。这样,我们就可以说,今天,我们的主要任务是创造一种道德。因此,如果道德生活首先表达了社会性质,而且不是那么流变不定的,以致完全妨碍了某种暂时事态的产生,道德就会很容易持续得到发展。"②自此,道德教育这个在传统教育研究与社会研究中较少关注的问题,成了考察法国社会现代化进程的研究核心,涂尔干甚至借此深入地推进了道德教育的研究进度。在这一教育社会学研究理论体系中,涂尔干深信道德教育即是法国社会现代化变革与发展的根源,现代化社会本质便是一个道德教育发展下的社会系统,唯有道德教育能够保障社会变革与发展的安全性,体现出现代化社会结构与系统的优越性,这似乎说明在涂尔干教育社会学研究理论体系中,道德教育的作用始终要比社会自身的发展更加强大,这便是涂尔干教育社会学研究理论体系追求道德教育研究的根本原因。

今天看来,涂尔干教育社会学研究理论体系的成功之处,正是他对道德教育研究的思考与坚持,这是至关重要的内容,并成了绝大多数当代教育社会学研究者所接受的学术观点,是涂尔干教育社会学研究理论体系中从未受到过质疑的内容。因为对于任何一位教育社会学研究者来说,道德教育不仅影响着社会个体的行为和感知,还影响着社会团体的道德冲突与道德行为之间的逻辑关系。③故而是必须解决的关键问题,这是涂尔干教育社会学研究中最为基础的理论命题,它的理论根源正是教育与社会发展的本体论问题,涂尔干正是力求在这一

---

① (法)埃米尔·涂尔干:《道德教育》,陈光金等译,上海人民出版社,2001,第54页。
② (法)埃米尔·涂尔干:《道德教育》,陈光金等译,上海人民出版社,2001,第105页。
③ 注:对此,涂尔干曾指出:"显而易见,对道德来说,真正的基础是能够促使我们合乎道德地行动的性情,它们并不是在这样或那样的具体情况中促使我们行动,而是在人们的相互关系中普遍地促使我们行动。"引自:(法)埃米尔·涂尔干:《道德教育》,陈光金等译,上海人民出版社,2001,第35页。

过程中为道德教育对社会变革的关系找到一个凝聚力量,来说明与保证自己研究观点的统一性,肯定道德教育与现代化进程的发展关系。可见,涂尔干的教育社会学研究理论体系,对解释现实充满兴趣,为找到现代化进程的正确方向充满热情。从这一点来看,涂尔干的教育社会学研究体系具有积极的价值与意义,被认为是当代教育社会学研究最为可取之处。随着涂尔干教育社会学研究理论体系的发展,越来越多的教育社会学研究者意识到涂尔干有关道德教育与社会秩序的研究,更加贴近世俗化的研究过程,且由于摆脱了传统的个人的经验判断,因此他的这一理论体系很可能成为教育社会学研究中占主导地位的理论体系。因此,当时便有学者们预测,涂尔干有关道德教育与社会变革之间辩证关系的研究,很可能便是教育社会学研究中最为关键的内容,即使在一百年后的当代教育社会学研究理论体系中,我们仍然无法摆脱涂尔干教育社会学研究理论占主导地位的现状,因为我们从来无法面对缺乏道德教育研究的教育社会学理论体系。就这一点来说,涂尔干有关道德教育的研究内容与规范,在很大程度上限制了现代教育社会学研究理论体系的发展与突破,涂尔干的教育社会学研究学说似乎成了该研究领域的历史峰值,很少有人能够突破这一研究理论体系中的道德教育与现代性分析获得新的发现。可见,涂尔干教育社会学研究理论体系的当代价值与影响,并非会受到学术界外在环境的影响而有所改变,反而是作为现代教育社会学研究的主流学术,始终引领着这一学科的发展趋势。

涂尔干的教育社会学研究理论,之所以会具有如此巨大的历史影响与作用,不仅是因为这一研究理论从一开始便获得了一系列社会指标分析结果的有力支持,在很大程度上还因为当社会危机已经成为事实的情况下,道德教育确实是一个不得不深入分析的内容,这绝对是涂尔干教育社会学研究理论的一个重大突破,它促使人们能够自发地对社会现代化进程中的道德冲突进行合理化的科学研究与分析,并解释社会危机与道德教育之间的密切关系,唤起教育社会学研究的新突破。可以说,涂尔干教育社会学研究的这一理论突破,彻底改变了传统教育学研究或社会学研究消极的理论体系,拓展了教育社会学研究新的表达方式,这显然也是当时哲学家没有很好地解决的重大学术问题。

我们不得不说,涂尔干的教育社会学研究理论体系最初的设计与判断是十分正确的,当代教育社会学研究者对待这一理论体系的态度也说明了其主导地位的研究现实,这对涂尔干来说,是其学术研究与教育实践改革的成功,也是给予当代教育社会学研究理论的历史财富,具有永恒的现代性价值。为此,当代教育社会学研究也将道德教育问题作为链接教育和社会之间的重要问题加以讨论,正是受到了涂尔干教育社会学研究理论的启发。事实上,这样的研究本身就是必要的,是教育社会学研究过程的一部分,它有效地阐释了社会变革过程中道德教育对个人与集体的作用,也正是由于这个原因,尽管当代教育社会学研究发展出了新的观点与理论,但上个世纪涂尔干所构建的教育社会学研究理论体系仍然是一个指导当今教育社会学研究的强大学术力量,当代的教育社会学研究者已经学会如何在涂尔干教育社会学研究理论基础上推动该学科的发展与进步,这使得涂尔干的教育社会学研究理论也一直保有活力,且似乎越来越与这个时代的变革与发展息息相关,成为对当代教育社会学研究理论的后续工作产生重大影响的人和学说。更为重要的是,在当代教育社会学研究发展过程中,能够成功地打破涂尔干教育社会学研究理论体系的概念或方法论始终难以出现,如今对涂尔干教育社会学研究理论的刚性需求始终远远大于其他学科,这使得涂尔干的教育社会学研究理论不仅仅是经典的教科书式理论体系,还始终是最具影响力的研究理论。多数学者认为,涂尔干在教育社会学研究理论中所做出的贡献,很多都是比教育学与社会学研究更加微妙的、复杂的和前瞻性的突破,其对当代教育社会学研究发展的影响也更加明显。所以说,当我们愈加密切地关注涂尔干的教育社会学研究理论及其教育改革实践过程时,就越会对他所做出的非凡学术研究成果感到惊讶,因为他的这一理论学说在解决社会阶级冲突与文化教育方面明显对当代教育社会学研究具有更好的指导价值与意义。

具体来说,涂尔干的教育社会学研究理论还对当代英国的教育社会学研究与发展具有巨大的影响与作用,产生了许多这一理论学说的学术继任者,他们多数都自称是涂尔干教育社会学研究理论的工作者,这显然是在称赞这一理论学说在当代英国教育社会学研究中不可或缺的现世价值与意义。在1950年代初,甚至还发起了一场声势浩大的涂尔干教育社会学研究的学术运动,产生了许多涂尔干教育社会学研究理论的当代学术合作者,他们自己除了极力推崇涂尔干教育社会学研究理论的基本观点与想法外,还努力在此基础上将涂尔干教育社会学的研究理论推广至欧美等地。随后,美国学术界也开始逐渐广泛接受涂尔干的教育社会学研究理论,并产生了巨大的实质性影响,这标志着涂尔干成了一位伟大的教育社会学研究理论家,并被美国的教育社会学研究者视为教育社会学研究的实用主义者代表，最终成了影响美国教育社会学研究价值观的主要理论体系。实质上，涂尔干教育社会学研究理论体系及其思想的当代影响无处不在，尤其是在面对全球化的工业化影响背景下，无数的城市化、社会控制、社会混乱和集体行为的发生，促使他的教育社会学研究理论被广泛地直接或间接地接受，用于指导推进快速社会变革背景下社会化进程的主要理论体系。之所以如此，是因为涂尔干教育社会学研究理论的学术框架，能够较好地调节教育活动与社会集团冲突之间的关系，维系由此产生的各种社会运动的和平风潮，有效地避免政治暴力的发生，这一过程也反过来促进了涂尔干教育社会学研究理论体系的不断发展与完善，曾经参与反对涂尔干教育社会学研究理论的学者也都逐渐发生了转变。简而言之，涂尔干教育社会学研究理论，成为快速工业化时代下治愈社会疾病的重要理论基础，他的学术想法与观点成为解释社会集体行动的最有力证据，并逐渐发展成为当地教育社会学研究中最具影响力理论学说，这使得在当代重新解读涂尔干的教育社会学研究理论变得更加重要，它也成为影响20世纪社会科学发展的重要理论学说。

所以说，涂尔干的教育社会学研究具有不朽的历史价值与意义，当代的教育社会学研究者利用涂尔干遗留的大量的信件、收藏手稿和未发表的著作与文章，深入系统地挖掘了涂尔干教育社会学研究理论的当代价值，这使得越来越多的当代教育社会学研究者对这一理论学说产生出了强烈的热爱。就涂尔干本人来说，他也决不仅仅是法国教育社会学研究的重要的人物之一，他是整个教育社会学研究与发展进行中最为重要的学者之一，涂尔干的学术轨迹和他的教育社会学研究领域直接构成了法国教育社会学研究走向和发展趋势，他用他自身的研究实践有效地回答了教育应该扮演的角色及其对法兰西共和国的历史价值与影响。当我们沉浸在阅读与学习涂尔干教育社会学研究理论的文献中时，便会明显地感受到教育社会学结构功能主义理论对现实社会生活与教育改革实践的价值，感受到涂尔干教育社会学研究理论自由的学术思想，它不仅是一个教育社会学研究发展史上最为重要的学术理论，还是一个始终对当代教育社会学研究发挥巨大作用的理论体系。

尽管涂尔干教育社会学研究的当代价值有时也会受到质疑与讨论，但这并不影响与限制这一学术在教育社会学研究发展史上所表现出来的持久学术影响力，相反却促使了这一理论在当代教育社会学研究领域中更加活跃的应用与更新，作为当代教育社会学研究中一个占主导地位的理论学说始终贯穿于当代的教育改革实践与社会发展进程之中，涂尔干教育社会学研究理论体系的当代价值便不会因此而再受到质疑，一百年前涂尔干和他的教育社会学研究团队所留下的学术成果，是我们今天积极学习与应用的学术财富，这也是一种丰富与完善涂尔干教育社会学研究理论的重要工作内容。虽然许多当代教育社会学研究者都十分熟悉涂尔干教育社会学研究理论的主要内容，但如何很好地阐释涂尔干教育社会学研究理论的当代价值与意义却是一个长期被忽视的研究主题。毫无疑问，有关这方面的研究，会极大地刺激涂尔干教育社会学研究理论体系当代应用价值与意义的挖掘工作，尤其是那些对涂尔干教育社会学研究理论充满兴趣和着迷的学者来说，所以涂尔干教育社会学研究理论在一个世纪后是否能够为解决当代的教育改革实践与社会变革问题成了一个新的研究命题与任务，这是发挥涂尔干教育社会学研究理论当代价值的一个十分巧妙的做法，并能够迅速达成共识，避免争端。

然而，对于涂尔干教育社会学研究理论的追随者来说，涂尔干的学术观点是十分具有影响力的理论，是当代教育社会学研究理论体系的基础生产力，他们更加狂热地热衷于对涂尔干教育社会学研究理论的创新和完善，这最终看上去类似于一次持久的学术运动，他们互相提供学术资源，自发地组织完成工作中的关键内容，并积极使用涂尔干的教育社会学研究理论来阐释当代社会组织理论、教育道德现象和社会变革进程，甚至将涂尔干教育社会学研究的当代价值"神圣"化，由此对当代教育社会学研究理论发展产生了持续的创造性进步，他们坚信涂尔干教育社会学研究理论所具有的社会与教育洞察力，是最有趣与最适用的审视当代教育活动与社会变革的依据。虽然这样的做法还得不到统一的答案，但可以肯定的是，这些当代教育社会学研究者加强了涂尔干教育社会学研究理论对当代社会变革与教育活动之间密切关系的历史反思，之所以会有大批该学说的追随者存在，也许正是涂尔干教育社会学研究理论体系对当代教育社会学研究所表现出来的最积极的方面所导致的。针对涂尔干教育社会学研究理论的这一学界现象，并不是短期与偶然的存在，也并不是简单性地对涂尔干教育社会学研究理论的狂热追求，而是该学说客观的历史影响与意义表达下的现世表现。

第五章 涂尔干教育社会学研究的历史评价

第五节 教育社会学的创新发展

涂尔干的教育社会学研究理论,最初仅试图揭示的教育社会学现象与问题,最终却远远超出了原有的内容与形式,它为现代化社会变革与教育活动之间的密切关系提供了一个系统的分析理论与框架,涂尔干的这一教育社会学研究理论也由此成了一百年来主流的研究学说,构建了最初的教育功能主义理论。在这一理论体系中,现代社会变革的历史性问题、社会阶层和教育活动之间所存在的亲密关系,逐渐开始占据了后世教育社会学研究的中心地位。然而,随着全球化的社会性变革的兴起以及新问题的产生,涂尔干教育社会学研究的理论体系也在所难免地出现创新与拓展的发展与完善。

涂尔干教育社会学研究理论在一百多年的漫长发展与完善历程中,在教育实用主义的研究方法论基础上,批判性地不断完善着其学科体系,并结合当代教育社会学研究者对已有相关文献的持续深入分析,也产生出了许多新的研究领域,并对当前社会中的教育社会学现象与问题开展了新的研究工作,取得了许多重大的研究成果。所以说,涂尔干的教育社会学研究理论的创新发展,并不是一个简单的学科发展历程,而是该研究领域本身所具有的一种文化生产过程,说明涂尔干教育社会学研究理论体系是一个不断完善与进步的学说体系,以至于该学说的理论精髓始终没有被学术边缘化,反而使得教育功能主义的理论思想与精神能够更加适应当代社会变革中的教育实践工作,为当代的教育社会学研究工作带来了新的重要理论与思想观点。换句话说,涂尔干教育社会学研究理论中的教育功能主义思想,在解决当前社会现代化教育变革的紧迫性问题时,依然具有巨大的理论价值与意义,进而影响到当代教育社会学研究整的个体系发展。在这方面,涂尔干教育社会学研究理论的创新是适时的需求,它必须努力使自身变得多元化与差异化,以此实现该学说在当代教育社会学研究理论体系中的传播与交流,最终实现该学科在学理上的延伸及在研究视角上的完善。涂尔干作为该研究理论体系的重要建构者，已不再是唯一为该学说理论提供创新发展的唯一支持与动力，其他更加多元的教育社会学研究资源与力量也在更广泛范围内不断加强了该学科的创新需求与动力，为促进该学科的持续创新发展铺平了道路。在现代教育社会学研究中，始终存在着与涂尔干教育社会学研究理论体系之间的密切联系，并以不同的方式在原有的主流理论基础上提供理论创新的方法与策略，甚至重新定义了教育社会学研究的功能主义理论描述，并对这一过程进行了坚实的科学阐释，获得了许多当代教育社会学研究者的积极响应与支持。这样的理论创新不仅不会带来困难与问题，反而加强了教育功能主义理论在学校中的教学改革实践进程。同时，将该理论学说最为成功的学术经验融入学校教育的改革实践中去，从而不断塑造出更加深刻的当代教育社会学知识要素与理论体系。所以说，从这一点来看，涂尔干并非仅是当代教育社会学研究理论发展的过渡性人物，其学说也不仅是试图适应一百多年前法国现代化教育改革实践的理论，而是具有深远历史影响力的教育社会学研理论体系，拥有着多元化的教育社会学创新资源，表达着深刻的教育社会学研究创新愿景，在一定程度上是塑造着当代教育社会学研究理论的话语体系。所以说，不断创新涂尔干教育社会学研究理论也是当前教育社会学研究理论体系发展的任务之一。

涂尔干教育社会学研究理论的创新发展动力，也源自19世纪和20世纪初期社会秩序发生根本性变化的历史时期，这是一个孕育着巨大的知识创造力的历史时期。该历史时期的教育改革实践与社会现实给予了涂尔干教育社会学研究强大的创造性想法与创新动力，甚至于使得这一学说获得了从未有过的自由学术思想的激励与启发，极大地促使了涂尔干坚定地依据自己的研究范式与方法构建与塑造教育社会学研究理论体系，并最终震撼整个教育社会学研究界。直到今天，人们一直对这一过程充满研究兴趣，渴望深入全面地理解它。虽然这一历史时期的涂尔干教育社会学研究理论产生了这些深刻创新发展，但巨大的改变还是发生在随后的历史时期，即通过研究方法的不断更新与研究视角的不断拓展，随着其迅速的学术创新转变，该学科正式崛起并指导着近代教育社会学研究理论体系的迅速调整，大多数近现代的教育社会学研究者在学术观点与研究实践方面也由此发生了明显的改变。如今看来，尽管这些变化是产生在一个世纪之前的事情，但这一段历史时期的创新变化，彻底改变了人们对涂尔干教育社会学研究理论传统的机械认识论,并能够以一种全新的现代性研究理论重新开始看待该学科所引发的深刻变化,并都一致认为涂尔干的教育社会学研究理论是一个十分具有前瞻性的学术体系,尤其是在探寻未来教育发展与社会变革方面的问题和挑战时更加具有学术凝聚力与历史经验,绝不是一个支离破碎的、机械化的学术体系。即便是在今天,绝大多数当代教育社会学研究理论家也都接受这个对涂尔干教育社会学研究理论创新发展的评价,认为正如这个评价所说的一样,涂尔干教育社会学研究理论的创新发展使教育改革实践适应了社会的现代性变革,并由此引发了现代化的重大变化,而这一学说体系正是利用应对创新发展的挑战将其学术力量的优势发展出来维持社会的现代化进化秩序。这明显证明了涂尔干的教育社会学研究具有强烈的创新发展的内在需求与动力,彰显出了该学说对未来的承诺,就此而言,该学说无疑是一个理性的创新发展的学术体系。

如今,涂尔干教育社会学研究理论也面对着当代新的学术挑战与发展要求,但这个有着极大历史影响力的学说体系,始终能够满足并延续着已有的创新发展机制,已经成为该学科发展的一个基本特征,并总是嵌入在一个特定的历史背景之下,以原有学科理论为基础,创新性地发展其学术思想,实现其教育研究的社会功能,甚至成了当代教育社会学研究创新发展的缩影,确保了当代教育社会学研究的发展方向和路径。无疑,这是一个有条不紊创新发展的过程,也许涂尔干的教育社会学研究本身就意味着深刻持久的变化,唯有不断激进变革教育理论研究才能保障足够有效地回答教育的现代性的挑战与问题。在涂尔干看来,教育社会学研究需要一个多元的创新发展力量,创新的过程本身就是保持其学术生命力的过程,而多元性的理论发展与教育的现代性有机结合,有效地使得植根于理性和科学的方法的教育社会学研究获得适应时代要求的创新发展动力。

因此,在现代社会里,涂尔干的教育社会学研究理论体系因为不断地创新发展而具有依旧足够广泛学术思想体系,并由此为当代教育社会学研究的未来发展奠定了基础,这是涂尔干本人及其学说对当代教育社会学研究的伟大创造,它促使优秀的学术思想注入现代教育改革实践与社会生活中去,并能够有效地运用科学的研究工具与方法转化为当代的教育理论体系,使其成为密切关联当代教育社会学研究问题的核心理论,涂尔干教育社会学研究的这个独特创新过程具有特殊的历史意义,它促使一个纯粹的传统学术概念成为有效解决当代教育社会学研究问题的世俗学问,这意味着教育社会学研究一个至关重要的理论思想,而涂尔干则成功地利用传统的教育社会学研究方法论与认识论做了一个完全理性的学术创新与发展工作。实际上,涂尔干教育社会学研究理论的这一创新发展过程是相当激进的,它强调固化教育社会学研究对教育改革实践与社会变革的科学解释,但却又并不只是完成一个纯粹的理性研究,而是力求在逻辑上对整个社会的现代化进程与发展实现合理化的解释。由此一来,教育社会学研究理论的创新与发展,其本质也是注重与强调世俗化过程与目标的,这在一个世纪里几乎并没有发生太大的变化。因为涂尔干认为教育社会学研究的创新与发展是科学理性的结果,实证主义科学方法论下的教育社会学研究正是以理论创新与发展为基础的。

如今,涂尔干教育社会学研究理论的创新与发展已被学界广泛的接受。虽然在某种程度上有时这一过程看似还十分模糊,但有关这一学说创新与发展的观念已在很长一段时间内成了学界所期望的研究目的,并由此来保持涂尔干教育社会学研究理论体系的生命力与学术权威。然而,这一过程必定取决于它的可测试性和可观察性,科学的理论创新方法应该广泛应用到涂尔干教育社会学研究理论中去,并在大多数情况下形成系统性的创新与发展路径,这显然将是一场教育社会学研究的学术革命,因为唯有科学的方法可以为涂尔干教育社会学研究理论创新与发展提供权威依据。从历史上看,正是这种概念的存在,才保障与促进了涂尔干教育社会学研究理论的创新与发展进程,这是一个特定目的下的有效性行为,这甚至是对涂尔干教育社会学研究理论的一种务实认识论看法。教育社会学研究者逐渐意识到,涂尔干的教育社会学研究理论创新与发展不仅需要自由的学术环境,还必须具有共同的学术信仰和原则,以现实的价值观来巩固该学说创新与发展过程中理性的世俗化目的,这对于教育社会学研究团体来说是一个巨大的任务,而他们义无反顾地选择这个艰巨的任务仍然是对涂尔干教育社会学研究理论现代化的贡献的肯定与推崇。可见,涂尔干的教育社会学研究理论的创新与发展过程,本身是一个明显的社会化集体努力的成果,其理论创新与发展的源头是学科本身,所有的创新与发展的价值观都起源于学科发展的内在需求,但又总是嵌入社会变革之中,经历着不断演变的学术发展史。

当然,涂尔干教育社会学研究理论的创新与发展,离不开一定的社会背景,除了必须参与到社会生活与学校教育实践改革的过程中去外,还必须从根本上建立其某种特定学术机制,以此维持并促进该学科理论创新与发展的转化与实现。也就是说,历史环境是涂尔干教育社会学研究理论创新与发展的先决条件,而独立的创新性学术机制与目标则是促使该学科创新发展的直接行为发生的直接动力,而这一过程中理性的、世俗的基本原则一直保持下来,激励着创新行动的持续发展,这样的过程虽然非常微妙,但却是涂尔干教育社会学研究理论创新与发展的基本立场,其中的典型性过程显而易见,理论发展与社会变革紧密相连,既不反对彼此也不相互隔离,极大地促进了涂尔干教育社会学研究理论的创新进程,保障了该学说理论能够在不同的社会环境与历史背景下不断发展与完善。在涂尔干看来,教育社会学研究的理论创新不是形式上的创新,也不仅是观念上的创新,而是一种学术信仰的创新。这种学术信仰的创新,最终将成为涂尔干教育社会学研究理论发展的重要组成部分,它促使该学说的研究能够真正实现从理论到实践的社会科学研究目的,尽管这一目的的实现目前仍然是十分有限的,但这样的创新目标在涂尔干教育社会学研究理论中却是终极的表达。所以说,教育社会学研究理论的创新路径,必须有它自己的特点,形成自成一格的创新与发展路径,且必须致力于维持自身发展所需的学术凝聚力,以灵活的而不是静态的方式实现理论创新与发展模式,这就意味着必须通过科学的研究方法来实现理论创新与发展,塑造教育社会学研究理论的学术理想。

如前所述,涂尔干教育社会学研究理论的创新与发展,深刻地影响了当代教育社会学研究理论的发展,当代教育社会学研究与涂尔干教育社会学研究保持着明显的一致性。在很大程度上,涂尔干的教育社会学研究理论创新与发展是教育社会学研究的学术信仰和价值观强大的影响结果,但它又必须始终坚持涂尔干教育社会学研究的基本学术概念,在学术创新中塑造教育改革实践与社会变革的发展模式,这样的学术进化思想不仅可以考察我们的过去,还可以有效地预测未来、了解当前。正因为如此,涂尔干教育社会学研究理论的创新与发展始终持续不断,这是美国和欧洲其他国家对涂尔干教育社会学研究理论真正的需求，如今更是涂尔干教育社会学研究理论创新性发展解决全球背景下教育社会学面临的 21 世纪挑战的重要时期。虽然历史环境在目前已发生了重大变化，但涂尔干教育社会学研究理论创新性解决现世问题的实际功效并没有因此而消减，反而能够促进现世问题与涂尔干教育社会学研究理论创新的相互理解，有效地结束那些旷日持久的教育改革实践难题与社会变革困境。虽然目前无法确定涂尔干教育社会学研究理论创新与发展对当代公共教育或是教育社会学研究领域的最大价值，但人们对该学说的愿景始终是能够在有效解决问题的同时可以融合这一伟大的教育社会学理论体系。其中，对于相对失败的法国教育系统来说，美国学界对涂尔干教育社会学研究理论的创新与发展的历史价值与意义报有更高的期望与目标，他们甚至更加欣赏涂尔干教育社会学研究理论的学术理想与目标，并将这一学说理论与自身的美国教育神话的目标相互有机结合起来，不加怀疑地在深度和广度上大力推行涂尔干教育社会学研究理论的创新性思维。也许，在这方面，美国的教育系统能够更加直接地感受到涂尔干教育社会学研究理论创新与发展对当代教育改革实践成败的重要性。

虽然阐明涂尔干教育社会学研究理论的创新价值，无疑需要花费很多深入的思考与考证，但这项工作仍然是一个十分值得探讨的内容。且该学说的创新与发展过程作为理性的、世俗的学术发展过程，是有效阐明涂尔干教育社会学研究理论学术权威的重要的问题，这就是涂尔干教育社会学研究理论对当代教育社会学研究的重要贡献之一，我们既不能夸大该学说的创新与发展的历史价值与作用，也不能狭隘地缩小它对当代现实的教育改革实践与社会变革问题的解决能力。当今，大多数教育社会学研究者能够妥善地理解与分辨涂尔干教育社会学研究理论的这种创造性，甚至可以理性地来思考该学说的创新价值与历史意义，从而获得对涂尔干教育社会学研究理论创新与发展的科学客观的评估结论，但这一切并不真实地意味着吻合涂尔干教育社会学研究理论体系最初的设想，也极有可能沦为无根的陈词滥调，无法为证明涂尔干教育社会学研究理论创新性发展过程提供强有力的验证结论。因此，涂尔干教育社会学研究理论的创新性价值与全球经验的现实结合，仍然是一个接受全新挑战下旧传统与新社会的长期融合与持久转化过程，如果我们要遵循涂尔干教育社会学研究理论的基本学术遗产，显然就必须对我们自己当代的文化背景有更加清晰的认识，以便能够有效地迎接这种社会变革的挑战。当然，这也从另外一个侧面说明我们学习的涂尔干教育社会学研究理论的重要性，并能够以此顺利解决我们今天嵌入在一个不同的文化背景和全球趋势下的教育改革的实践难题与社会变革困境。

今天看来，涂尔干的教育社会学研究理论的创新与发展，确实能为有效解决当代教育改革实践的发展性难题与社会变革困境提供足够的历史经验与探索新路径，这一研究理论中似乎包含一种神圣的、权威的教育社会学理论，不仅是一种指导教育改革实践的"价值观"，还是一种引导社会变革的"信仰"。这可能为当代教育社会学研究发展提供了更强大的理论支撑，是涂尔干教育社会学研究理论体系真正的现世力量所在，有关这一问题的研究，已逐渐成为当代教育社会学研究理论的重要问题。此外，涂尔干教育社会学研究理论所树立起来的学术信仰，也越来越多地受到当代教育社会学研究者的理解与推崇，其学说在当代教育改革实践与社会变革中所发挥的历史作用，成为演绎其教育社会学研究理论创新性发展的最有力的证据。所以说，涂尔干教育社会学研究理论的创新与发展，绝不是涂尔干个人的教育改革实践与学术成就，而是一个社会变革演进过程中的学术产物，其理论创新过程始终从社会变革到社会变革，既从社会变革的教育改革实践中来，又运用于社会变革的教育改革实践中去。

参考文献

[1](法)涂尔干著.教育思想的演进[M].李康,译.北京:商务印书馆,2016.

[2](法)埃米尔·涂尔干.道德教育[M].陈光金,等译.上海:上海人民出版社,2001.

[3](法)埃米尔·涂尔干.孟德斯鸠与卢梭[M].李鲁宁,等译.上海:上海人民出版社,2003.

[4](法)爱弥儿·涂尔干.社会分工论[M].渠东,译.北京:生活·读书·新知三联书店,2013.

[5](法)爱弥儿·涂尔干.职业伦理与公民道德[M].渠敬东,付德根,译.上海:上海人民出版社,2006.

[6](法)爱弥儿·涂尔干.哲学讲稿[M].渠敬东,杜月,译.北京:商务印书馆,2012.

[7](法)爱弥儿·涂尔干.社会学与哲学[M].梁栋,译.上海人民出版社,2002.

[8](法)爱弥儿·涂尔干.宗教生活的基本形式[M].林宗锦,彭守义,译.北京:中央民族大学出版社,1999.

[9](法)爱弥儿·涂尔干.社会学方法的准则[M].狄玉明,译.北京:商务印书馆,2009.

[10]张海洋.涂尔干及其学术遗产[J].社会学研究,2000.

[11]安东尼·吉登斯.杜尔凯姆[M].李俊青,译,北京:昆仑出版社,1999.

[12]陈悦、程亮.从社会性到教育性:学校纪律的再考察[J].教育学术月刊,2018.

[13]王露璐、李明建.何为道德,如何教育——涂尔干道德教育理论及其资源意义[J].伦理学研究,2013.

[14]王楠.现代社会的道德人格——论涂尔干的道德教育思想[J].北京大学教育评论,2016.

[15]陈涛.自主性的塑造——涂尔干论道德教育[J].北京大学教育评论,2016.

[16]贺晓星.涂尔干的实证主义与教育社会学[J].南京社会科学,2016.

[17]陈旭峰.社会转型下的教育转型——论涂尔干《教育思想的演进》对现代教育的启示[J].现代教育管理,2010.

[18]王林平.涂尔干实证思想的内涵[J].学术交流,2009.

[19]李英飞.涂尔干早期社会理论中的"社会"概念[J].社会,2013.

[20]尹中琪.对涂尔干"社会事实"特性的深层认识[J],探索与争鸣,2010.

[21]渠敬东.追寻神圣社会纪念爱弥尔·涂尔干逝世一百周年[J].社会,2017.

[22]郭忠华.劳动分工与个人自由——对马克思、涂尔干、韦伯思想的比较[J].中山大学学报(社会科学版),2012.

[23]吕付华.失范与秩序:重思涂尔干的社会团结理论[J].云南大学学报(社会科学版),2013.

[24]杨敏、杨向鹏.涂尔干社会学思想中的实在性与建构性及其当代价值[J].社会科学研究,2018.

[25]周勇.忧伤与愤怒:教育社会学的情感动力——以涂尔干、麦克拉伦为例[J].教育学术月刊,2014.

[26]杜玉华.西方社会结构理论:在反思中不断重构[J].社会科学报,2019.

[27]孙杰,刘莉萍.社会学视野下的大学特征——涂尔干与布迪厄教育社会学思想比较研究[J].高教探索,2011.

[28]徐瑞.迪尔凯姆与教育社会学的创建[J].教育学报,2018.

[29]黄俊,董小玉.布尔迪厄文化再生产理论的教育社会学解读[J].高教探索,2017.

[30]刁益虎.困境与挑战:教育社会学中的实证研究[J].教育理论与实践,2014.

[31]程天君.从"教育/社会学"到"教育社会学"——教育社会学研究范式的转换[J].北京大学教育评论,2017.

[32]王依娜,尹栾玉."物"与"及物":涂尔干社会事实方法论的核心范畴[J].社会科学论坛,2018.

[33]王有升.把教育实践行动带回研究的核心视阈[J].华中师范大学学报(人文社会科学版),2019.

[34]渠敬东.教育史研究中的总体史观与辩证法——涂尔干《教育思想的演进》的方法论意涵[J].北京大学教育评论,2015.

[35]曹锦清,张贯磊.道德共同体与理想社会:涂尔干社会理论的再分析[J].中南民族大学学报(人文社会科学版),2018.

[36]沈洪成.纪律的限度:以涂尔干与福柯的教育理论为视角[J].教育学术月刊,2011.

[37]肖瑛.法人团体:一种"总体的社会组织"的想象——涂尔干的社会团结思想研究[J],社会,2008.

[38]郭忠华.劳动分工与个人自由——对马克思、涂尔干、韦伯思想的比较[J].中山大学学报(社会科学版),2012.

[39]Lukes,Steven:Emile Durkheim His Life and work[M],Penguin Books,1973.

[40]Wilson E.K. Moral Education:A Study in the Theory and Application of the Sociology of Education[M],by Emile Durkheim,London:Collier Macmillan,1961.

[41]Musgrave,P.W. The Moral Curriculum:A Sociological Analysis[M].London:Methuen & Co. Ltd,1978.

[42]Bull,N.J. Moral Education[M],London,Routledge & Kegan Paul,1969.

[43]Straughan,R. Can we teach children to be good? Basic Issues in Moral,Personal and Social Education[M],Milton Keynes:Open University Press,1992.

[44]Marx,K. & Engels,F. The Communist Manifesto[M],Harmondsworth:Penguin Books,1967.

[45]Wilson E.K. Moral Education:A Study in the Theory and Application of the Sociology of Education[M],by Emile Durkheim,London:Collier Macmillan,1961.

[46]Durkheim,Emile.The Evolution of Educational Thought:Lectures on the Formation and Development of SecondaryEducation in France[M]. London:Routledge and Kegan Paul.1977.

[47]Emile Durkheim:Education and Sociology[M],(English translation),Free Press,1956.

[48]Bellah,Robert. Emile Durkheim on Morality and Society[M].The University of Chicago Press.1973.

[49]Abend G. Two main problems in the sociology of morality[M]. Theory and Society,2008.

[50]Durkheim: Essays on Morals and Education[M]. London: Routledge & Kegan Paul, 1979.

[51]Durkheim E. Moral Education: A Study in the Theory and Application of the Sociology of Education[M], trans. EK Wilson and H Schnurer. New York, 1961.

[52]Michael Young, Johan Muller. Three Educational Scenarios for the Future: lessons from the sociology of knowledge[J], European Journal of Education, 2010.

[53]Ionut Bulgaru. Emile Durkheim's sociological thinking evolution from a pedagogical perspective[J], Procedia - Social and Behavioral Sciences, 2013.

[54]Mustafa Sever. A critical look at the theories of sociology of education[J], International Journal of Human Sciences, 2012.

[55]Grace M. Barnes. Emile Durkheim's Contribution to the Sociology of Education, The Journal of Educational Thought (JET) / Revue de la Pensée ducative, 1977.

[56]Ashley Barnwell. Durkheim as affect theorist[J], Journal of Classical Sociology, 2018.

[57]Durkheim, E. The Division of Labor in Society[M], trans. G. Simpson. New York: Macmillan. 1933.

[58]Jones, R. A. The Development of Durkheim's Social Realism[M]. Cambridge University Press. 1999.

[59]Pudal, R. Durkheim and the Reception of Pragmatism in France[J], Durkheimian Studies, 2005.

[60]Durkheim, E. The Evolution of Educational Thought, trans. P. Collins from Durkheim, 1938[M]. London and Boston, MA: Routledge & Kegan Paul. 1977.

[61]Durkheim, E. Sociology and Philosophy, trans. D. F. Pocock from Durkheim, 1924[M]. New York: Free Press Macmillan. 1974.

[62]Durkheim, E. Moral Education: A Study in the Theory and Application of the Sociology of Education, trans. E.K. Wilson and H. Schnurer from Durkheim, 1925 [M]. New York: Free Press of Glencoe. 1961.

结　语

埃米尔·涂尔干的教育社会学研究及其学术成就100多年来始终散发着一种很特殊的魅力，他在教育社会学研究领域始终保持着声名显赫的地位，即便我们费尽笔墨与长期研究来深入洞察与系统了解这一学科的发展历程，也很难全面地掌握涂尔干对20世纪当代教育社会学研究发展的巨大影响。至少目前来看，就对涂尔干教育社会学研究的历史价值挖掘与探讨，即便已经出版了大量涂尔干教育社会学研究的相关学术著作及文章，但对他及其学说的历史影响及价值的探讨仍然很难完全解释这种学术魅力。随着越来越多的涂尔干教育社会学研究相关书信、笔记和手稿等文献的深入分析与阐释，即使许多不太关心教育社会学研究的学者也对涂尔干的教育社会学研究理论产生了浓厚的兴趣，尤其是一些社会学研究者，受其学术启发与影响，开始参与到教育社会学研究的领域中来，而教育学者则更加能够感受到涂尔干教育社会学研究理论中那些惹人注目的学术贡献。

宗教出身的涂尔干选择了以教育学与社会学研究作为毕生的奋斗事业，成为20世纪教育社会学研究的开拓者与学术领袖，其学术研究与教育改革实践的历史经验为百年后的当代教育社会学研究提供了广泛的历史遐想空间。涂尔干《道德教育》一书，几乎就是一本教育社会学研究的启蒙之作，至少有数种语言对该书的学术思想与理论观点进行了广泛的传播，无数有关该问题的教育社会学研究论文长期持久地进行着探讨与分析，这一切都极大地促进了当代教育社会学研究的发展与创新。看上去，无论是教育学界还是社会学界，都开始对涂尔干的教育社会学研究理论产生了浓厚的兴趣，围绕着该理论的新问题的讨论与分析，逐渐从独立于涂尔干生活的学术文献分析，开始演变为密切联系其教育实践改革的学术研究，在涂尔干逝世100多年以后的今天，当代教育社会学研究理论开始被其教育改革实践生活的细节所吸引,并着迷于涂尔干开展教育社会学研究过程中的形象。必须说,对埃米尔·涂尔干教育社会学研究理论的误读正随着研究的深入与拓展逐渐改变,无论有关涂尔干教育社会学研究的细小论题是什么,解释其教育社会学研究工作及其相关学说的任务,无疑是深入了解涂尔干这位伟大的教育社会学家的基本任务。

可以说,对于教育社会学研究者来说,《道德教育》一书可谓屡读不厌,尤其是该书对教育与社会学的论述更为深刻丰富,记得该书译者明确指出"他(埃米尔·涂尔干)探讨教育的视角,是把教育当成一种社会事实:他的教育理论是他社会学的一个基本组成部分"。而涂尔干本人对教育社会学研究概念的阐释则更加令人印象深刻,他说:"作为一个社会学家,我将向你们提到的教育问题,是一个社会学家首先要考虑的问题。而且,从这种路径着手,远远不同于用一种狭隘的参照框架去处理现象,反过来说,我相信目前依然没有更合适的方法能够揭示这些现象的真正本性。教育是一种显著的社会事物。"可以说,涂尔干的教育社会学研究思想给予人们无数的启迪,而贯穿涂尔干教育社会学研究整体思想的始终是这一根本观点,尤其详尽地阐述了教育活动与社会变革之间的深刻关系。然而,我们至今对涂尔干教育社会学研究的理论认识仍然是十分有限的,即便很多被涂尔干本人反复阐述与充分论证的看似简单的观点与概念,直至今天仍然是与众不同、难以全然明白的内容。正因为如此,人们的头脑里仍然对涂尔干的教育社会学研究理论存在许多的误区,由此很难在当代教育社会学研究理论中真正做到"理论联系实际"。

然而,涂尔干教育社会学研究理论及其思想,作为一个世纪以来伟大的教育学与社会学研究理论,对当今教育社会学研究的发展仍然有振聋发聩、发人深省的历史作用与价值。本书力求在此视角下,能够较为系统、详尽地阐述涂尔干教育社会学研究的历史作用与价值,希望通过浅薄的研究,挖掘出涂尔干教育社会学研究理论中一些历久弥新的观点与历史经验,为当代教育社会学的理论研究提供一点见解与看法。十分遗憾的是,本书虽然讨论了涂尔干教育社会学研究的较多话题,但均未做深入辨析与考证,难免显得论述肤浅、幼稚或谬误百出,但力求能过贯穿涂尔干教育社会学研究理论的基本思想主线,把其中包裹的真理能够用朴素的语言描绘出来,展现涂尔干教育社会学研究理论的历史影响力与学术震撼力。为此,本书的撰写希望能够实现"因为深刻,所以朴素;因为朴素,所以深刻"的研究目的,展现出涂尔干教育社会学研究理论中充满生机的学术魅力,领略其经典学说的思想魅力。当然,成书仓促之际,难免有错误之处,外加对涂尔干教育社会学理论研究的粗略认知,也难免有误读、误论之处,在此敬请广大读者批评指正。

范 晔

于云南大学高等教育研究院